教育部高等学校高职高专汽车类专业教学指导委员会规划教材
总主编 仪垂杰

汽车空调

主　编　王爱国
副主编　张文智　杜　潜
主　审　康国初

山东大学出版社

内容简介

本书依托精品课程建设，以轿车空调为主，教学内容与目前汽车实际使用的空调设备相符合，删除淘汰的内容，对于过渡内容弱化讲解，将理论和实践相结合，配备系列教学资料，系统地介绍了现代汽车空调系统的结构、组成、工作原理、维修和故障诊断技术等。

本书主要包含汽车空调基础知识、制冷系统构造、电气控制系统、汽车自动空调、供暖与配气系统、制冷系统的维护与检修、汽车空调故障诊断等。

本书可以供职业院校汽车检测与维修、汽车技术服务与营销、汽车电子技术、汽车制造与装配等专业使用，也可以供成人高等教育相关专业使用，还可以供汽车维修人员、驾驶员、汽车行业技术人员等阅读参考。

图书在版编目(CIP)数据

汽车空调/王爱国主编．—济南：山东大学出版社，2011.8
教育部高等学校高职高专汽车类专业教学指导委员会规划教材/仪垂杰总主编
ISBN 978-7-5607-3746-1

Ⅰ．①汽…
Ⅱ．①王…
Ⅲ．①汽车空调—高等职业教育—教材
Ⅳ．①U463.85

中国版本图书馆CIP数据核字(2011)第158783号

山东大学出版社出版发行
(山东省济南市山大南路27号　邮政编码：250100)
山东省新华书店经销
山东省英华印刷厂印刷
787×1092毫米　1/16　12.25印张　279千字
2011年8月第1版　2011年8月第1次印刷

定价：23.00元

教育部高等学校高职高专汽车类专业教学指导委员会规划教材

编审委员会

总　序

进入新世纪以来，我国加快了转变经济发展方式的步伐，从而有力地推动着各领域的科学发展。随着科技创新能力的不断提高，科学技术的产业化进程日益加快，制造业不断优化结构，改善品种质量，并淘汰落后产能，汽车制造业尤其如此。《中华人民共和国国民经济和社会发展十二五规划纲要》提出的培育发展新能源汽车等新兴产业的战略目标就充分体现了这一点。

2010 年，中国汽车产销量已超过 1800 万辆，居全球首位，市场潜力巨大。中国汽车与装备制造业已进入了一个新的发展阶段。汽车工业的飞速发展带动了汽车与制造相关产业链的发展，为汽车和机械制造类相关专业毕业生提供了广阔的就业空间和很好的发展前景。然而，老版本的汽车类教材已经远远不能满足汽车专业的教学需求，为广大汽车专业的师生提供一套新版教材成为当务之急。同时，为贯彻《教育部财政部关于实施国家示范性高等职业院校建设计划加快高等职业教育改革与发展的意见》(教高[2006]14 号)和《教育部关于全面提高高等职业教育教学质量的若干意见》(教高[2006]16 号)的精神，进一步推动职业教育由“重视规模发展”向“注重提高质量”的工作重心转变，适应我国现代汽车工业和职业教育发展的需要，教育部高等学校高职高专汽车类专业教学指导委员会决定在工学结合课程开发和教材建设方面进行探索，组织高校富有经验的教师和企业专家共同编写一套理论性和实践性相结合的汽车类专业教材。

教学质量是学校的生命线。提高教学质量，专业建设是龙头，课程建设是关键。高职教育的课程改革是一项长期的工作，它不是片面的课程内容的解构与重构，必须以人才培养模式创新为核心，以双师素质教师团队建设、实训条件建设、实训项目开发、教学方法改革、教学实施创新等一系列条件为支撑。多年来，在教育部高等学校高职高专汽车类专业教学指导委员会指导下，各高职高专院校进行了广泛的调研，以课程建设为抓手，以校企合作、工学结合为突破口，狠抓课程实施，在教材建设方面做出了高等职业教育的特色。本套教材既注重技能的提高，又兼顾理论的提升，力求满足广大高职高专汽车类专业学生学习的需要，为学生的就业和继续深造打下坚实的基础，充分体现了工学结合的职业教育特色。

经过各分册编写者和主审们的辛勤劳动，本套教材即将陆续面世。希望教育部高等学校高职高专汽车类专业教学指导委员会的工作可以为各高职院校提供一些借鉴，并通过这套教材进一步推动各地的高职高专教学与课程改革。同时，也希望业内专家和同仁对本套教材提出指导性和建设性意见，以便在教学实践中共同完善和提高。

在本套教材编写过程中，得到了教育部领导、行业专家、各高职高专院校和企业专家的支持，山东大学出版社对教材的出版给予了大力支持和帮助，在此一并致谢。

教育部高等学校高职高专汽车类专业
教学指导委员会主任委员　仪垂杰

2010年12月于青岛

前言

近几年来，随着社会经济的发展，我国汽车工业突飞猛进，汽车新技术也在不断更新，汽车空调逐渐成为汽车不可缺少的设备。汽车空调控制技术不断提高，使得对维修人员的素质要求越来越高，对于教育，尤其是职业教育，也提出了更高的要求，因此编写合适的职业教育所使用的教材里得尤为重要。

在编写本书的同时，从高职教育的实际情况出发，以精品课程建设为依托，以实际故障诊断为目标，理论与实践一体化为重点，力求内容系统、准确，与现在使用的汽车空调设备相一致。

本教材主要突出以下特点：

1. 课程内容与目前汽车实际使用的空调设备相符合，删除淘汰的内容，对于过渡内容弱化讲解，将理论和实践相结合，根据教学内容，拍摄了部分汽车空调零部件的教学图片和运行过程中的教学录像。

2. 在故障检测与诊断方面，以项目为基础，安排必要的实训内容，力求理论与实践一体化。

3. 内容系统全面，重点突出，对于汽车空调的结构、保养与故障诊断等内容都进行了重点讲解，并且图文并茂。

4. 本书是精品课程建设成果，教学资料齐全。

本书参考学时为36学时，其中实践环节为8学时，各部分的参考学时参见下面的学时分配表。

章号	课程内容	学时分配	
		讲授	实训
第1章	汽车空调基础知识	2	0.5
第2章	汽车空调制冷系统构造	4	1.5
第3章	汽车空调电气控制系统	6	2
第4章	汽车自动空调	6	

续表

章号	课程内容	学时分配	
		讲授	实训
第5章	汽车空调通风、供暖与配气系统	2	
第6章	制冷系统的维护与检修	4	2
第7章	汽车空调故障诊断	4	2
第8章	部分车型空调系统电路(选学)		
	课时小计	28	8

本书由安徽机电职业技术学院的王爱国老师担任主编(编写第5章、第8章),长沙职业技术学院的张文智(编写第7章)和河南机电高等专科学校的杜潜(编写第4章)老师担任副主编,参加本书编写人员还有扬州职业大学的许和进老师(编写第1章),长春职业技术学院的杨贵田老师(编写第2章、第3章),青岛开发区职业学校的李永生老师(编写第6章)。

黑龙江农业工程职业学院的康国初老师主审了全书,并提出了很多宝贵的修改意见,我们在此表示诚挚的感谢!

由于时间仓促,加之水平有限,书中难免存在错误和不妥之处,敬请广大读者批评指正。

编　者

2011年4月

目 录

第1章　汽车空调基础知识

学习目标

1. 了解汽车空调的功能、组成与类型。
2. 了解与汽车空调制冷系统相关的理论。
3. 掌握汽车空调制冷系统的组成、类型与工作原理。
4. 掌握汽车空调的制冷剂与冷冻机油的特性。
5. 学会正确使用、操作汽车空调制冷系统及简单的检查。

1.1　汽车空调概述、组成与分类

1.1.1　汽车空调概述

汽车空调是“汽车空气调节”的简称，就是随时对车厢内或驾驶室内，空气的温度、湿度、流速、清洁度、噪音等参数进行调节，将其控制在舒适的标准范围之内的技术。汽车空调是空气调节工程重要的分支之一，其工业产值仅次于房间空调，居第二位。汽车空调技术包括了降温、供热、除湿、通风、净化、调风速、防噪声等方面的技术，是空气调节中功能要求最全面的空调技术之一。

现代汽车空调的基本功能是：

(1)调节车内温度。汽车空调在冬季利用其采暖装置升高车内温度，夏季利用制冷装置对车内降温。

(2)调节车内湿度。利用制冷装置冷却降温去除空气中的水分，再由采暖装置升温以降低空气的相对湿度。

(3)调节车内的空气流速。夏季空气流速稍大，有利于人体散热降温，冬季气流速度过大，会影响人体保温，因此，夏季舒适风速一般为 0.25m/s，冬季的舒适风速一般为0.20m/s。

(4)过滤净化车内空气。由于车内空间小，乘员密度大，车内极易出现缺氧，而车外道路上的粉尘等又容易进入车内造成空气污浊，影响乘员的身体健康，因此，要求空调必须具有补充车外新鲜空气、过滤和净化车内空气的功能。现代汽车空调就是将车内空间的环境调控到对人体最适宜的状态，改善驾驶员的工作环境、劳动条件和提高乘坐舒适性。创造良好的车内环境，保证安全行车，保护驾乘员的身体健康，利于驾乘人员旅游观光、学习或休息。

所以，汽车空调不仅具有生产性空调的性质，而且具有舒适性空调的性质。汽车空调的服务对象是车内的人，故偏重于舒适性的要求。舒适性是由人对车内的温度、湿度、空气流速、含氧量、有害气体含量、噪声、压力、气味、灰尘、细菌等参数指标的感受和反映决定的，汽车空调的舒适性指标如表 1-1 所示。

表 1-1　汽车空调的舒适性指标

项目 范围	温度(℃)		相对湿度 (%)	换气量 (m^3/人·h)	风速(m/s)	噪声(dB)
	冬	夏				
舒适带	16～25	24～28	40～70	20～30	<0.2	<45
不舒适带	0～14	30～35	15～40 70～95	5～10	0.2～0.4	>65
有害带	<0	>43	<15，>95	<5	>0.4	>120

1.1.2　汽车空调系统的组成

汽车空调系统由制冷装置、暖气装置、通风装置、加湿装置、空气净化装置、控制装置等部分组成。各组成的主要作用如下：

(1)制冷装置。把车内空气或从外部吸进来的新鲜空气冷却，使车内空气变得凉爽舒适。

(2)暖气装置。把车内空气或从外部吸进来的新鲜空气加热，达到取暖、除湿的目的。

(3)通风装置。把车外新鲜空气吸进车内进行换气，同时通风，对防止风窗玻璃起雾也起着良好的作用。

(4)加湿装置。在空气温度较低时，对车内空气加湿，以提高车内空气的相对湿度。

(5)空气净化装置。除去车内存在的灰尘、气味及有毒气体，使车内空气变得清洁。

(6)控制装置。对制冷和暖风装置进行控制，使空调正常工作。

1.1.3　汽车空调技术的发展过程

汽车空调技术是随着汽车的普及而发展起来的。其发展过程经历了单一取暖、单一制冷、冷暖合一、自动控制空调、微机控制空调等五个阶段。

1.1.3.1　单一取暖

1925 年，在美国出现最早利用汽车发动机的冷却水通过加热器取暖的方法。由加热器、风机和空气滤清器等组成比较完整的供热系统直到 1927 年才出现。欧洲在 1948 年才使用取热系统，日本则迟至 1954 年才开始使用。目前，在寒冷的北欧、亚洲北部地区，汽车空调仍然使用单一供热系统。

1.1.3.2　单一制冷

即汽车空调只有夏天降温的功能，1939年首先应用在轿车上。第二次世界大战后的美国经济迅速发展，特别是美国石油产地——西南部的得克萨斯州的炎热天气，急需大量的冷气车，使单一降温的空调汽车得以迅速地发展起来。欧洲、日本到1957年才加装这种单一冷气的轿车。单一降温的方法目前仍然在热带、亚热带地区使用。例如，广东、海南岛使用的空调出租汽车，大部分只有制冷降温功能。

1.1.3.3　冷暖合一

1954年出现冷暖一体化汽车空调。其最大特点是同时具有冷调、热调功能。至此，汽车空调才基本上具有调节控制车内温度、湿度的功能。目前的冷暖一体化空调基本上具有降温、除湿、通风、过滤、除霜等功能。这种方式是目前使用量最大的一种方式。但是冷暖一体化汽车空调需要人工操纵，这显然增加了驾驶人员的工作量，同时控制质量也不太理想。

1.1.3.4　自动控制空调

自从冷暖一体化出现后，人们就着手研究自动控制的汽车空调，并于1964年首先安装在凯莱克牌轿车上，紧接着通用、福特、克莱斯勒三大汽车公司竞相在各自的高级轿车上安装自动空调。1972年，日本、欧洲也在高级的轿车上安装自动空调。这种自动空调装置，只要预先设好温度，机器就能自动地在设定的温度范围内工作。空调器根据传感器检测到车内、车外环境的温度信息，自动地指挥空调器各部件工作，达到控制车内温度和其他功能的目的。目前，大部分的中、高级轿车、高级大巴都安装了自动空调。

1.1.3.5　微机控制空调

1977年又发展了微型计算机控制的汽车空调。微机控制的汽车空调功能增加了显示数字化，冷、暖、通风三位一体化；由电脑按照车内外的环境所需，实现微调化。通过电脑控制，实现了空调运行与汽车运行的相关统一，极大地提高制冷效果，节约燃料，从而提高汽车的整体性能和获得最佳的舒适性。

从1971年开始，中国长春一汽在红旗牌轿车上安装上了空调器，上海也于20世纪80年代初在上海牌轿车上安装了国产空调器。

1.1.4　汽车空调系统的分类

汽车空调按不同的分类依据可分为不同的类型。

1.1.4.1　按驱动方式分类

按驱动方式分类，汽车空调装置可分为非独立式、独立式和其他动力源式汽车空调装置三种。

(1)非独立式

非独立式汽车空调装置又称为被动式汽车空调装置。以汽车发动机为动力直接驱动压缩机工作。之所以称它为被动式,就是因其运行制冷工况受汽车行驶速度和负荷的影响。车速和负荷改变,压缩机转速也随着变化,工况不稳定,特别是在怠速时不能保证有足够的制冷量。由于是主机带动,如果主机功率不富裕,则对汽车的加速和爬坡能力有影响。其特点在于系统结构简单、不增加辅助发动机、占用空间小、质量小、造价低,一般适用于压缩机功耗不大,而主机功率也足够的轿车和小客车等。

(2)独立式

独立式汽车空调装置的压缩机利用专门设置的辅助发动机进行制冷,与车速和负荷无关,工况较稳定,即使在停车状况也能向车内提供冷气。由于加装了一台辅助发动机,能耗与成本增加,占用空间位置也大,维护保养复杂。

(3) 其他动力源式

在特殊情况下,空调压缩机也可用电动机带动,如雷达指挥车、营房车等,只有停车时才开空调,可用地面电源。

1.1.4.2 按机组形式分类

按机组形式分类,汽车空调装置可分为整体独立式、分散式和组合式。

(1)整体独立式

整体独立式汽车空调装置把空调装置的各个组件统统装在一个专用机架上,自成体系。由辅助发动机驱动,冷风或热风由风管送入车厢或驾驶室内。这种方式的特点是结构紧凑,可安装在地板下,不占车厢或驾驶室空间,整个制冷系统各个组件的连接管路制冷剂充注量少,泄漏问题易于控制,但是机组高度受到限制,由于集中安置,装置质量大,要考虑轴负荷的分配要求。

(2)分散式

分散式汽车空调装置中压缩机、冷凝器和蒸发器等各是一个相对独立总成,分散安装在汽车的适当部位。分散安装的方案有多种多样,可形成多品种、多规格产品。其优点是安装灵活性大,有利于轴负荷分配和气流组织,但往往管道长,阻力增大。这种方式是当前大多数中、小型汽车采用的方式。

(3)组合式

组合式指蒸发器与冷凝器组合成一体,与压缩机分开。压缩机由主机驱动或辅机带动。由辅机带动的则是压缩机与辅机组合在一起.有专用机架,机架上还有发动机水箱、辅助发动机等。组合式热交换装置有三类:一类放在汽车车顶上方,称顶置式空调器;一类放在汽车后侧,称后置式空调器;还有一类是与压缩动力机组对称地放在车架侧面,称为底置式空调器。

1.1.4.3 按蒸发器布置方式分类

按蒸发器布置方式分类,汽车空调装置可分为仪表板式、车内顶置式、立式、下置式、后置式和车外顶置式。

(1)仪表板式

仪表板式通常称为前置式空调，是指蒸发器布置在汽车仪表板中间或仪表板下方，轿车、货车、小型旅行车基本上采用这种方式。

(2)车内顶置式

车内顶置式是指蒸发器布置在车内顶棚下。又分为前置、中置、后置和侧置几种，并且又可分为集中式和分散式两类。集中式是由一个长条形蒸发器配几个离心式风机做成一个整体式蒸发器，分散式则由几个仪表板式蒸发器组合而成或分散在车内各处。

(3)立式

立式是指蒸发器为一种特制的直立式结构，安装在前座后面或乘客座侧面。

(4)下置式

下置式是指蒸发器置于汽车中部地板下或后座地板下，通过竖风道将冷风送至车内横风道。这种方式制冷管路较短，制冷剂侧压力损失小，但送风管路较长，增加了送风阻力。

(5)后置式

后置式是指蒸发器置于汽车后面，冷风通过后面侧边的竖风道送至横风道。这种布置方式蒸发器维修方便，但是占用后座面积，减少乘员数。

(6)车外顶置式

这种方式不占用汽车有效空间，风道阻力损失较少，但制冷管路长，制冷剂压力损失较多。

1.1.4.4 按送风方式分类

按送风方式分类，汽车空调装置可分为直吹式和风道式两种。

(1)直吹式

直吹式即将经空调系统处理后符合要求的空气(冷或热)直接吹出。这种方式结构简单，风压损失小，但送风难以均匀，一般轿车、小客车和中、小型旅行车采用。

(2)风道式

风道式则是将处理后的空气通过风道送出，这种方式可把风送到需要的部位(如头部、足部)，进行良好的气流组织，提高舒适性，但同时也带来零件数增多、风的阻力大等问题，因此送风机功率要加大，主要用于大、中型客车。

1.1.4.5 按功能分类

按功能分类可分为冷暖分开型、冷暖合一型、全功能型。

(1)冷暖分开型

制冷和采暖两套机构完全各自独立，温度控制系统也完全分开。制冷时完全是吸入车内空气，采暖时既可吸入车内空气，也可吸入车外空气，这种结构占用空间较多和存在空气质量问题，主要用在早期的汽车空调中。

(2)冷暖合一型

在暖风机的基础上增加蒸发器芯子及冷气出风口，但制冷系统和采暖系统各自分开，不能同时工作。目前许多轿车都采用这种型式，这种结构形式虽然结构合一，但制冷和采暖的功能仍然是分开的。

(3)全功能型

全功能型是集制冷、除湿、采暖、通风、净化于一体。冷暖分开型和冷暖合一型的缺点是冷风机只能降温、除湿,不能调节送风的相对湿度。夏季,车外的湿热空气,经过蒸发器的冷却、除湿,变成了冷风送入车室内。这种经除湿的冷风,绝对含湿量减少了,但相对含湿量却在95%以上,感觉较为潮湿。这种冷风吹到乘客身上,并不舒适。因此要降低相对湿度。全功能空调具有调节相对湿度的功能。

1.1.4.6 按自动控制的程度分类

按自动控制的程度分类有手动控制、半自动控制、全自动控制及全电脑控制等几种。

1.1.4.7 采用结合车型的方式来分类

采用结合车型的方式来分类,这种分类便于理解。就是将汽车空调装置分类为轿车、轻型客车、大中型客车和货车、工程车等汽车空调。

1.2 汽车空调的制冷技术基础

汽车空调与热力学的关系密切,尤其是汽车空调的制冷系统的工作过程直接与热力学基础相关。在学习汽车空调的制冷原理之前,先学习几个热力学的基本概念。

1.2.1 压力

垂直作用于物体表面的力称为压力,物体单位面积上所受到的压力称为压强,在工程上习惯将压强称为压力,用符号 P 表示;在制冷系统中,被密封在容器内的制冷剂气体,其分子不停地运动,频繁地与容器壁发生碰撞,这种碰撞在宏观上就表现为垂直于容器内壁的压力,即称为容器内的压力,而且气体分子越多,运动的速度越高,容器内的压力就越高。

根据定义,工程上压力的计算公式为:

$$P=\frac{F}{S}$$

式中:P 为气体压强(Pa);F 为气体对内壁的压力(N);S 为压力 F 的作用面积(m^2)。

1.2.2 温度

温度是表示物体冷热程度的物理量。从分子论的观点看,温度反映了物质分子热运动的剧烈程度,更确切地说,它反映了物质分子热运动平均速度的大小。我国法定计量单位规定采用的温度制为摄氏温度和绝对温度(也称热力学温度),而欧美国家则采用华氏温度。

摄氏温度的单位符号是℃,即把1标准大气压(101.325kPa)下水的冰点定为0℃,水的沸点定为100℃,把这二点之间分为100等份,每1等份即为1摄氏度,记作1℃。

绝对温度的单位符号为K。热力学的研究指出，自然界存在一个最低的温度，热力学温标就以这个温度作为温度的零点，称为绝对零度。热力学温标仅用一个基准固定点——水三相点（纯冰、纯水和水蒸气），彼此处于平衡共存状态的温度。绝对零度到水三相点的温度间隔为273.16K。把绝对零度到水三相点之间的温度间隔为273.16份，每一份就叫1开尔文（1K）。绝对温度制的1度份与摄氏温度制的1度份相等，所以水的冰点用绝对温度表示时为273.15K，沸点为373.15 K。水三相点高于水冰点0.01K。

1.2.3　显热与潜热

显热是当物体吸热（或放热）仅使物体分子的热动能增加（或减少），即仅是使物体温度升高（或降低），并没有改变物质的形态，那么它所吸收（或放出）的热称为显热。如水在沸腾前的吸热（或放热）称为显热，因为此热可使水温升高（或降低）。

潜热是当物体吸热（或放热）仅使物质分子的热位能增加（或减少），即仅是使物质状态发生改变，而其温度不变，那么它所吸收（或放出）的热称为潜热。如制冷剂在沸腾时吸的热就是潜热。物态变化不外乎“固↔液”变化、“液↔气”变化和“固↔气”变化。因此，相应的潜热为熔解潜热和凝结潜热、气化潜热和液化潜热、升华潜热和凝华潜热等。制冷剂在制冷时吸的潜热是气化潜热。气化潜热是指液体沸腾时，1g（或1kg）某种液体变为同温度气体所需的热量，单位是焦/克（J/g），或千焦/千克（kJ/kg）。

制冷是利用制冷剂的状态变化来实现的。在冷凝过程中，气态制冷剂在高温、高压条件下放出凝结潜热，而本身液化；在蒸发器内液态制冷剂则在低温、低压条件下吸收气化潜热，而变成气体。

实际上，液体气化有蒸发和沸腾两种方式。所谓蒸发是指任何温度下在液体表面进行的气化现象。如盘里的水在室温下水量会慢慢地减少直至消失。由于气化的液体分子吸收了液体内的热量（当然也从外界吸收热量），故蒸发时液体本身的温度会有所降低。

所谓沸腾是指液体吸热使温度升到沸点时，在液体内部和表面进行的剧烈气化现象，沸腾时涌现大量的气泡。沸腾过程必须从外界吸收热量，但液体的温度不变。因此沸腾与蒸发是不相同的。在制冷过程中，制冷剂的气化是沸腾，但按习惯仍称为“蒸发”。

1.2.4　饱和温度与饱和压力

当液体放在密闭且被抽成真空的容器（未装满）中时，其内部的液体因吸收了热量会有部分气化；与此同时，也有部分气体分子因失去能量而回到液体中。当气化飞离液面的分子数和液化返回液体中的分子数相等时，则上部气体和下部液体处于动平衡状态，上部蒸汽的密度不再改变，温度和压力也稳定不变，此时的蒸汽称为“饱和蒸汽”，而液体称为“饱和液体”。饱和蒸汽具有的压力和相应的温度称为“饱和压力”和“饱和温度”，液体加热沸腾时，内部产生大量的气泡，液体向这些气泡内的空间气化，当气泡内的饱和压力等于外界压力时，气泡则上升至液面破裂而放出蒸汽，所以，沸点就是该压力下的饱和温度。在制冷技术中所讲的蒸发温度，就是该蒸发压力下的沸点。对液体加热，可使液体沸腾，而对液体降压也可使液体沸腾，即对不饱和液体降低其压力到相应于该液体温度下的饱和压力时，液体即开始沸腾；蒸发器内制冷剂的饱和蒸汽如不被吸走，则容器内液体制冷剂就不能再吸热气化(即不能继续制冷),原因是饱和气体的密度不能再变,只有当压缩机吸走部分饱和蒸汽,使之由饱和变成不饱和(压力低于饱和压力),立即就有液体制冷剂再吸热气化,使蒸发器内恢复饱和状态。就这样,压缩机不断从蒸发器抽吸蒸汽,蒸发器内液体制冷剂就不断吸热气化,从而实现制冷目的,而蒸发器内的蒸发压力和蒸发温度也保持不变。不同的制冷剂在相同蒸发温度下,其饱和压力是不相同的;而同一种制冷剂在不同的蒸发温度下,其饱和压力也是不相同的。即饱和压力与体积无关,只与饱和温度有关。蒸发温度越高,其饱和压力相应也越高;反之就越低。

1.2.5 过冷与过热

对饱和液体制冷剂在压力不变的情况下继续冷却,其温度就会比冷凝时的饱和温度更低。当压力不变时,让液体的温度低于该压力相对应的饱和温度的热力过程称为过冷,这时的液体称为过冷液体,其温度称为过冷温度。饱和温度与过冷温度之差称为过冷度。

在制冷技术中,"过热"是对气态制冷剂而言的。让蒸发器中的干饱和蒸汽继续定压吸热的热力过程称为过热,其结果使干饱和蒸汽成为过热蒸汽。过热蒸汽的温度称为过热温度,其比干饱和蒸汽的饱和温度更高,两者之间的温度差称为过热度。如果保持蒸汽的温度不变,对干饱和蒸汽降压,也可使干饱和蒸汽变成过热蒸汽。

1.2.6 湿空气

自然界中的空气,可以简单地看成干空气和水蒸气的混合物,叫做湿空气,简称"空气"。我们把不带水的空气称为干空气。通常把每千克干空气中所含有水蒸气的质量称为含湿量,含湿量表示空气中水蒸气的实际含量。湿空气的含湿量与同温度下饱和含湿量之比称为相对湿度。相对湿度介于0和1之间,相对湿度越小,表示空气越干燥,吸收蒸汽的能力越强;反之,相对湿度越大,吸收蒸汽的能力越小,即空气越潮湿。

1.3 汽车空调制冷剂与冷冻机油

1.3.1 汽车空调制冷剂

1.3.1.1 制冷剂的种类

制冷剂是制冷装置完成制冷循环的介质,又称为制冷工质。制冷循环中通过制冷剂的状态变化,进行能量转换,达到制冷目的。制冷循环的性能指标除与工作温度有关外,还与制冷剂的性质密切相关。因此,系统了解制冷剂的性质对制冷系统的使用十分重要。

制冷剂(Refrigerant)是用R后跟一组编号的方法来命名的,例R11、R22、R134a等。R后的数字或字母是根据制冷剂分子的原子构成按一定的规则书写。

制冷剂的种类较多,一类为无机化合物,如NH_3(R717)、SO_2、CO_2(R744)、H_2O(R718)等;另一类为氟利昂,如$CFCl_3$(R11)、CF_2Cl_2(R12)、CHF_2Cl(R22)等,氟利昂(Freon)是饱和碳氢化合物的氟、氯和溴的衍生物的总称。

还有一类就是 R12 的替代物，其中一种是 HFC 化合物 R134a，另一种是天然存在的 HC 制冷剂，如国外的 R600a、HR12 及我国国产的 CN-01 等。

制冷剂种类很多，目前常用制冷剂的主要性质如表 1-2 所示。

表 1-2　常用的制冷剂的主要性质

制冷剂代号	R12	R22	R134a
化学式	CCl2F2	CHClF2	CH2F-CF3
标准大气压下沸点(℃)	−29.8	−40.8	−29.2
临界温度(℃)	111.80	99.10	101.14
临界压力(MPa)	4.125	4.975	4.065
临界密度(kg/m^3)	558	525	511
饱和液体密度(25℃)(kg/m^3)	1311	1192	1206
饱和蒸气比容(25℃)(m^3/kg)	0.0271	0.0235	0.0310
ODP 值(臭氧破坏潜能值)	1.0		0.1

1.3.1.2　汽车空调用过的制冷剂 R12

氟利昂 12 学名二氟二氯甲烷，代号 R12。原有的汽车空调基本上都以 R12 为制冷剂。氟利昂有很好的热力学、物理、化学、安全性质，被广泛用于制冷空调行业作为制冷剂，在清洗剂、喷雾剂等方面也有广泛用途。

(1) R12 具有较好的热力性能，冷凝压力较低，一般为 0.8～1.2MPa，在汽车空调中使用，一般为 1～1.5MPa。

(2) R12 是一种无色、无臭、透明、几乎无毒性的制冷剂，但其在空气中的体积分数超过 80%时会引起人窒息。

(3) R12 不会燃烧，也不会爆炸，但与明火接触或温度达到 400℃以上时，会生成对人体有害的氟化氢、氯化氢和光气($COCl_2$)。

(4) R12 对金属无腐蚀作用，水的溶解度很小，而且随着温度的降低，水的溶解度也就愈小，当其含水量过多时，会产生卤氢酸，腐蚀金属。

(5) R12 能溶解多种有机物，所以不能使用一般的橡胶垫圈，通常使用氯丁二烯人造橡胶或丁腈橡胶作为密封垫圈。

(6) R12 液体能与矿物润滑油以任意比例互相溶解，因此，矿物润滑油将随它进入制冷系统的各个部分。

(7) R12 是应用较广泛的中温制冷剂，适用于中、小型制冷系统。

(8) R12 对大气臭氧层有严重的破坏作用，ODP 值为 1(最大)，有使全球变暖的温室效应，全球变暖潜能值(GWP 值)为 3 左右，因此它被《蒙特利尔议定书》列为第一批禁用物质。发达国家从 1996 年 1 月 1 日起禁用；我国属发展中国家，可延长 10 年，即到 2006 年完全禁止使用 R12。

1.3.1.3　R12 的替代物 R134a

作为 R12 的替代物，美国、日本和我国利用 R134a，而欧洲特别是德国和太平洋的澳大利亚则多使用碳氢（所谓“绿色环保制冷剂”），如 CN-01，HR22 等。

R134a 学名四氟乙烷，又称 HFC-134a。R134a 的主要持点为：R134a 的热力性质与 R12 相接近（见图 1-1），饱和蒸气压与 R12 接近，在 18℃左右二者具有相同的饱和压力值。在低于 18℃的温度区域内，R134a 的饱和压力略低于 R12。在高于 18℃的温度区域内，R134a 的饱和压力高于 R12。因而在压缩机入口处，R134a 的压力较低，吸入量少，而在排气口处，R134a 压力较高，使压缩机工作条件略劣，压缩机功率略增。

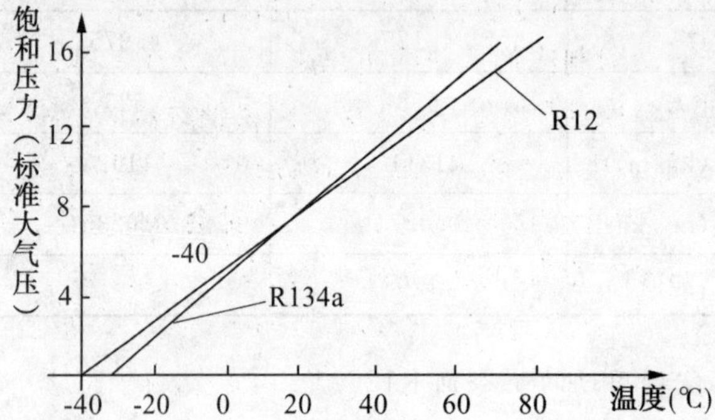

图 1-1　R134a 和 R12 的饱和压力

另外也有一些不同处：

(1) 无色、无臭、不燃烧、不爆炸，基本无毒性（长期影响还在试验中），化学性质稳定，无腐蚀性。

(2) 不含氯原子，臭氧层破坏系数（ODP）几乎为零，在大气中寿命很短（大约为 18 年，R12 是 120 年），不破坏大气臭氧层，温室效应也很小，全球变暖潜能值（GWP 值）只有 0.26。

(3) 蒸发潜热高，定压比热容大，具有较好的制冷能力，但质量流量少，所以综合起来，R134a 的制冷系数与 R12 相同或略小。

(4) 导数系数较高，热传导效果好。

(5) 黏度较低，流动性好。

(6) 分子直径比 R12 略小（R134a 的分子直径为 4.2×10^{-10} m，R12 为 4.4×10^{-10} m），所以更容易通过橡胶向外泄漏，也比较容易被分子筛吸收。

(7) 与矿物油不相溶。

(8) 吸水性和水溶解性都比 R12 高。

(9) 与氟橡胶不相容，与丁脂橡胶的相容性也比 R12 差。

由于 R134a 与 R12 在性能上有些不同（包括制冷性能相对材料的相容性），因而汽车空调系统改用 R134a 需要在机构和材料上作一定的改动。原来使用 R12 的空调系统也只有在改进以后才可以换用 R134a 作为制冷剂，否则制冷系统无法正常运行。另外，这两种制冷剂不得混合使用。

1.3.2　汽车空调冷冻机油

1.3.2.1　性能要求

冷冻机油是一种深度精制的专用润滑油，需具备一定的性能，满足不同机型、不同制冷剂的需求。

(1)与制冷剂要互溶

在制冷系统所有可能的压力、温度范围内，润滑油都要能与所采用的制冷剂互溶，至少要半溶。

在汽车空调制冷系统中，制冷剂与润滑油是混合在一起的，当制冷剂在系统管路中流动时，润滑油随之流动，即随制冷剂从压缩机出来后，还流到其他制冷部件去，润滑要求随制冷剂流出去的油也能返回到压缩机，这就要求润滑油(冷冻机油)与制冷剂是完全互溶的。一旦不相溶，冷冻机油会从冷凝器的液态制冷剂中分离出来形成油塞，阻碍制冷剂流动。并在通过节流阀(毛细管或膨胀阀)进入蒸发器时会造成飞溅，增加噪音。同时，这种互不相溶的润滑油进入蒸发器内，将沉降在管子底部，进一步阻碍气体流动，降低热交换能力。另外，若冷冻机油部分或大部分不能随制冷剂返回压缩机，压缩机将会因缺乏润滑油而加剧磨损，甚至损坏。因而，油与制冷剂的互溶性是制冷系统，尤其是汽车空调制冷系统对冷冻机油的基本要求。

有些制冷剂，例如 R22，与矿物油只能是部分溶解，即在一定温度内完全溶解，则在设计系统时要考虑增设辅助回油设施，或选用－50℃时含蜡不超过 0.05％的冷冻机油。

R12 与矿物油是完全互溶的，而 R134a 与矿物油则是不相溶的，因而以 R134a 为制冷剂的制冷系统不能用矿物油作为压缩机的润滑油。R134a 与 ESTER 油完全互溶，与 PAG 油部分相溶。

(2)要有适当的黏度

黏度是指液体黏稠的程度。温度升高或降低时，液体的黏度值随之变小或增大，冷冻机油的黏度过大和过小都对压缩机工作不利，油的黏度越大，压缩机因克服阻力而损耗的能量越多(即功耗越大)，需要的起动力矩也增大，压缩机部件所承受的压力也要相应增大；油黏度过小，则轴承间有相对运动的摩擦副处不能建立起所需要的油膜，会加速磨损。而且影响机械的密封性能。油的黏度过大和过小都会引起气缸温度升高，造成排气温度升高，影响制冷系统正常工作。

不同型式的压缩机，由于其结构、间隙、转速范围不同，要求不同黏度的润滑油。一般而言，间隙小、负荷小、转速高的压缩机应采用黏度较低的冷冻油；反之，用黏度高一些的。

(3)要有较好的黏温性能

冷冻机油在制冷系统中工作时会遇到高达 100℃以上的高温工作条件，又会遇到 0℃以下的蒸发器低温工作条件，所以要求在温度变化时油的黏度变化要小，即在各种温度条件下都具有良好的润滑性能，这就是黏温性能好。

(4)要有良好的低温流动性

若低温流动性差，则低温时冷冻机油会沉积在蒸发器内，影响制冷效率和制冷能力，或凝结在压缩机底部,失去润滑作用而损坏运动部件。润滑油的低温润滑性是用凝固点来表示的。

(5)要有良好的化学稳定性和抗氧化安定性

汽车空调系统的高压侧,有时温度会高达 100℃。要求油在高温下不氧化、不分解、不出现结胶及结碳现象,即要有好的热稳定性;对其他材料(如对金属、橡胶、干燥剂等)不产生不良的化学作用。

(6)油膜强度要高

能承受比较大的轴承负荷,防止轴承因油膜破坏而损伤。

(7)吸水性要小

汽车空调要求其吸水性小,容易干燥。这里主要指油中的自由水分少,因为若油中的自由水分含量大,当通过膨胀阀等节流装置,会因低温而结成冰,造成冰堵,影响系统制冷剂的流动;而且油中的水分会造成镀铜现象及某些材料的腐蚀、变质。

根据上述原则要求,适用于 R134a 的润滑油只有两大类:聚烃基乙二醇(PAG)和聚酯油(ESTER)。

1.3.2.2 冷冻机油的变质及使用注意事项

(1)使冷冻油变质的主要原因

1)混入水分。由于制冷系统中渗入空气,并且干燥剂已经饱和,此时空气中的水分进入制冷系统,不仅会产生膨胀阀冰堵、金属材料受腐蚀等问题,也会使冷冻机油黏度降低。

2)氧化。当压缩机排气温度太高时,有可能引起冷冻机油氧化变质,产生残渣乃至结碳,使轴承等处的润滑变坏。有机物、机械杂质等混入冷冻机油中,也会使油老化或氧化。

3)冷冻机油混合使用。几种不同牌号的冷冻机油混合使用,这不仅会降低油的黏度,甚至会破坏油膜的形成,使压缩机运动部件(特别是轴承)磨损加快。若将不同类型的冷冻机油混用(例如矿物油与合成油混用),情况将会更严重。

(2) 冷冻机油使用注意事项

1)冷冻机油应保存在干燥、密闭的容器里,放在阴暗处。

2)使用冷冻机油时要随时关闭好容器盖,以免空气中的水分进入油中。

3)不同牌号的冷冻机油不能混装、混用,尤其是使用 R134a 制冷剂的制冷系统,千万不能加注矿物润滑油,应根据使用说明书或压缩机铭牌上的标注说明加入相应的冷冻机油。

4)变质冷冻机油不能继续使用。若发现油的颜色变深,将油滴在白色吸水纸上,发现油滴中央呈现黑色,说明冷冻机油已开始变质。

5)存放在容器中的冷冻机油在使用前应确认其含水量,必要时应送化验部门鉴定,并设法干燥冷冻机油。

6)应按制冷系统或压缩机的规定加入适量的冷冻机油。过多的冷冻机油将影响传热效率,降低系统制冷量;冷冻机油过少则会影响压缩机润滑,使压缩机过热。

1.4 汽车空调制冷系统工作原理

1.4.1 汽车空调制冷系统的构成与工作原理

汽车空调装置应包括采暖、制冷、通风等几个部分，但一般所指的汽车空调仅是指汽车制冷。制冷方式很多，常见的有以下几种：液体汽化制冷、气体绝热膨胀制冷、涡流管制冷、半导体制冷及磁效应制冷等。其中液体汽化制冷的应用最为广泛，它是利用液体制冷剂汽化时吸收周围空气中的大量热量而产生制冷效应。它又可以再分为：蒸汽压缩式、吸收式、蒸汽喷射式和吸附式制冷。目前，汽车上所采用的制冷方式全部是蒸汽压缩式制冷。蒸汽压缩制冷系统主要由压缩机、冷凝器、液体膨胀装置和蒸发器等总成构成。

制冷系统工作时，制冷剂以不同的状态在这个密闭系统内循环流动，汽车空调系统的制冷循环流程如图1-2所示。

汽车空调制冷系统的工作过程由压缩、放热、节流和吸热四个过程组成。

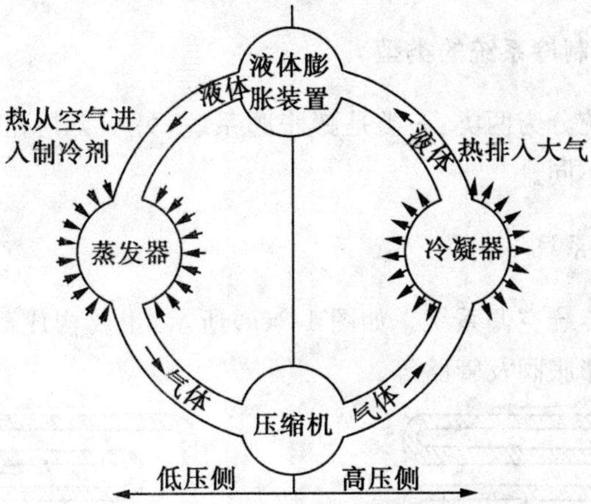

图1-2 汽车空调系统的制冷循环流程图

1.4.1.1 压缩过程

压缩机吸入蒸发器出口处的低温、低压的制冷剂气体，把它压缩成高温、高压的气体，然后送入冷凝器。此过程的主要作用是压缩、增压，以便气体易于液化。压缩过程中，制冷剂状态不发生变化，而温度、压力不断升高，形成过热气体。

1.4.1.2 放热过程

高温、高压的过热制冷剂气体进入冷凝器（散热器）与大气进行热交换。由于压力及温度的降低，制冷剂气体冷凝成液体，并放出大量的热。此过程作用是排热、冷凝。冷凝过程的特点是制冷剂的状态发生变化，即在压力、温度不变的情况下，由气态逐渐向液态转变。冷凝后的制冷剂液体是高压、高温液体。制冷剂液体过冷，过冷度越大，在蒸发过程中其蒸发吸热的能力也就越大，制冷效果越好，即制冷量能力相应增强。

1.4.1.3　节流过程

高压、高温制冷剂液体经膨胀阀节流降温、降压，以雾状（细小液滴）排出膨胀阀装置。该过程的作用是使制冷剂降温、降压，由高温、高压液体，迅速地变成低温、低压液体，以利于吸热、控制制冷能力以及维持制冷系统正常运行。

1.4.1.4　吸热过程

经膨胀阀降温、降压后的雾状制冷剂液体进入蒸发器，因此时制冷剂沸点远低于蒸发器内温度，故制冷剂液体在蒸发器内蒸发、沸腾成气体。在蒸发过程中大量吸收周围的热量，降低周围空气的温度。而后低温低压的制冷剂气体流出蒸发器等待压缩机再次吸入。吸热过程的特点是制冷剂状态由液态变化到气态，此时压力不变，即在定压过程中进行这一状态的变化。

上述过程周而复始地进行，便可使汽车内温度达到并维持在设定的状态。

1.4.2　汽车空调制冷系统的类型

汽车空调制冷系统分为两类：一类是膨胀阀系统，另一类是孔管系统。类型不同，其构成与工作过程略有不同。

1.4.2.1　膨胀阀系统

膨胀阀系统也叫传统空调系统。如图1-3(a)所示，主要构成部分有压缩机、冷凝器、蒸发器、储液干燥器、膨胀阀及管路等。

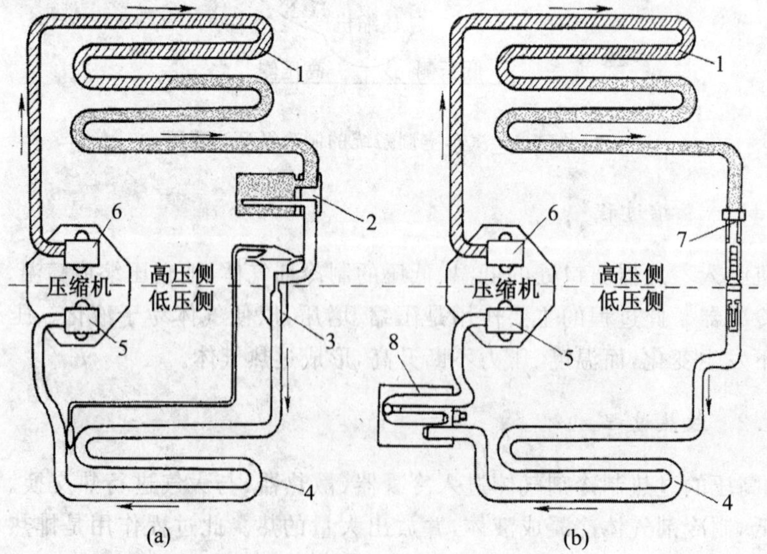

图1-3　汽车空调制冷系统示意图

1—冷凝器　2—储液干燥器　3—膨胀阀感温包　4—蒸发器

5—低压检修阀接口　6—高压检修阀接口　7—孔管　8—液气分离干燥器

膨胀阀制冷系统的工作原理：低温、低压液态制冷剂进入用来冷却周围空气的蒸发器，在定压下汽化。由于制冷剂汽化时的温度低于环境温度，因此能自动吸收空气中的热量，使空气温度下降，产生冷效应。制冷剂吸热汽化，由液体变成低温、低压蒸汽，然后被压缩机压缩变成高于环境温度的高温、高压气体，进入冷凝器将热量释放给外界空气，从而冷凝成高温、高压的液态制冷剂，最后经过节流阀，变为低温、低压的液态制冷剂，再进入蒸发器汽化吸热，这样就完成了一个制冷循环。

这种膨胀阀系统由膨胀阀控制蒸发器供液量，保证蒸发压力在一定范围内变化。在系统内循环的制冷剂中有杂质和水分，会影响制冷系统的工作稳定性，储液干燥器就是清除这些杂质与水分；同时，在储液干燥器上还装有保证制冷系统安全的部件。

1.4.2.2　孔管系统（又名 CCOT 系统）

CCOT 系统是英文 Cycling Clutch Orifice Tube 的缩写，一般称为孔管制冷系统。帕萨特 B5 自动空调采用的是 CCOT 系统。该系统构成如图 1-3(b)所示。主要构成部分有压缩机、冷凝器、蒸发器、液气分离器（集流容器）、孔管（节流阀）及管路等。

CCOT 制冷系统的工作原理：制冷剂经压缩机压缩成高温、高压气体后，在冷凝器里冷却液化成高温、高压液体，经过孔管的节流降压作用，又变为低压的制冷剂，在蒸发器内吸热蒸发成气体，同时产生制冷作用。在此过程中，由于孔管不具有调节液体流量的功能，所以当压缩机高速运转时，蒸发器有可能蒸发不彻底，在其出口出现液态制冷剂，会发生液击。为了避免压缩机发生液击损坏，在蒸发器出口处安装了一个液气分离装置，未气化的制冷剂在此蒸发成气体，送到压缩机进行压缩。在液气分离干燥器出口处设置了一个溢流孔，目的是将分离器里从制冷剂中分离出来的冷冻机油从溢流孔送回压缩机。

本系统的最大特点是用节流孔管取代了复杂的膨胀阀，用液气分离器（集流容器）代替了储液器，结构极其简单。该系统还能防止压缩机的液击现象，且使压缩机的起动更容易，因而压缩机的损耗也就更小，整个系统也就更加节能。

1.5　汽车空调系统布置

汽车车型不同，其空调的布置方式也不同，本书分别以轿车、客车与货车的空调为代表介绍汽车空调系统的布置。

1.5.1　轿车空调

轿车空调依据蒸发器的位置不同有三种布置方式，即仪表板式、后行李箱式及一体式，目前轿车多采用仪表板式结构，后行李箱式现主要作为前空调器的补充，增加后面座位的空调效果。同时，轿车空调为非独立式空调系统（图 1-4），其压缩机全部以主机（车用发动机）为动力，汽车空调压缩机安装在发动机的前端，由发动机的风扇皮带驱动工作，冷凝器布置在发动机水箱前面。

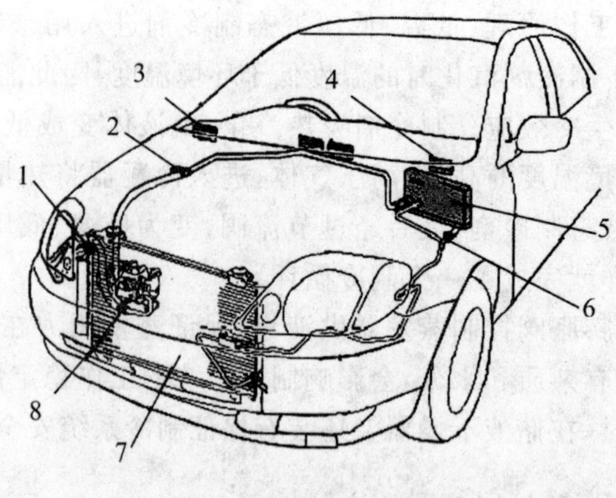

图 1-4　轿车空调布置图

1—储液干燥器　2—接头　3—出风口　4—出风口　5—蒸发器　6—软管　7—冷凝器　8—压缩机

储液干燥器一般安装在冷凝器旁边。膨胀阀(节流孔管)和蒸发器安装在驾驶室的仪表板下,便于向驾驶室配送冷风。系统各部件由金属管道或橡胶软管连接,作为制冷剂循环的路线。通风配气通道总体位于驾驶室的仪表台下面。各风门通过伺服电动机控制,安装在风门一侧。汽车空调控制面板位于驾驶室的仪表板中部,驾驶员通过右手进行控制。室外温度传感器位于汽车前保险杠处,室内温度传感器位于进气管道内,太阳光传感器位于仪表台上、挡风玻璃下,其他的传感器与发动机共用,汽车空调控制电脑(如果有)位于驾驶室仪表台下。

1.5.2　客车空调

1.5.2.1　轻型客车

轻型客车一般指 19 人以下的面包车、小巴和救护车等。其空调系统多数是非独立式的,也有少量是独立式的。轻型客车空调的压缩机、蒸发器、冷凝器的结构与前述轿车相似,蒸发器可集中成一个,也可分散装在车内。冷凝器可置于车身裙部,也有装在水箱前或车底部。

轻型客车空调结构形式比较多,双空调器式是用得最多的一种,多用于 7～13 座的面包车。

双空调器式的送风形式属于直吹式。将蒸发器处理过的空气直接吹入车室内,不用设风道,有两个蒸发器总成,按其布置方法分为三类:一是隐蔽式加车顶中置式,二是隐蔽式加立箱式,三是车内分散顶置式。

第一种隐蔽式加车顶中置式蒸发箱(俗称双空调器式),送风形式属于直吹式(图 1-5),这是一种典型的轻型客车空调布置形式,有前、后两个蒸发箱总成,前面的是隐蔽式蒸发器,布置在汽车仪表板下面,是前排乘员用空调,与轿车空调相似;后一个布置在前排座后面的车顶下,是一种特制扁型蒸发器,冷风直接从蒸发箱送出,是针对后排乘员的空调。冷凝器一般有两个:一个安置在发动机水箱前面,靠发动机风扇及迎面风冷却;另一个安放在车前部车底,由冷凝风扇冷却,压缩机由汽车发动机带动。车顶中置的蒸发器可由前蒸发器控制工作，也可由电磁阀分别控制。一般两个蒸发器多是并联工作，当前电磁阀打开，而后电磁阀关闭时（由前、后空调开关控制），制冷剂只流过前蒸发器，即前空调能送出冷风，后空调能开风机，但没有冷风，反之亦然。

冷凝器一般是串联工作的，只要有一个空调器打开，冷凝风扇就运转。要注意的是布置在车底的冷凝器容易溅上污泥或被碎石击坏，要经常捡查。

这种结构形式，前后可分别控制温度和风速，当后座没有乘员时，可关闭后空调器，节省能耗。后蒸发箱可做成与车身融为一体的形式，比较美观，后蒸发箱的位置对乘员影响较小。轿车上采用的各种空调形式（包括冷暖合一式）都可适用于这种车型的前空调器。由于后蒸发器必须做得很扁，以免影响后排乘客的进出及视野，因而制冷量一般不大，不适宜于更大型车辆采用。

第二种隐蔽式加立箱式如图 1-6 所示，适用于 7～9 座的小客车。两个蒸发器，一个隐蔽在仪表板下，一个放在副驾驶座椅靠背后，是特制的直立式结构。两个蒸发器的送风都属于直吹式，这种送风方式不均匀，舒适性较差，但占用车厢位置较少，适用于车身高度较矮，而乘客门位置略为靠后的车辆采用。

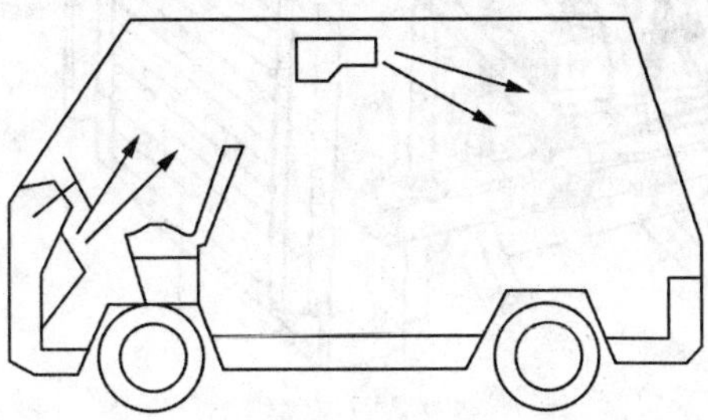

图 1-5　直吹式送风形式汽车空调

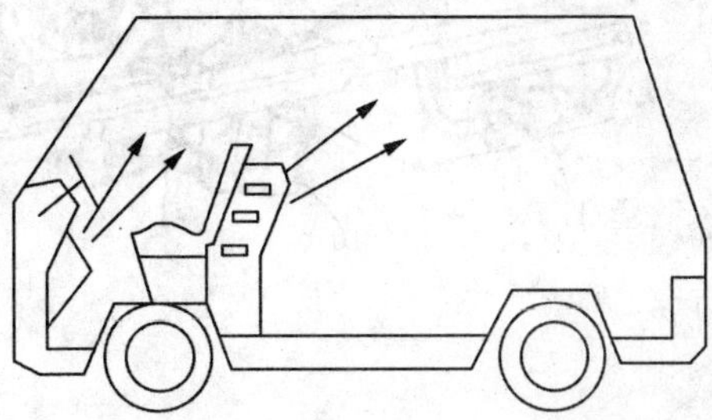

图 1-6　隐蔽式加立箱式汽车空调

第三种车内分散顶置式如图 1-7 所示，适用于 10 座以上的客车。

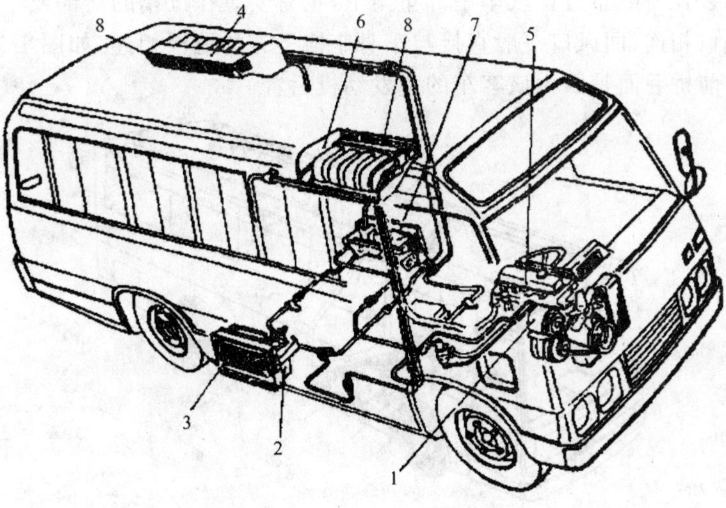

图 1-7　车内分散顶置式客车空调

—压缩机　2—储液干燥器　3，7—冷凝器　4，6—蒸发器　5—发动机　8—出风口

1.5.2.2 大中型客车空调

大中型客车乘员密度高，车身热负荷大，要求制冷量大，空调机组大。由于车上主机的后备功率常显不足，因此大中型客车空调多采用独立的空调系统，即制冷压缩机由独立的辅助发动机带动。大中型客车空调系统大体分三类：独立整体式、独立分体式和非独立分体式。

(1) 独立整体式

独立整体式把辅助发动机、制冷压缩机、冷凝器、蒸发器及其他部件组装在同一机架上，如图 1-8 所示。

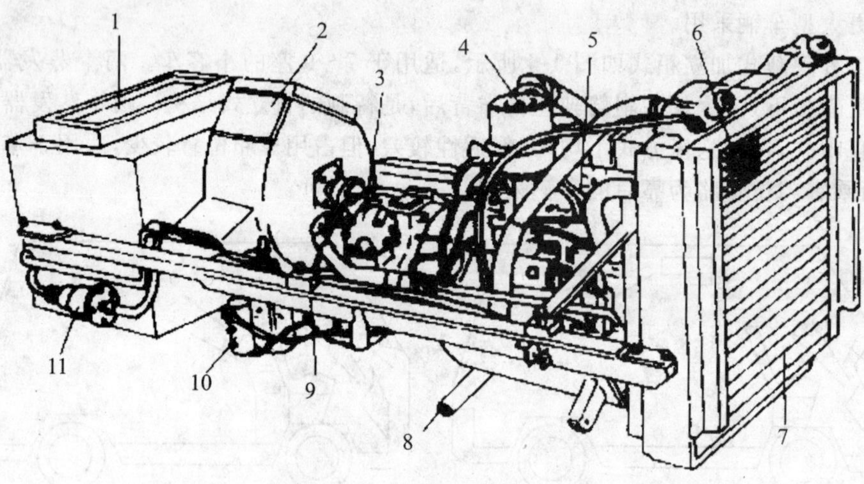

图 1-8 独立整体式汽车空调

1—吸气口 2—冷气箱 3—压缩机 4—滤清器 5—发动机 6—散热器 7—冷凝器 8—消声器 9—储气箱 10—燃油泵 11—储液干燥器

这种空调装置一般布置在汽车中部车架下，也有安装在汽车的前部或车架上，与风道和冷气的出风口相连，回风口一般直接与车身座椅下方的地板相连，如图 1-9 所示。该空调装置放置在前桥后面是因为该客车的主发动机后置。

图 1-9 独立整体式汽车空调

1—独立空调制冷系统 2—辅助发动机组 3—车内空气出口 4—控制板

(2) 独立分体式客车空调

独立分体式与独立整体式不同的是：独立分体式仅是把辅助发动机与制冷压缩机组成一体，安装在客车的中部或后部，而把冷凝器和蒸发器都置于车顶棚外中部，或者把冷凝器置于车体裙部，而把蒸发器（多个）对称布置在车顶棚内的两侧风道里。压缩机和辅助发动机组合体放于车尾（辅助发动机未表现出来），冷凝器置于车体裙部两侧，数个蒸发器则布置在车顶的风道内。再用橡胶软管把各部件连接成一个整体，是一种把蒸发器和冷凝器组成一体置于车顶外部的独立分体式空调系统（置于车顶外部的冷凝器与蒸发器组合体也称车顶式空调器），其压缩机和辅助发动机连成一体置于车底中部。空气被降温处理后从车顶通过车内风管吹入车厢，回风可全部从车内吸入，也可吸入部分车外新鲜空气，在动力压缩机组中一般都带有供车顶式空调器需要的发动机。车顶式空调器具有不占用汽车有效空间、冷凝效果好这两大突出优点。对于大型客车，可根据需要安置一组或一组以上的车顶式空调器。对于中小型车顶式空调器，常将冷凝器组置于蒸发器组之前，这样可利用行车时的迎面风冷却冷凝器，可减小冷凝器风扇的功率及尺寸。

对于大型车顶式空调器，为避免从冷凝器出来的热风影响蒸发器，一般将冷凝器组置于蒸发器组后面。蒸发器组与冷凝器组这两部分可合装在一个箱体，中间用隔板分开，也可分装在两个箱体，前后紧靠，用管道连接在一起。空调器在车顶的安装位置可根据汽车重量分布及车顶骨架结构而定。有的空调器在蒸发箱内加设了暖风芯子，可以实现全空调。

(3) 非独立分体式客车空调

将独立分体式空调的压缩机改由车上发动机直接带动，则独立分体式就变成非独立分体式。非独立分体式空调系统多数将冷凝器与蒸发器组成一体或布置于车顶外面，或布置于车后，前者将冷凝器与蒸发器水平布置组成一体，平置于车顶外面，后者则将这两器上下垂直布置组成一体，放于车后部，称后置式。

1.5.3　货车空调系统

汽车空调不止在轿车和客车上应用，现在已进入货车等领域，且装车率在迅速上升，不容忽视。

货车安装空调主要目的是改善劳动条件，提高行车安全性和劳动效率，舒适性要求放在次要位置。其安装空调是以降低驾驶室的温度为主（北方寒冷地带则以取暖为主）。但是近年来，人们对车辆的性能要求却越来越高，货车中的空调系统也普遍采用冷暖一体化的形式。进一步改善劳动环境，提高车辆性能和市场竞争力。

货车空调的特点是发动机装在驾驶室下面，驾驶室玻璃窗大，因此发动机传入的热和太阳辐射热量很大，即空调系统的热负荷较大；同时，货车的运行条件较轿车与客车都差，这要求空调系统的防震动性要更好。

货车空调基本上也是非独立系统。空调系统的布局有轿车式和顶置式两种。轿车式的空调就是冷凝器在水箱前面，蒸发器和加热器组成的空调器装在仪表板之下，具有采暖、降温和通风等功能，像轿车一样可以切换调整各种气门和气源，特别是具有除霜、除雾的功能。图 1-10 所示是轿车式的货车空调系统。

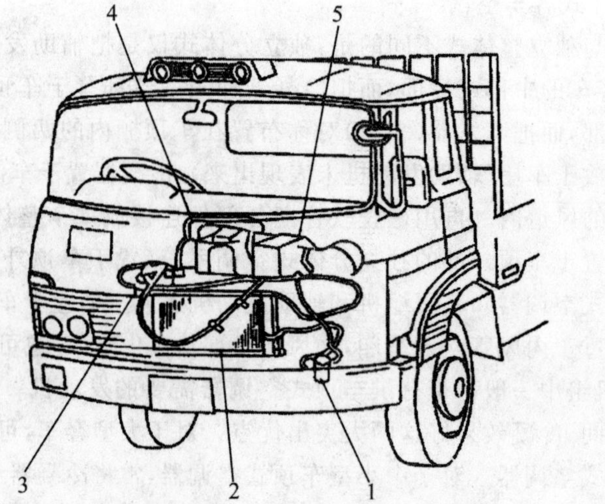

图 1-10 轿车式的货车空调系统

1—储液干燥器 2—冷凝器 3—压缩机 4—加热器 5—蒸发器

很多大型货车采用顶置式空调系统，和顶置的客车空调一样，它的蒸发器和冷凝器组成一个整体，安装在车顶上，由上至下供冷风，在操纵板的下方是冷却水加热的水暖式取暖系统，向车内提供暖气。室外新鲜空气从车顶引入。

顶置式空调主要用在驾驶室较大的长途载重汽车上。一般大型卡车的制冷能力为3.3～4.2kW，中小型卡车为2.1～2.9kW，空调的温度为24℃～27℃，噪音控制在70dB以下，制热能力为4.3～5.8kW。

本章小结

1. 汽车空调是“汽车空气调节”的简称，汽车空调技术包括了降温、供热、除湿、通风、净化、调风速、防噪声等方面的技术，是空气调节中功能要求最全面的空调技术之一。

2. 汽车空调系统由制冷装置、暖气装置、通风装置、加湿装置、空气净化装置、控制装置等部分组成，有多种分类方法。

3. 汽车空调与热力学的关系密切，应理解压力、温度、饱和压力与饱和温度等相关概念。

4. 常用制冷剂类型及使用注意事项应有所了解。

5. 掌握汽车空调制冷系统的构成及工作原理，理解制冷循环是由压缩、放热、节流和吸热四个过程组成的制冷循环过程。

6. 汽车空调的布置方式差别较大，在轿车、客车与货车上的空调布置各有特点。

复习思考

1. 汽车空调的功能。

2. 汽车空调系统组成。

3. 概念：压力、温度、饱和压力、饱和温度。
4. 常用制冷剂的类型。
5. 制冷剂的使用注意事项。
6. 汽车空调制冷系统的构成及工作原理。
7. 传统汽车空调与 CCOT 汽车空调制冷系统区别与联系。
8. 汽车空调的类型。
9. 轿车空调的布置方式。
10. 客车空调的布置方式。

实训项目一　汽车空调系统构成的认知

一、实训目的与要求

1. 掌握汽车空调的基本组成。
2. 熟悉汽车空调各组成部件的外形、布置位置和结构特点。
3. 熟悉一种常见汽车空调的布置。

二、实训仪器和设备

两种以上空调系统实验台或实训教具车。

三、实训操作步骤

1. 对汽车空调在汽车上的布置位置的认识。

认知汽车空调系统组成部件：压缩机、冷凝器、膨胀装置、蒸发器、暖气装置、通风装置、除湿装置、空气净化装置、控制装置等。

2. 汽车空调各部件在汽车上的布置位置（以轿车为例，并参见图 1-4）。

（1）冷凝器和储液干燥器安装在汽车的前部，冷凝器与汽车发动机散热器左右并排或前后重叠放置。

（2）汽车空调压缩机安装在发动机的前端，由发动机的皮带驱动工作。

（3）膨胀阀和蒸发器安装在驾驶室的仪表板下，便于向驾驶室配送冷风。

（4）系统各部件由金属管道或橡胶软管连接，作为制冷剂循环的路线。

（5）通风配气通道总成位于驾驶室的仪表台下面。

（6）各风门通过伺服电动机控制，安装在风门一侧。

（7）汽车空调控制面板位于驾驶室的仪表板中部，驾驶员通过右手进行控制。

（8）室外温度传感器位于汽车前保险杠处，室内温度传感器位于进气管道内，太阳光传感器位于仪表台上、挡风玻璃下。其他的传感器与发动机共用。

（9）汽车空调控制电脑位于驾驶室仪表台下。

四、实训注意事项

1. 注意设备及人身的安全。
2. 在检查过程中，应做好安全防护。

五、思考题

1. 试说明汽车空调系统组成部件以及各部件在汽车上的布置位置。
2. 试找出车内温度传感器。

实训项目二　汽车空调系统制冷现象的认知

一、实训目的与要求

1. 掌握汽车空调的基本工作过程。
2. 熟悉汽车空调各组成部件在工作过程中的正常现象。

二、实训仪器和设备

一种以上空调系统实验台或实训教具车等。

三、实训操作步骤

1. 看

观察汽车空调各部件的工作情况。

(1) 汽车空调工作过程中，压缩机离合器应有吸合和不吸合两种情况，即压缩机有运转和不运转两种工作情况。

(2) 汽车空调工作过程中，散热器和冷凝器的风扇应有低速和高速两种情况。

(3) 汽车空调工作过程中，从干燥器窥视玻璃孔观察制冷剂流动状况，可以判断制冷系统工作情况。正常的工作情况为：从起动空调开始，首先是有气泡、泡沫不断流过，接着应看到偶尔出现气泡(泡沫渐少了)，最后应是清澈、无气泡，或有长串油纹，偶尔带有成块机油条纹等情况。如果气泡长时间存在，说明制冷剂不足。如果泡沫太少，说明制冷剂过多。制冷剂流动太慢，说明系统有堵塞(注：对于 CCOT 系统则不能观察到制冷剂的流动情况)。

2. 摸

用手感觉膨胀阀附近(对于 CCOT 系统而言是指 CCOT 管)及低压段(从膨胀阀出口到蒸发器再到压缩机进口)温度；用手触摸高压管(从压缩机出口到冷凝器再到膨胀阀进口)，仔细感觉温度。在制冷系统工作正常的情况下，高压管的正常温度为 50℃～60℃，也就是用手可以牢牢攥住 30s 左右，时间再长就坚持不住了。低压管的温度为 2℃～4℃，也就是用手能感觉到冰手，但不能有霜冻出现。

四、实训注意事项

1. 注意设备及人身的安全。
2. 在检查过程中，应做好安全防护。

五、思考题

1. 干燥器窥视玻璃孔可以观察到那些现象？请解释。
2. 膨胀阀附近如果出现霜冻对空调系统有何影响？
3. 制冷系统高、低压侧温度较高，故障可能在何处？试分析之。

第 2 章　汽车空调制冷系统构造

学习目标

1. 掌握常见汽车空调压缩机类型和结构组成。
2. 掌握汽车空调热交换器的结构和作用。
3. 掌握制冷系统节流装置的类型和作用。
4. 掌握汽车制冷系统部件的拆装及安全注意事项。

汽车空调制冷系统由制冷压缩机、冷凝器和蒸发器、储液干燥罐或集液器、节流管或膨胀阀以及连接管路等组成。

2.1　压缩机

2.1.1　压缩机的作用

压缩机是汽车空调制冷系统中的心脏，其主要作用是驱动制冷剂流动，将低温、低压的气态制冷剂压缩成高温、高压的气态制冷剂，如图 2-1 所示。

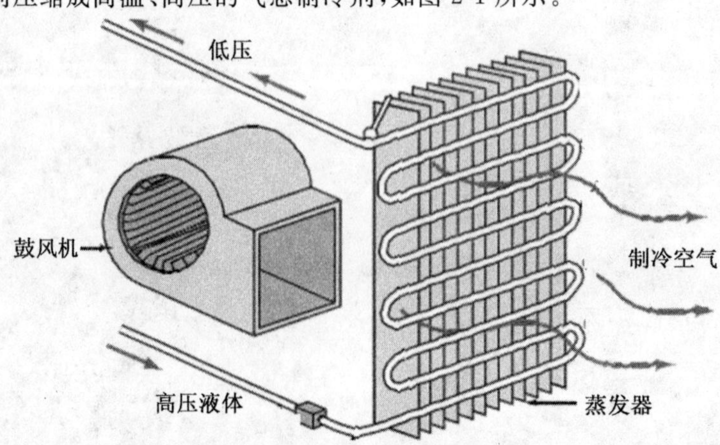

图 2-1　压缩机创建低压条件使制冷剂进入蒸发器

2.1.1.1　低压条件

在压缩机入口建立一个低压环境，帮助从蒸发器排除热负荷的制冷剂蒸气流动。为了使得制冷剂计量装置允许合适量的液态制冷剂进入蒸发器，这种低压状况是必不可少的。

2.1.1.2　压缩、循环制冷剂

压缩机吸入低压、低温的制冷剂蒸汽，经过它的压缩把低温、低压的制冷剂蒸汽转变成高温、高压的制冷剂蒸汽，使得制冷剂更容易在冷凝器中液化，并将完成热量的交换，因此，制冷剂在压缩机的带动下能够在制冷系统中不断的循环利用，故压缩机也经常被称为空调泵。

2.1.2　制冷压缩机的特殊要求

当今有很多不同类型、构造和型号的压缩机用于汽车空调的制冷系统，但汽车空调制冷压缩机与其他用途的制冷压缩机不同，在结构和性能上有以下几点特殊要求：

(1)质量轻、体积小。选择轻质的压缩机可以帮助减少汽车总重量，而重量的减少可以提供更大的经济性或更少的燃油消耗，即保持良好的制冷效率，也具备较好的低耗性。

(2)经久耐用，易损零件少。汽车空调的使用环境恶劣，要求所有零部件的可靠性要好，才能适应汽车的要求，而空调压缩机是空调的核心，并且靠近发动机，要求压缩机不但经久耐用，而且要求耐振、耐高温。

(3)工作稳定，噪音小。避免成为汽车一个新振源和噪声源。

(4)在汽车低速行驶时，具有较强的制冷能力；而在高速行驶时，要求低耗能。

2.1.3　汽车空调压缩机的结构

汽车空调系统中采用的压缩机种类有很多，涉及到的压缩机品牌和型号大约有 160 种，分为往复活塞式、涡旋式、叶片式等三种类型。

2.1.3.1　往复活塞式压缩机

常见的往复活塞式压缩机包括曲轴连杆式和斜板式两种。

(1) 曲轴连杆式压缩机

曲轴连杆式压缩机是一种早期应用较为广泛的制冷压缩机，在当今一些大、中型客车上仍然在使用。这种压缩机的活塞数量可以是一个或多个，活塞的排列可以是直列，也可以是 V 形排列，其结构如图 2-2 所示。

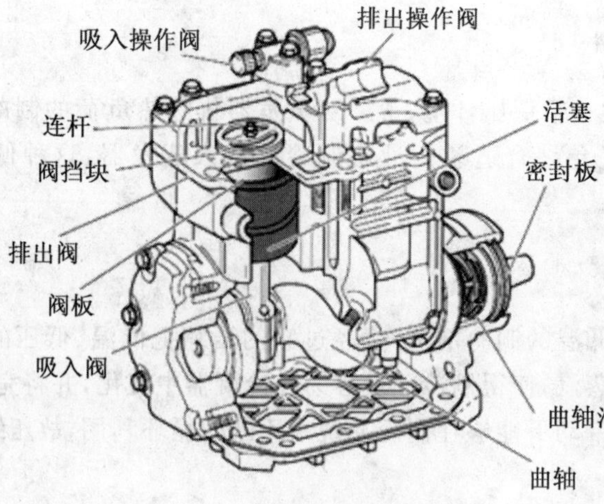

图 2-2　曲轴连杆式压缩机

其具体工作过程与汽车发动机非常类似，主要差异在于压缩机曲轴驱动活塞，而发动机是活塞驱动曲轴。活塞在运行过程中可分为 4 个过程，即压缩、排气、膨胀和吸气，在每一个工作状态时活塞与进气阀、排气阀动作的相互关系如图 2-3 和图 2-4 所示。

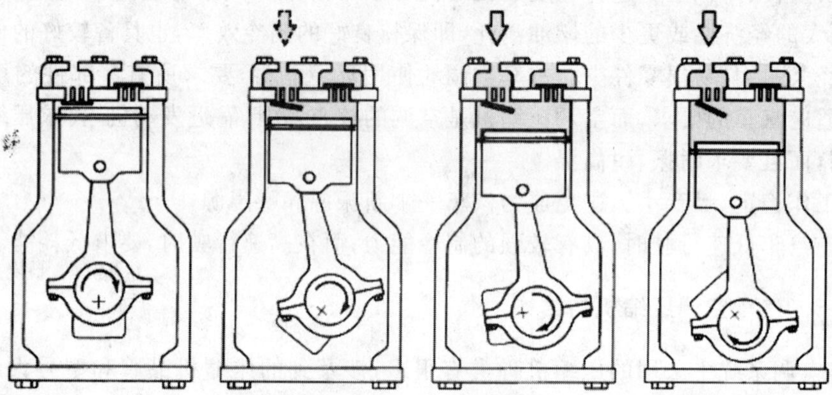

图 2-3　吸气过程

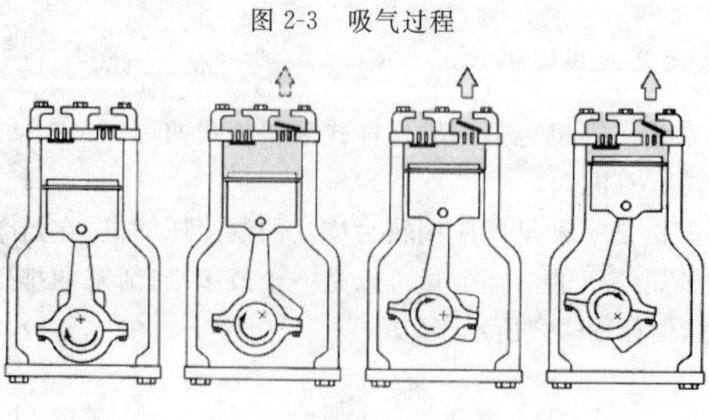

图 2-4　压缩排气过程

曲轴连杆式压缩机是第 1 代压缩机，它应用比较广泛，制造技术成熟，结构简单，而且对加工材料和加工工艺要求较低，造价比较低。适应性强，能适应较大的压力范围和制冷量要求，可维修性强。但是曲轴连杆式压缩机也有一些明显的缺点，例如无法实现较高转速，机器大而重，不容易实现轻量化，排气不连续，气流容易出现波动，而且工作时有较大的振动。由于曲轴连杆式压缩机的上述特点，已经很少有小排量压缩机采用这种结构形式。

(2) 斜板式压缩机

斜板式压缩机是往复活塞式压缩机的一种，不同之处是活塞进行轴向运动，常见的有摇板式和斜盘式压缩机两种，这种类型的压缩机在当今汽车空调压缩机中应用比例比较高。两者之间的不同是摆板式的活塞运动属单向作用，而斜盘式的活塞运动属于双向作用。

1) 摇板式压缩机。它是通过压在主轴上的轴板带动活塞做往复式运动。具体的结构组成如图 2-5 所示。它由摇板、连杆、活塞、凸轮转子、吸气/排气阀片等部件组成。

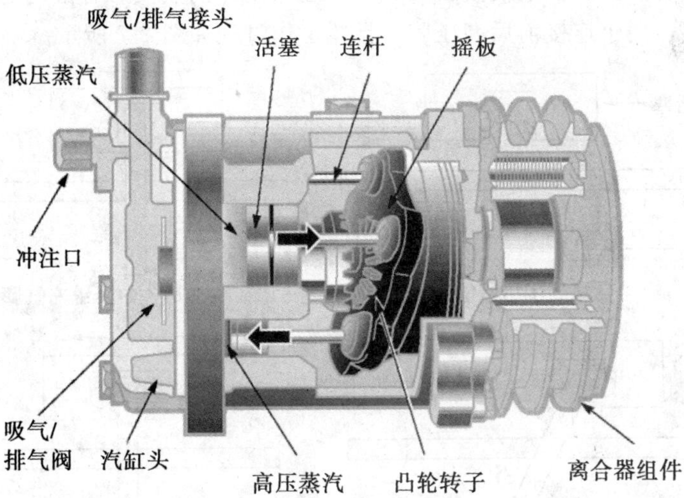

图 2-5 摇板式压缩机

具体工作过程：摇板在旋转的过程中，由连杆带动活塞往复运动，当活塞与气缸之间的容积变大时，将低压制冷剂蒸汽通过吸气阀片吸入到气缸内，当压缩容积变小时，压缩制冷蒸汽并将高压蒸汽从排气阀输送到冷凝器。

2)斜盘式压缩机。斜盘式压缩机的主要部件是主轴和斜板以及双头活塞，如图 2-6 所示。各气缸以压缩机主轴为中心圆周布置，活塞运动方向与压缩机的主轴平行。大多数斜板式压缩机的活塞被制成双头活塞，例如轴向 6 缸压缩机，则 3 个缸在压缩机前部，另外 3 个缸在压缩机后部，而 6 缸压缩机的三对活塞以 120°间隔安装在旋转斜盘上。

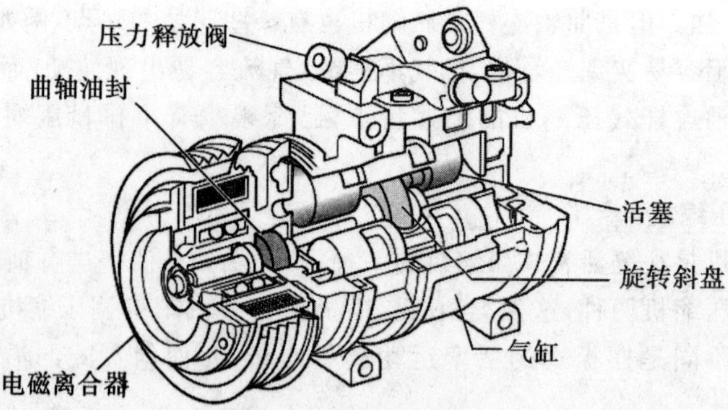

图 2-6 斜盘式压缩机

工作过程：斜盘旋转时，双头活塞在相对的气缸中一前一后地滑动，一端活塞在前缸中压缩制冷剂蒸汽时，另一端活塞就在后缸中吸入制冷剂蒸汽。各缸均配有高低压气阀，另有一根高压管，用于连接前后高压腔。具体工作过程如图 2-7 所示。

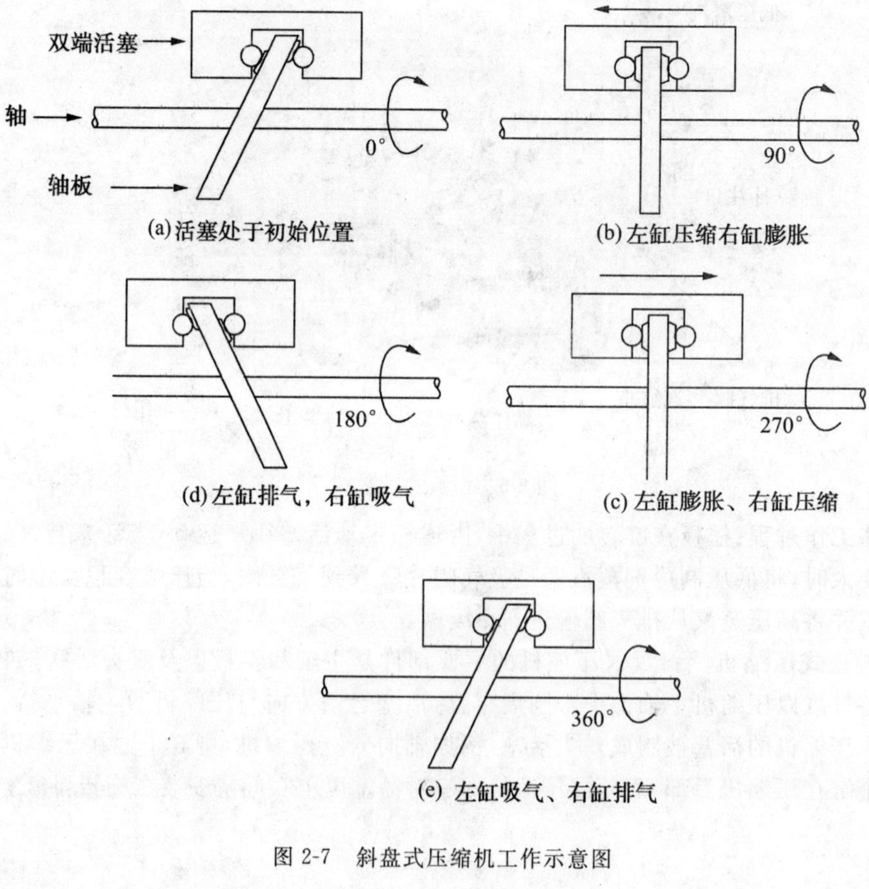

图 2-7 斜盘式压缩机工作示意图

斜盘式压缩机的润滑方式有两种。一种是采用强制润滑，它通过由主轴驱动的机油泵将润滑油供到润滑部位及油封处，主要用于高挡轿车或小型客车较大制冷量的压缩机。另一种是采用飞溅润滑，它设有油池，没有油泵，而是依靠润滑油和制冷剂一起循环，利用在吸气腔内因压力和温度下降而分离出的润滑油来润滑压缩机各部件。

2.1.3.2　叶片式压缩机

(1)结构组成

叶片式压缩机由转子、3～4 个叶轮、油泵、储油槽、排气口,以及尺寸精确的转子外壳组成,如图 2-8 所示。

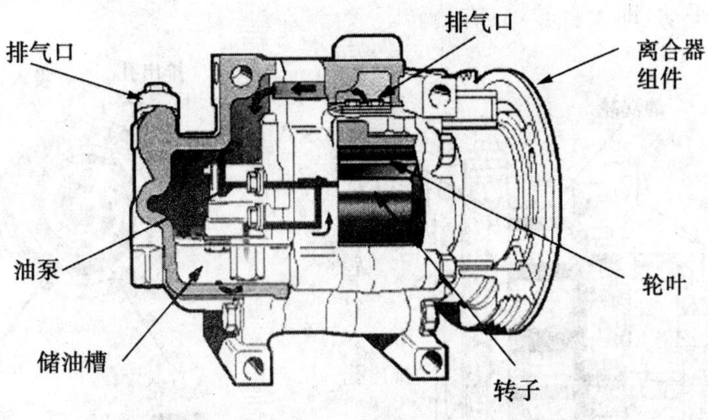

图 2-8　叶片式压缩机

(2)工作过程

当压缩机轴转动时,叶轮和转子外壳就形成了小腔,制冷剂由吸气孔抽入这些小腔中,当转子转动时,这些小腔的体积就变小了,制冷剂完成压缩后就到达了排气孔。具体工作过程如图 2-9 所示。叶轮和转子外壳在离心力的作用下被润滑油密封了,油槽和油泵在排气侧,高压将油道通过油泵推到叶轮端部,在转子外壳处起到了密封作用。

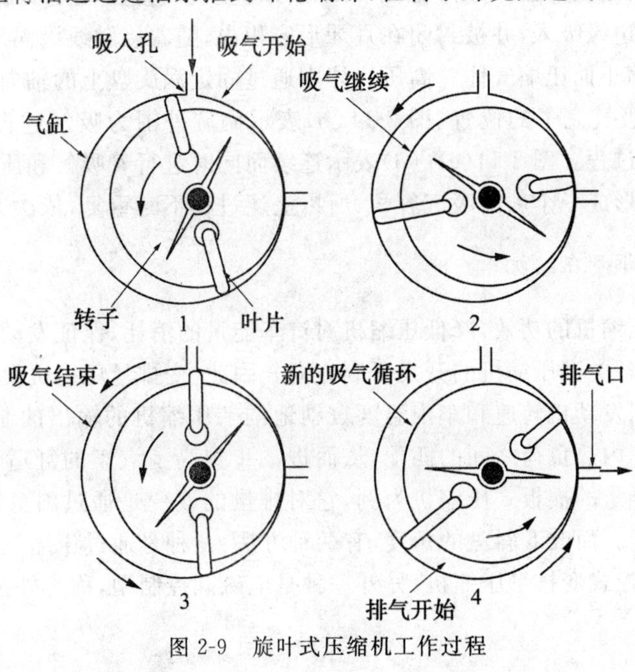

图 2-9　旋叶式压缩机工作过程

2.1.3.3 涡旋式压缩机

这种压缩机属于第3代压缩机。涡旋压缩机结构主要分为动静式和双公转式2种。目前动静式应用最为普遍，它的工作部件主要由动涡轮与静涡轮组成，动、静涡轮的结构十分相似，都是由端板和由端板上伸出的渐开线形涡旋齿组成，如图2-10所示。两者偏心配置且相差180°，静涡轮静止不动，而动涡轮在专门的防转机构的约束下，由曲柄轴带动作偏心回转平动，即无自转，只有公转。

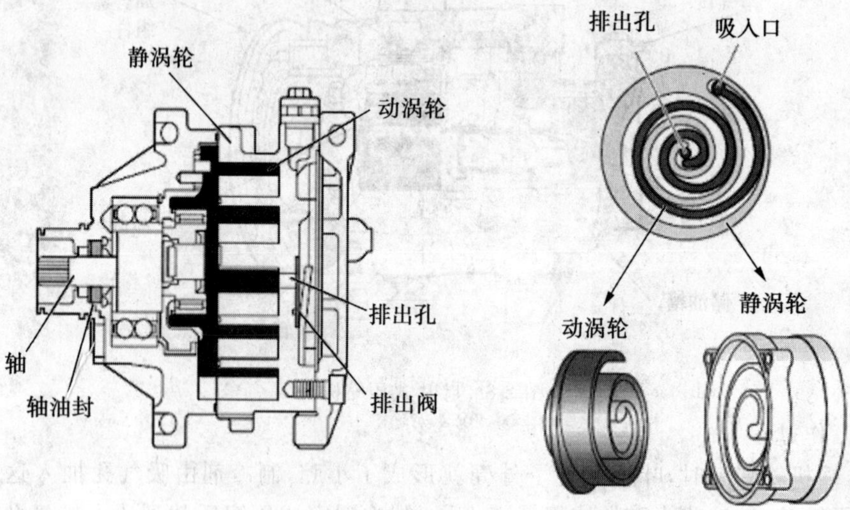

图2-10 涡轮式压缩机的结构组成

涡旋式压缩机的具体工作原理如图2-11所示，吸气口设在固定涡旋轮外侧，由于曲柄的转动，气体由边缘吸入，并被封闭在月牙形容积内，随着接触线沿涡旋面向中心推进，月牙形容积逐渐缩小而压缩气体。高压气体则通过固定涡旋盘上的轴向中心孔排出。图2-11(a)表示正好吸气完了的位置，图2-11(b)表示涡旋外围为吸气过程，中间为压缩过程，中心处为排气过程。图2-11(c)、(d)表示连续而同时进行着吸气和压缩过程。在曲柄轴的每一转中，都形成一个新的吸气容积，所以上述过程不断重复，依次完成。

2.1.3.4 变排量压缩机

更好地发挥压缩机的功效，降低压缩机对汽车能量的消耗，保证发动机在高速情况下的动力性，是当今各类型压缩机的开发研制方向。因此，变排量压缩机便根据上述要求提出来。它可以根据发动机转速和车内温度自动地调节压缩机的输出的制冷量，达到压缩机能量的输出与车内热负荷之间的匹配，从而进一步提高了汽车的舒适性和降低汽车的燃油油耗。以变排量的摇板式压缩机为例，它对排量的改变是通过斜盘角度的变化来控制压缩机的输出量。而改变斜盘的角度，有两种方法：一种是通过压缩机内部的调节阀进行调节，统称为内控式变排量压缩机；另外一种是电磁阀控制型，称为外控式压缩机。

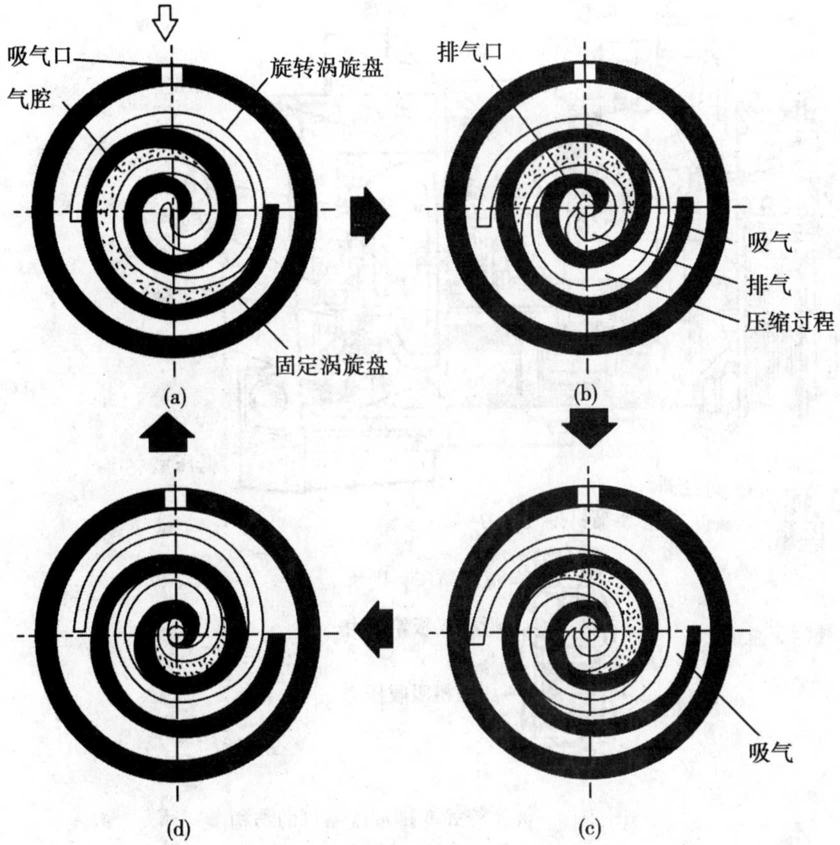

图 2-11　涡旋式压缩机工作原理

(1) 内控式变排量压缩机

内控式变排量压缩机具体构造如图 2-12 所示，摆动盘通过导向销和传动柄相连，传动柄与主轴连成一体，导向销安装在传动柄的偏心槽内，它可使摆动盘与主轴倾斜成某一范围内的任意角度，从而改变了压缩机排量。摆动盘与主轴角度不同，可使活塞行程改变，同时压缩机排量也随之变化。在变排量压缩机后端有一个控制阀总成，控制阀内有一个压力感应波纹管，此波纹管感应压缩机吸气压力，可控制摇板箱内气体压力，摇板箱内气体压力变化导致摆动盘角度变化，从而调节压缩机排量。

工作原理：排量的改变是依靠摇板箱压力的改变来实现的。摇板箱压力降低，作用在活塞上的反作用力就使摆动盘倾斜一定角度，这就增加了活塞行程（即增加了压缩机排量）；反之，摇板箱压力增加，这就增加了作用在活塞背面的作用力，使摆动盘往回移动，减小了倾角，即减小了活塞行程（也就减小压缩机排量）。

若制冷负荷增加，压缩机吸气侧压力增加，当吸气侧压力超过了设定值，高的吸气压力使波纹管收缩，针阀下落，钢球落在球座上，将高压侧气体和摇板箱内气体的通道封死。这样就阻止了高压侧气体通向摇板箱。与此同时，从低压侧到摇板箱的通道打开，部分摇板箱的气体通向吸气侧，从而降低了摇板箱内压力，使压缩机排量增加。

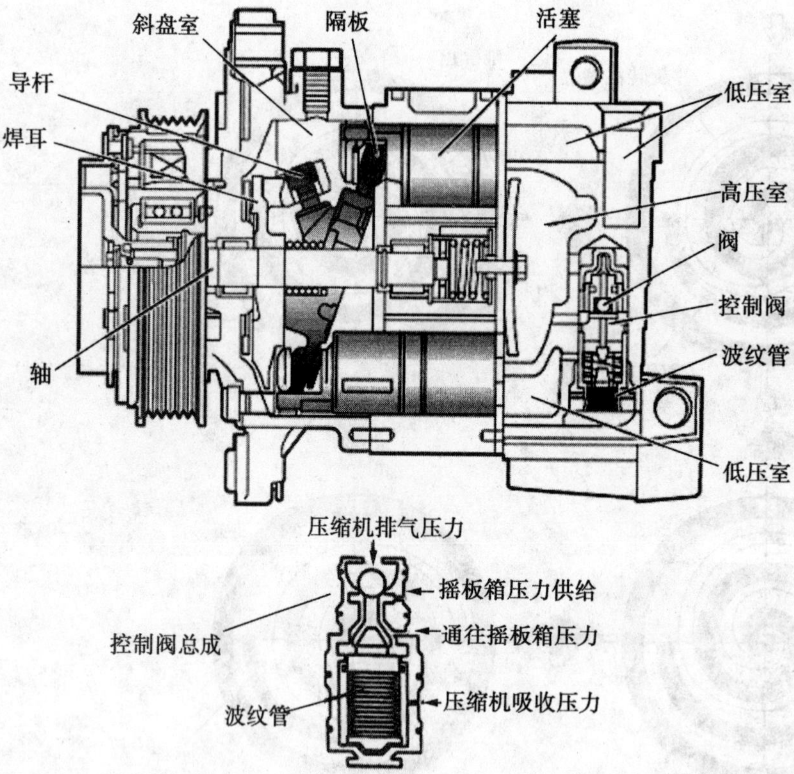

图 2-12　波纹管式变排量压缩机的结构

反之，当制冷负荷减小，吸气压力降低到低于控制点时，波纹管膨胀，针阀把钢球向上推，使之离开球座。这样，高压气体就能通过控制阀进入摇板箱。结果是摇板箱内压力增加，从而减小压缩机排量。

在变排量压缩机制冷系统中，若制冷负荷不变，而发动机转速增加，则压缩机活塞行程减小，降低了压缩机的排量，使制冷剂流量保持不变。这样既满足了制冷负荷的要求，又降低了发动机的功耗。

(2) 外控式变排量压缩机

内部控制变排量压缩机用内部控制阀使吸气压力保持在一个较低的恒定温度(一般蒸发器温度为 0℃)，往往用再热方式提高送风温度来保持车内的舒适性。而外部控制变排量压缩机是通过外部电磁调节阀调节控制压缩机的排量，这样可以根据当时的冷负荷情况确定一个合适的吸气压力，不需要再热，从而达到节能目的。其具体结构如图 2-13 所示。

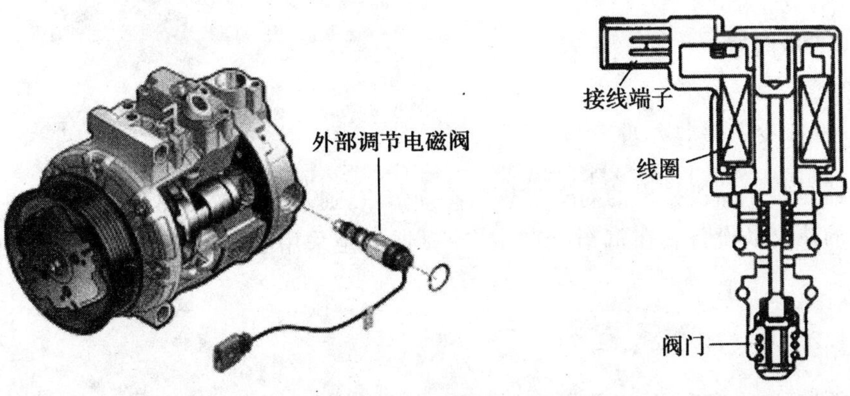

图 2-13　外控式变排量压缩机

工作过程如图 2-14 所示：在没有电流的状态下，阀门开启，高压腔和压缩机斜盘箱相通，高压腔的压力和斜盘箱的压力达到平衡。全负荷时，阀门关闭，斜盘箱和高压腔之间的通道被隔断，斜盘箱的压力下降，斜盘的倾斜角度加大直至 100% 的排量；关掉空调或所需的制冷量较低时，阀门开启，斜盘箱和高压腔之间的通道被打开，斜盘的倾斜角度减小直至低于 2% 的排量。当系统的低压较高时，真空膜盒被压缩，阀门挺杆被松开，继续向下移动，使得高压腔和斜盘箱进一步被隔离，从而使压缩机达到 100% 的排量；当系统的吸气压力特别低时，压力元件被释放，使挺杆的调节行程收受到限制，这就意味着高压腔和斜盘箱不再能完全被隔断，从而使压缩机的排量减小。

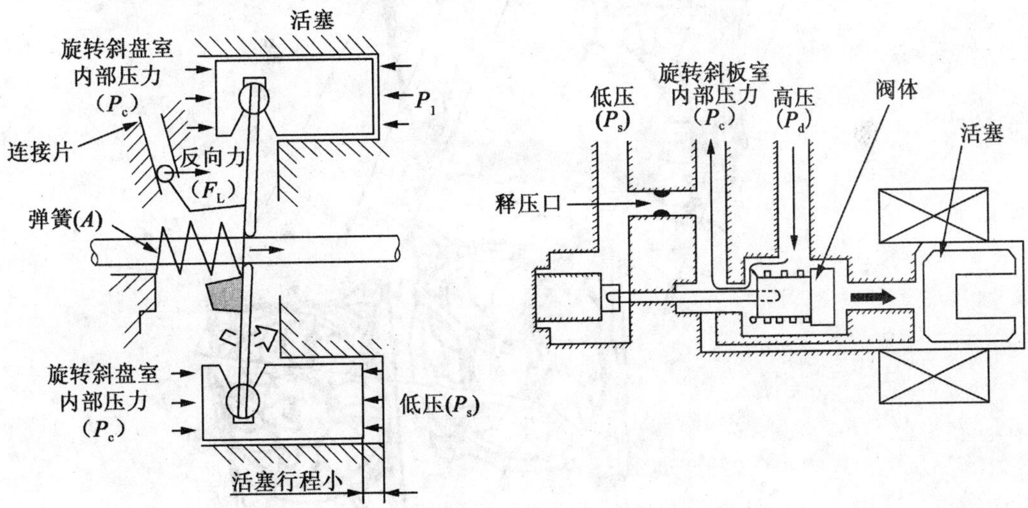

图 2-14　外控变排量压缩机的工作过程

2.2　热交换器

冷凝器和蒸发器是汽车空调器中两个重要的组件，统称为热交换器。

2.2.1 冷凝器

2.2.1.1 冷凝器的作用

冷凝器是将压缩机排出的高压过热制冷剂蒸汽，通过它释放出热量后，凝结成液体或气液混合的热交换设备。在汽车空调中，冷凝器都是采用空气冷却方式，或者叫做风冷方式。

2.2.1.2 冷凝器的安装位置

汽车空调的冷凝器大多数布置在车前部、侧面或车底，轿车的冷凝器一般布置在汽车发动机舱的前部、发动机散热水箱前端、进气栅格的后面，一般会在水箱后面加装两个风扇，如图 2-15 所示。

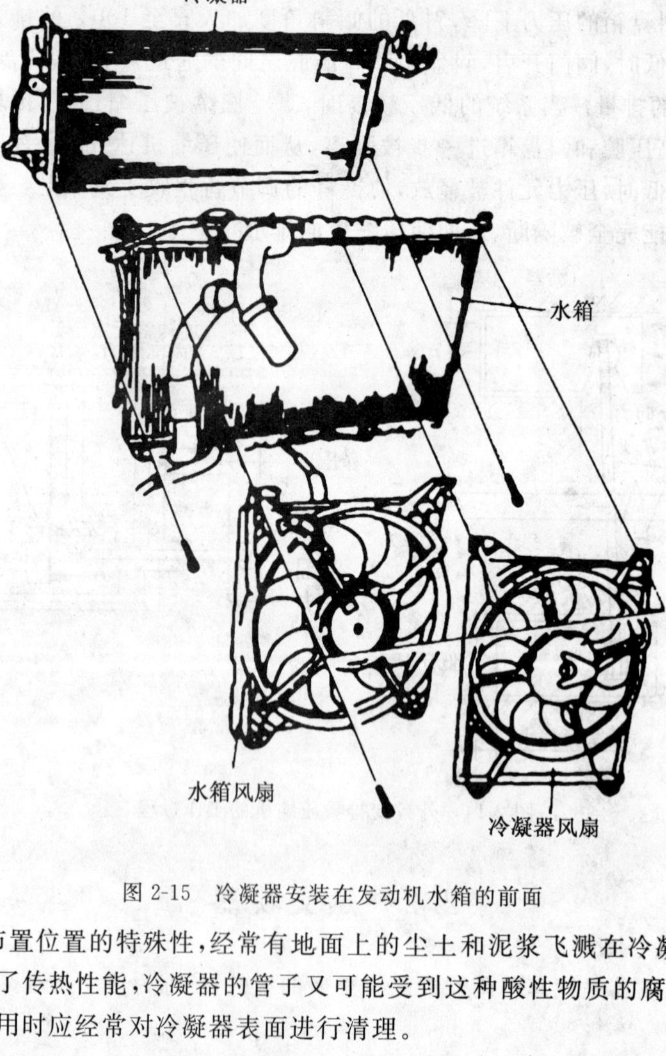

图 2-15 冷凝器安装在发动机水箱的前面

但由于其布置位置的特殊性，经常有地面上的尘土和泥浆飞溅在冷凝器上。既增加了热阻，也降低了传热性能，冷凝器的管子又可能受到这种酸性物质的腐蚀，管子容易烂穿。因此，在使用时应经常对冷凝器表面进行清理。

2.2.1.3 冷凝器的结构与类型

汽车空调冷凝器的材料可以是钢、铜或铝，在汽车空调系统中经常采用的冷凝气主要有管带式、管翅式和平流式三种结构类型。

(1) 管带式冷凝器

这种冷凝器一般在一些小型轿车上采用，如捷达轿车。它采用一整根扁形盘管(铝管)，盘管中由隔筋形成3～4个孔道。把扁形管弯成蛇形管后，在管外用0.2mm的铝片焊在上、下两管外壁上。铝片上的折皱，以增强换热的效果。具体结构如图2-16所示。

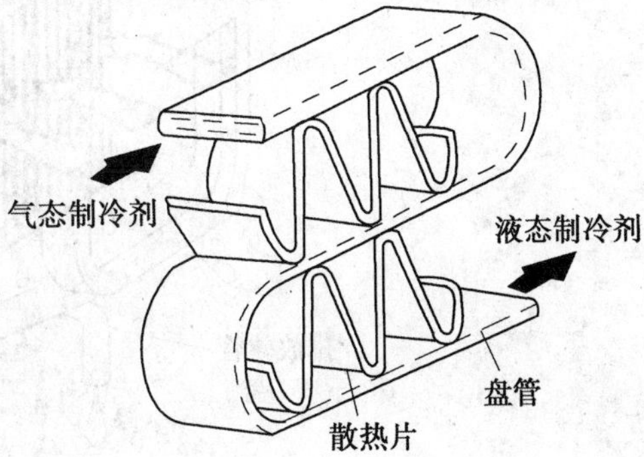

图2-16 管带式冷凝器

(2) 管翅式冷凝器

这种冷凝器一般用于大型客车的冷气装置中，其一般由管铜和铝翅片组合起来的换热设备。其具体构造如图2-17所示。

(3) 平流式冷凝器

这种冷凝器一般在使用R134a的空调制冷系统中，它是由圆筒集管、铝制内肋扁管、波形散热翅片及连接管组成，其设计很像水箱，不像管带式冷凝器只在一路中循环，而是使制冷剂同时在几路中循环，这使得制冷剂与外界空气有更大的接触面积，其效率比管带式的要高25%。其具体构造如图2-18所示。

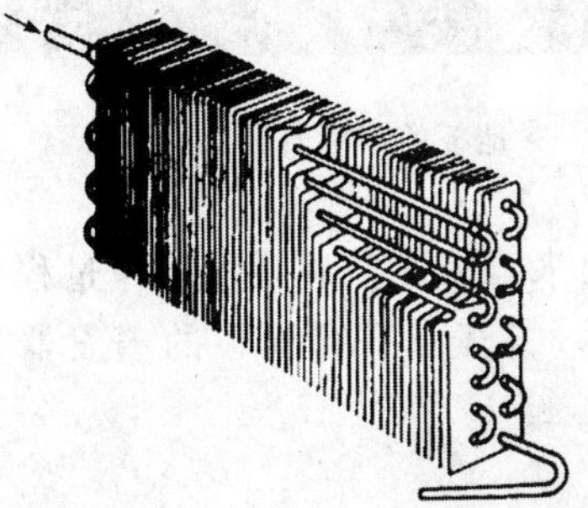
图2-17 管翅式冷凝器

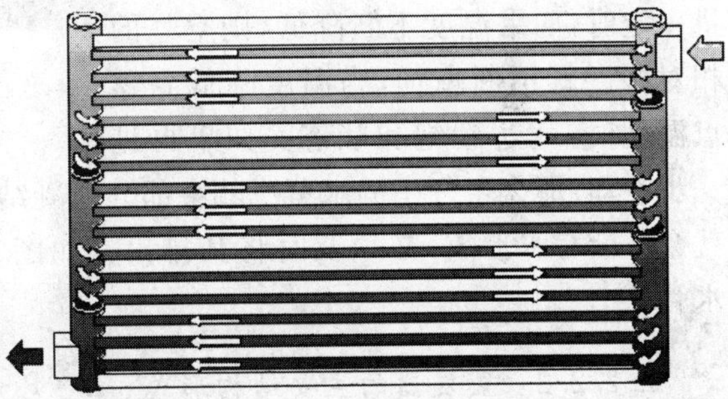
图2-18 平行式冷凝器

2.2.2 蒸发器

蒸发器是将节流后的液体制冷剂，在其中吸热气化达到制冷效果的设备。它由箱、管和散热片组成，管子穿过散热器片，形成小通道以便有良好的传热率，如图2-19所示。

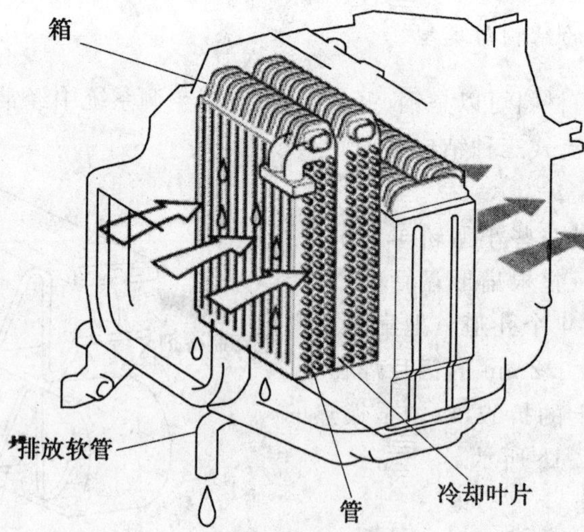

图 2-19　蒸发器构造

2.2.2.1　蒸发器的作用

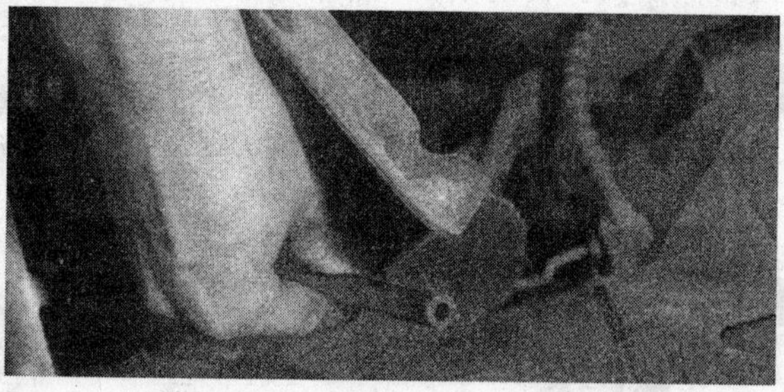

图 2-20　穿地板的蒸发器排水管

空气通过蒸发器时，热量被蒸发器中的制冷剂带走，实现了对空气的降温或除湿作用。被冷却的空气，在鼓风机的作用下，以强制的方式送入车室内，并直接与车室内空气混合，使车室内的温度降低到要求的程度。当空气中的含湿量一定时，如果温度不断降低，则空气的相对湿度就不断增加，当温度降低到露点温度时，就达到饱和状态。如果再进一步冷却，那么空气中的水蒸汽就会部分地凝结成水析出来。因此空调系统工作过程中就会不断有水形成，必须及时将其排出。如图 2-20 所示，实车中贯穿地板的蒸发器排水管。

2.2.2.2　蒸发器的主要结构形式

由于蒸发器安装在汽车仪表板内部，空调位置有限，则对蒸发器的尺寸要求比较苛刻，因此要求蒸发器要具备制冷效率高、尺寸小、重量轻等特点。

蒸发器主要有管带式、层叠式两种结构形式。

(1) 管带式冷凝器与管带式冷凝器结构相似，由多孔扁管与蛇形散热带焊接而成，如图 2-21 所示。但管带长度大约是冷凝器的 5 倍。

(2) 层叠式蒸发器与平行流冷凝器的结构相似，如图 2-22 所示，它由两片冲成复杂形状的铝板叠在一起组成制冷剂流道，每两片流道之间夹有蛇形散热带。这种形式的蒸发器加工难度比较大，但是换热效率也最高，结构最紧凑，在当今车型中采用比例比较高。其换热效率比管带式蒸发器提高了 10%左右。

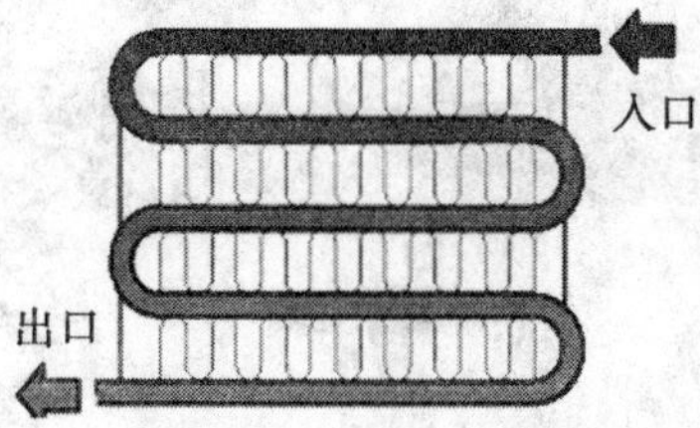

图 2-21　管带式蒸发器

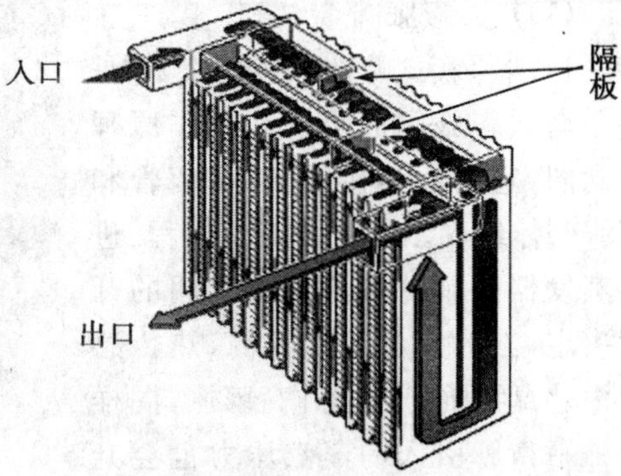

图 2-22　层叠式蒸发器

2.3　节流装置

汽车空调制冷系统中的节流装置包括膨胀阀和节流管两种。

2.3.1　膨胀阀

2.3.1.1　膨胀阀的作用

在膨胀阀式空调制冷系统中，膨胀阀是一个非常重要的部件，它主要是起着节流降压和调节流量的作用。同时，它还有防止压缩机液击或蒸发器异常过热的功能。

(1) 节流降压

膨胀阀将从储液干燥罐出来的高温、高压的液态制冷剂从小孔中喷出，使液态制冷剂突然膨胀，变成低温、低压的制冷剂雾汽进入蒸发器，即分隔了制冷剂的高压侧与低压侧。

(2) 调节流量

由于制冷剂负荷的改变以及压缩机转速的变化，要求流量作出相应调整，以保持车内温度稳定。膨胀阀就起到了把进入蒸发器的流量自动调节到制冷循环所要求的合适程度的作用。

(3) 防止液击、蒸发器结冰和异常过热

膨胀阀以感温元件控制流量大小，保证蒸发器尾部有一定量的过热度，从而保证蒸发器总容积的有效利用，避免液态制冷剂进入压缩机而造成液击或蒸发器表面结冰的现象出现，同时又能将过热度控制在一定范围内，从而防止异常过热现象发生。

2.3.1.2　膨胀阀的种类

膨胀阀的种类主要有热力膨胀阀和 H 形膨胀阀。其中热力膨胀阀又分为内平衡和外平衡膨胀阀，其实物如图 2-23 所示。

(1)热力膨胀阀

1）外平衡式膨胀阀。图 2-24 是外平衡式膨胀阀的结构和工作原理示意图,它是由热传感管、平衡管和膨胀阀体组成。其具体工作过程:进入蒸发器的制冷剂流量由针阀的开度决定,当蒸发器温度升高,热传感管内感温物质的压力升高膨胀,同样由外平衡管引入的蒸汽压力也会升高,但由于热传感管内的感温物质是饱和蒸汽,而外平衡管内引入的是过热蒸汽,所以感温管内压力大于外平衡管引入的过热蒸汽和弹簧的压力之和,将迫使膜片下移,带动顶杆推动阀芯下移,使孔的开度增大,流入蒸发器的制冷剂流量增大。温度越高,流量越大,则蒸发器的制冷量越大,降温也就越迅速。当温度下降时,感温包内的压力下降得比膜片下方的压力快,弹簧将推动阀芯上移,使节流孔开度减小,进入蒸发器的制冷剂量减少,温度越低,流量越小。

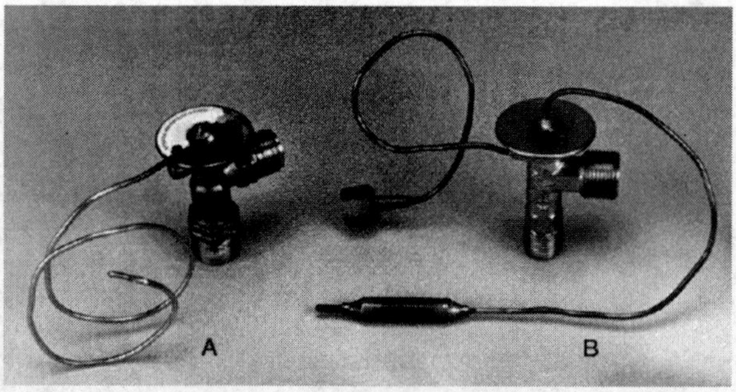

图 2-23　典型式热力膨胀阀
(A 为内平衡式,B 为外平衡式)

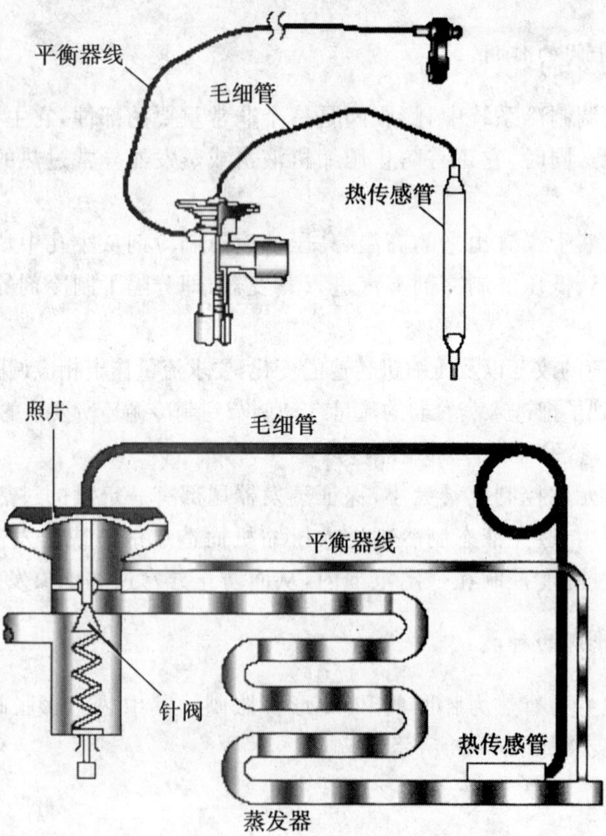

图 2-24　外平衡式膨胀阀结构和工作原理

2）内平衡式膨胀阀。内平衡膨胀阀结构如图 2-25 所示，它的结构与外平衡式膨胀阀相似，但没有平衡管线，只包括感温系统和膨胀阀阀体。具体工作过程：当感温包内压力升高幅度大于弹簧力和节流后的液体压力升高之和时，膜片向下推动顶杆，使阀孔开度增大，进入蒸发器的制冷剂量增加，温度越高，流量越大，则蒸发器制冷量就越大，降温越迅速。但是弹簧的压力会逐渐增大，膜片达到一个平衡。当温度下降时，感温包内的压力下降得比膜片下方的压力快时，弹簧将推动阀芯向上，使节流孔开度减小，制冷剂量减少。温度越低，流量越小。蒸发器的温度会逐渐升高，感温包内压力将逐渐升高，节流孔开度再度增大，制冷剂流量增大，蒸发器的温度再降低，膜片所受到的力又达到平衡。

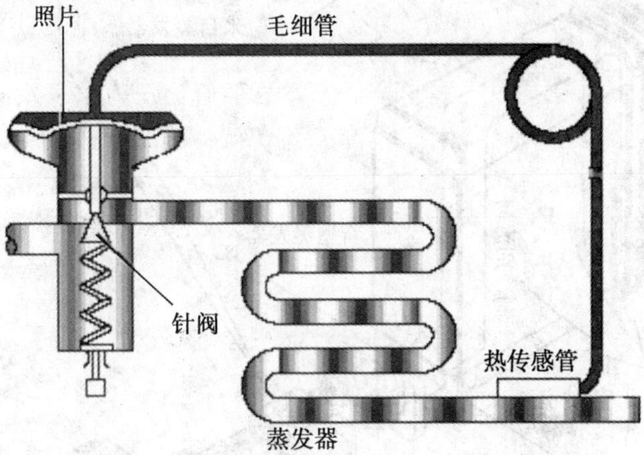

图 2-25　内平衡式膨胀阀工作过程

(2) H 形膨胀阀的结构和工作原理

由于无论是内平衡还是外平衡式的热力膨胀阀，均要由较长的毛细管间接感知蒸发器出口的温度，因此，控制精度受到环境温度和其他许多因素的影响，而 H 形膨胀阀可以很好地解决这个问题。其结构如图 2-26 所示，H 形膨胀阀是因为它的内部通路像 H 字母而得名，它有四个接口分别与储液干燥罐出口、蒸发器入口和出口、压缩机入口相连接。在连接储液干燥罐出口和蒸发器入口之间有一个针阀控制节流孔开度，针阀上部与控制杆和热敏杆相连，球阀下面与弹簧相抵，热敏杆内一般有密封的制冷剂。

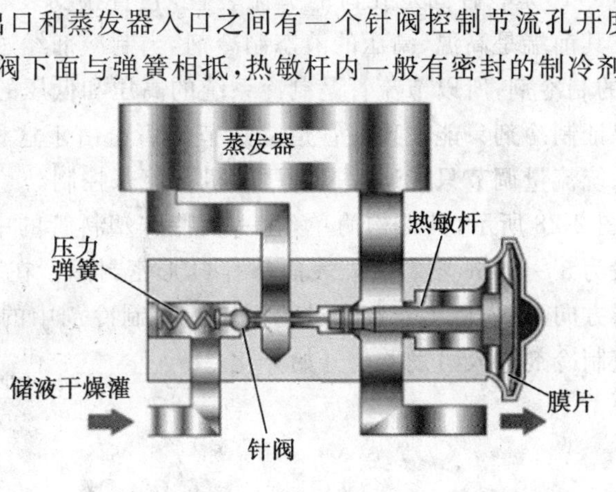

图 2-26　H 形膨胀阀的结构

工作过程:当蒸发器的温度高时,感温器内的制冷剂压力升高,控制杆推动球阀向下克服弹簧的力,将节流口的开度加大,制冷剂流量增大,蒸发器温度下降;反之亦然。

H 形膨胀阀安装位置如图 2-27 所示。

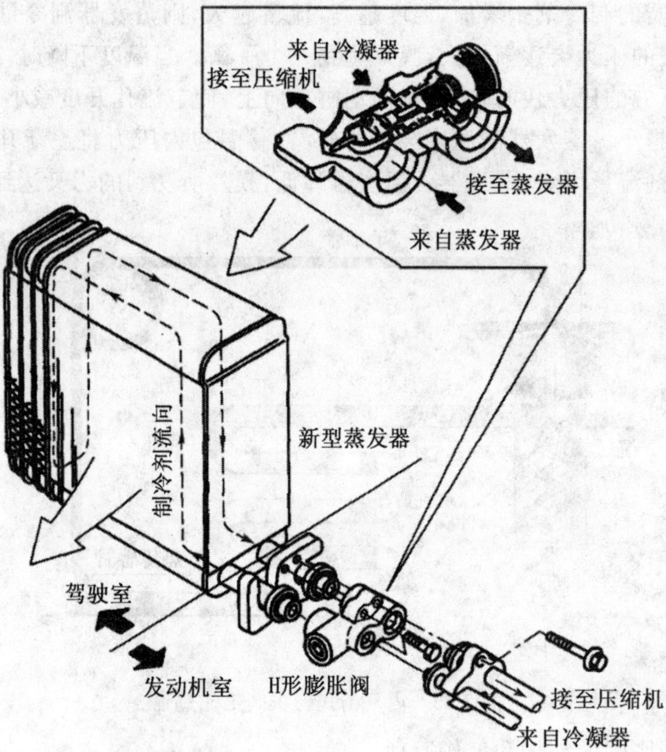

图 2-27　H 形膨胀阀实车安装位置

2.3.2　节流管

膨胀节流管(CCOT)是一种固定孔口的节流装置,它直接安装在冷凝器出口和蒸发器入口的管路中,在其前端是高温、高压的液态制冷剂,当制冷剂经过它之后,压力立刻下降,变成低压、低温的制冷剂,所以节流管是制冷系统的高压和低压的分界点,在其间加装了一个密封环,以保证制冷剂只能在狭长管道穿过节流管。由于这种节流装置不能调节制冷剂流量,对于系统流量调节只能通过控制压缩机开停来控制。

节流管构造如图 2-28 所示,其结构简单,在一根特殊塑料管的中间安了一段节流用的铜管,其内径一般为 3～5mm,塑料管外表面都有 O 形密封圈。在节流管上一般标识箭头,箭头指向蒸发器方向,在入口出安装有过滤网以滤出制冷剂中的杂质,在出口处安装有雾化用的滤网,使制冷剂进入蒸发器前开始雾化。

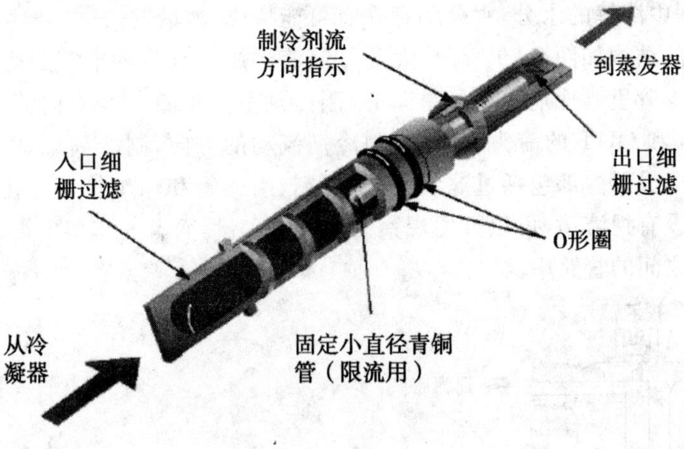

图 2-28　节流管构造

2.4　其他辅助设备

2.4.1　储液干燥器和集液器

储液干燥器和集液器几乎有相同外观的罐式装置。然而，这两种装置的功能和安装位置却有很大不同。储液干燥器是与膨胀阀共同出现，安装在冷凝器出口和蒸发器入口之间；而集液器是与节流管一起存在，安装在蒸发器出口和压缩机的入口。二者都有过滤和干燥的功用，储液干燥器在制冷系统中，相当于膨胀阀的“蓄水池”，由于蒸发器热负荷的不同，冷凝器散热效率的不同，压缩机转速不同，将造成每次泵进循环的制冷量不同，储液干燥器可以补偿这种波动，保证制冷剂流动的稳定性和连续性。而集液器则可以捕获并圈闭来自蒸发器的液态制冷剂以确保压缩机吸入的全部为汽态制冷剂。

2.4.1.1　储液干燥器

储液干燥器是保证压缩机和制冷系统正常运行的必要设备，它起着三个方面的作用。

(1)储液作用。储液是用来储存和供应制冷系统内的液体制冷剂，以便工况变动时能补偿和调剂液体制冷剂的盈亏。一般来说，空调系统开始工作时的负荷量大，要求制冷剂的循环量也大，当工作一段时间后，负荷将减小下来，这时所需的制冷剂量相应地减少。因此，负荷大时，储液器中的液体制冷剂补充进来，而负荷小时又可将液体制冷剂储存起来。同时，由于开启式压缩机和橡胶连接软管，总有一定的制冷剂泄漏，储液器还可弥补系统中制冷剂的微量渗漏。

(2)过滤作用。制冷系统中的各个部件在出厂前应进行严格的清洗和干燥，但是管路维修时，有可能不注意将污物带入，管道中也可能生产污物，如氧化皮之类，制冷剂本身也不那么干净，压缩机运行时的粉末磨屑等。通过过滤，清除掉这些机械杂质和污物，保证制冷剂顺利流通，不致因堵塞影响正常工作。

(3)干燥作用。用来吸收制冷剂中的水分。水分来源于制冷系统干燥不严格、或有空气进入、或制冷剂中溶解的水分，水分的存在有可能造成"冰堵"。

储液干燥器的结构如图 2-29 所示，大部分储液干燥器都是一个密封焊死的铁瓶，不可拆卸。储液干燥管里制冷剂流动是单向的，制冷剂只能沿着一个方向流动。大部分的干燥器被标有 IN 和 OUT 的箭头，以标明制冷剂流动的方向，制冷剂总是从冷凝器朝蒸发器流动。储液干燥器内部包括过滤装置、干燥剂、引入管和输出管等。在部分车型上，在储液干燥灌上设有视液镜，可以方便观察制冷剂的含量，而有的车型中视液镜设在储液干燥器和膨胀阀之间的管路中。

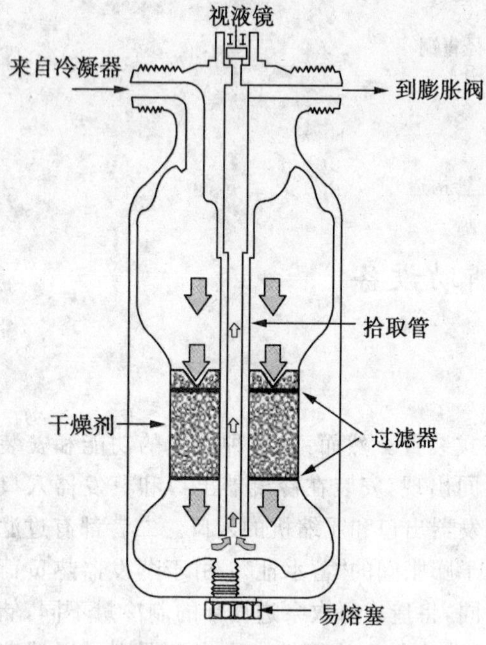

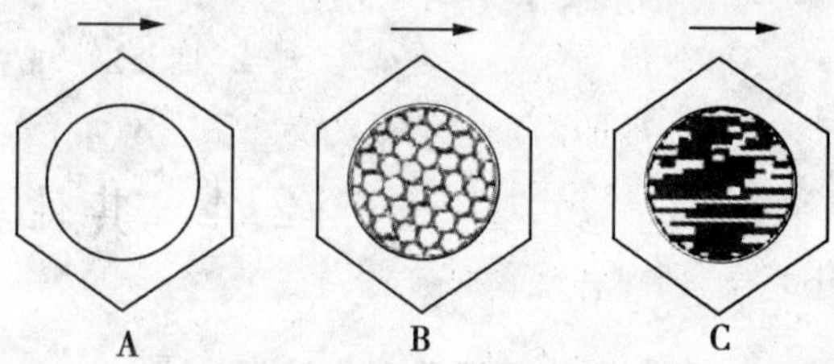

图 2-29 储液干燥罐

A—过满（没有气泡） B—不足（连续气泡） C—足量（几乎没有气泡）

2.4.1.2 集液器

用节流管式的制冷系统中，在蒸发器和压缩机之间的低压端安装集液器，也被称为气液分离器。它的作用是留下液态制冷剂，使其在低压区缓慢的蒸发，从集液器里出去的只是气态制冷剂，因而起到了气液分离、防止压缩机液击的作用。

集液器（气液分离器）的结构如图 2-30 所示。

当制冷系统工作时，制冷剂从气液分离器的顶部进入，液态制冷剂沉

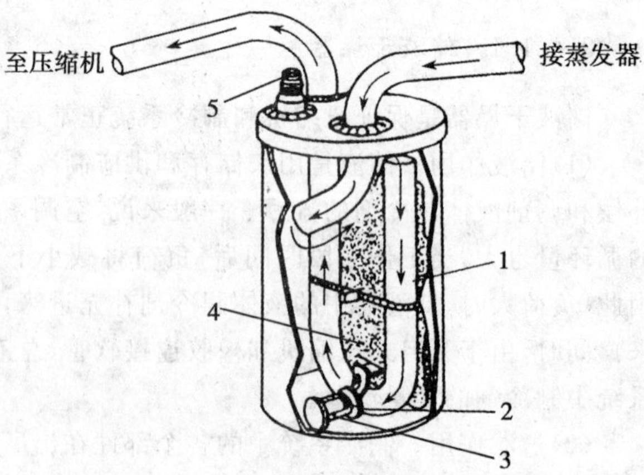

图 2-30 集液器的结构图

1—出气管 2—渗油孔 3—滤网 4—干燥剂 5—测试口

入底部，而位于顶部的气态制冷剂被吸入压缩机，气液分离器底部的 U 形吸气管上有一个小孔，只允许少量冷冻机油流回压缩机，以保证压缩机的正常润滑。滤网只允许润滑油通过，而不允许液态制冷剂通过。

2.4.2　高、低压软管

汽车空调用高、低压软管，软管是连接汽车空调中各部件之间的管子，起传输制冷剂的作用。由于空调系统是装在汽车上，汽车在行驶过程中，颠簸和振动很大，往往是采用软连接方式，即采用橡胶管，软管有高压管和低压管之分。又因为在汽车上的工作环境恶劣，汽车发动机和空调压缩机要散发大量的热量，管内走的又是制冷剂和冷冻油，因此，要求软管具有良好的特性，主要表现在：

(1)良好的耐热、耐老化性。

(2)能承受较高的压力。

(3)良好的耐油性能，橡胶管中含有冷冻油。

(4)气密性要好。

(5)动态性能要好。

2.4.3　维修阀

在汽车空调系统中，为了简化制冷系统、方便维修，在高压和低压管路上一般加装两个维修阀，用来测量系统压力、抽真空和充注制冷剂等工作。

维修阀一般采用的是施拉尔式维修接口，如图 2-31 所示。使用时，将歧管压力表的接口、接头拧上，顶开施拉尔阀，就可以与系统相通建立联系。

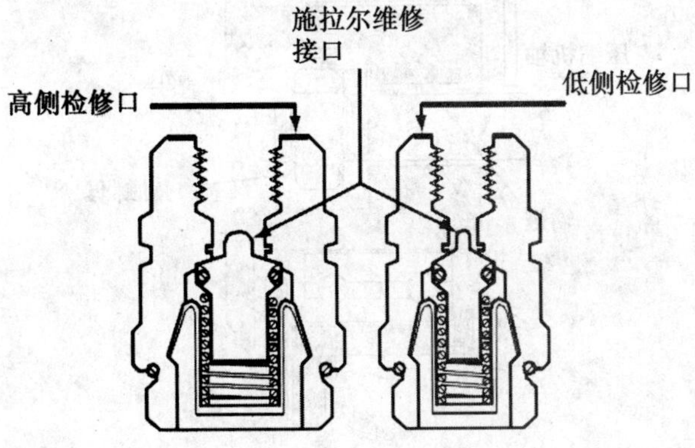

图 2-31　施拉尔式维修接口

2.4.4　密封圈

在空调系统的管路接口上都有 O 形圈，帮助保持系统密封，其材料一般为丁腈橡胶。在安装密封圈时，可以用矿物质机油润滑。而 O 形密封圈是以备件的形式提供的，不同类别的密封圈往往颜色不相同，比如用于 R12 制冷剂系统的密封圈为黑色，而 R134a 系统的密封圈为紫色。更换密封圈的过程中不能彼此互换。

2.4.5 电磁离合器

在非独立式的汽车空调制冷系统中，大多数压缩机运转的动力是由发动机通过皮带进行驱动的，并且压缩机的主轴与发动机的曲轴不是直接相连，而是通过电磁离合器把动力传递给压缩机的，电磁离合器是发动机和压缩机之间的一个动力传递机构，其具体构造如图 2-32 所示。电磁离合器一般装在压缩机前端面，成为压缩机总成的一部分。电磁离合器由皮带轮、电磁线圈、传动轮毂等主要部件组成，正常情况下，皮带轮与压缩机轴之间处于分离状态，主轴与传动轮毂之间通过连接键相连，当电磁离合器通电，轮毂将在电磁力的作用下与皮带轮结合，发动机的动力就可以传递到压缩机的主轴上，制冷系统的制冷剂开始循环；当处于断电状态，传动轮毂与压缩机轴将会分离，压缩机停止工作，皮带轮空转。因此可以看出，压缩机电磁离合器可以根据空调制冷系统的具体工作状态，分离和结合发动机与压缩机之间的动力传输，并在过载时可以起到保护的作用。

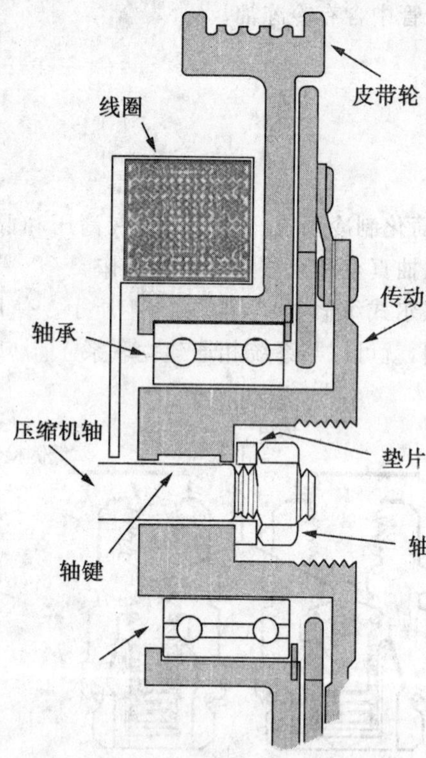

图 2-32 电磁离合器的工作原理

本章小结

1. 汽车空调压缩机一般包括往复活塞式、涡旋式、叶片式三种类型。

2. 汽车空调中的蒸发器和冷凝器都是热交换器，在冷凝器中是制冷剂把热量释放给周围环境空气。在蒸发器中，制冷剂气化吸收周围空气的热量，降低车内空气的温度。

3. 汽车空调的节流装置有热力膨胀阀和节流管两种类型，其中热力膨胀阀可以对进入蒸发器制冷剂量进行自动调整。节流管则只能靠压缩机的开、停来实现制冷剂量的控制。

4.汽车空调制冷系统中的储液装置有储液干燥器和集液器两种，分别与膨胀阀和节流管共同出现。

复习思考

1.空调压缩机的作用是用来压缩和循环输送(　　)。

2.制冷剂流经冷凝器时(　　)热量，而流经蒸发器时(　　)热量。

3.汽车空调节流装置安装在(　　)入口处。

4.储液干燥器串联在冷凝器与(　　)阀之间的管路上。

5.储液干燥器的作用是(　　)、(　　)、(　　)。

6.集液器和储液干燥器类似，但它装在系统的低压侧(　　)入口处。

7.电磁离合器的作用是接通或切断(　　)与(　　)之间的动力传递。

8.汽车空调压缩机有哪几种类型?

9.汽车内控式可变排量压缩机的工作原理?

10.膨胀阀式的空调制冷系统中，膨胀阀起到什么作用?

11.节流管式与膨胀阀式的制冷系统相比，结构上和工作过程有何不同?

实训项目三　汽车空调压缩机拆装与检修

一、实训目的与要求

1. 掌握空调压缩机等制冷系统部件的拆卸与修理方法。

2. 在注意安全事项的前提下，对压缩机、电磁离合器、油封、压缩机内部机件、惰性轴承、干燥过滤器进行拆卸与装配。

3. 能够对阀板、油封等易损部件进行检验和更换。

4. 能够进行压缩机制冷机油的加注。

二、实训仪器和设备

制冷剂回收装置、斜盘式压缩机、帕萨特空调实训台架、组合套筒扳手一套等。

三、实训操作步骤

1. 压缩机拆卸

在进行压缩机拆卸之前，利用冷媒回收装置进行制冷剂的回收。断开压缩机相连的管路，并废弃管路的密封垫，取下压缩机。

(1)拆卸气缸盖与排气阀。

(2)拆卸曲轴箱侧盖。

(3)拆卸活塞连杆部件。

(4)拆卸气缸套。

(5)拆卸细滤油器和油泵部件。

(6)拆卸油三通阀和粗滤油器。

(7)拆卸吸气过滤器。

(8)拆卸联轴器。

(9)拆卸轴封部件。

(10)拆后轴承座。

(11)拆曲轴。

(12)拆前轴承座。

2. 部件的组装

(1) 活塞连杆部件的组装

1) 连杆小头衬套的装配。

2) 活塞销与连杆小头的装配。

3) 活塞环的装配。

(2) 气阀部件的组装

1) 气阀弹簧若有一个损坏应全部换新的。

2) 检查阀盖上阀片升程两侧有无毛刺,若有毛刺应用细挫修理。

3) 装阀盖、阀片和外阀座用 M16 螺丝连接,注意阀片应放正。

4) 装内阀座和芽芯螺丝。

5) 装配后,用螺丝刀试验阀片各处在升程中活动是否灵活。

(3) 三通阀部件组装

1) 装配时应注意定位。

2) 限位板的螺丝要装平。

四、实训注意事项

1. 拆卸前必须准备好扳手、专用工具及放油等准备工作。

2. 拆卸时要按步骤进行,一般应先拆部件,后拆零件,由外到内,由上到下,有次序地进行。

3. 拆卸所有螺栓、螺母时,应使用专用扳手;拆卸气缸套和活塞连杆组件时,应使用专用工具。

4. 对拆下来的零件,要按零件上的编号(如无编号,应自行编号)有顺序地放置到专用支架或工作台上,切不可乱堆乱放,以免造成零件表面的损伤。

5. 对于固定位置不可改变方向的零件,都应做好装配记号,以免装错。

6. 拆下的零件要妥善保存,细小零件在清洗后,即可装配在原来部件上以免丢失,并注意防止零部件锈蚀。

7. 对拆下的水管、油管、汽管等,清洗后要用木塞或布条塞住孔口,防止污物进入。对清洗后的零件应用布盖好,以防止零件受污变脏,影响装配质量。

8. 对拆卸后的零部件,组装前必须彻底清洗,并不许损坏结合面。

五、思考题

当你对制冷系统进行压缩机更换时，你如何去调整压缩机中的制冷机油数量？

实训项目四　汽车空调热交换器与节流装置的拆装与检修

一、实训目的与要求

1. 能够进行汽车空调热交换器的拆装和检修。
2. 掌握汽车空调节流装置的拆装和检修。

二、实训仪器和设备

汽车整车(空调实训台架)、制冷剂和流动机油、组合套、冷媒回收仪、清洗枪等。

三、实训操作步骤

1. 冷凝器的拆装与检修

(1)冷凝器的拆装

在拆卸更换冷凝器的过程中不涉及到电气维修，不需要断电。但需要备齐工具，做好准备工作。拆装的具体步骤如下：

1) 拆卸发动机罩压紧机构和任何阻碍接近冷凝器的其他的电缆或者硬件。

2) 拆卸冷凝器上部的热气管路。

3) 拆卸，并且废弃所有的 O 形圈。

4) 拆卸冷凝器底部的液相管，并且废弃所有的 O 形圈，保留固定冷凝器的所有固定螺栓和螺母。

5) 从车辆上拆下冷凝器。

6) 按照相反顺序，安装新的冷凝器。

7) 对系统进行渗漏检测，抽真空和加注作业。

(2) 冷凝器的检修

冷凝器常见问题有外部堵塞、外界撞击破坏或泄露等。

1)冷凝器外部清洗。清洁冷凝器时，可以有以下两种方法：

① 用软鬃毛刷(如发刷)清理，但要注意不要弄弯叶片，否则会影响冷凝器的散热效果。

② 用清水从后(发动机侧)向前清洗散热器/冷凝器总成。如果使用了空气，则只使用低压空气以防止高压空气损坏细而脆的散热器叶片。不要使用蒸汽清洁器来清除来自冷凝器的碎屑。否则高温的蒸汽可能造成空调系统压力的增加。

2)冷凝器内部堵塞检查

由于制冷剂在冷凝器内部完成放热过程，并且伴随着气液的转化，随着制冷剂在内部的循环流动，温度也将伴随着微弱的变换。往往出口温度比入口温度要稍微冷一些。因此可以按照如图 2-33 所示对平行流式的冷凝器进行堵塞区域的判断。

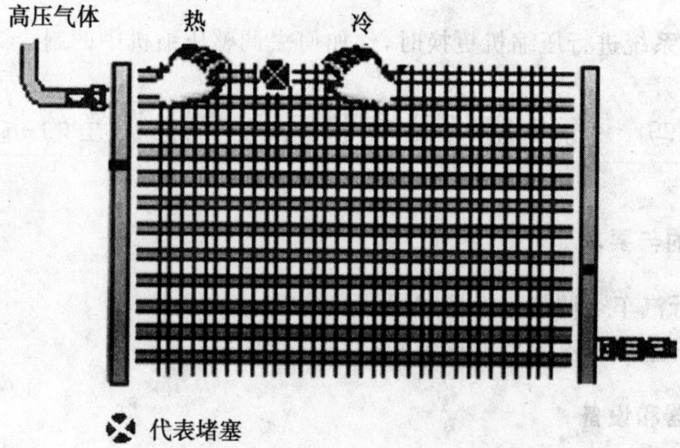

图 2-33　用手感知温度变化判断堵塞位置

由于冷凝器发生内堵塞的原因大多是由于压缩机运行产生的碎屑所引发，这种情况可以采用内部清洗的方法清除堵塞，如图 2-34 所示。

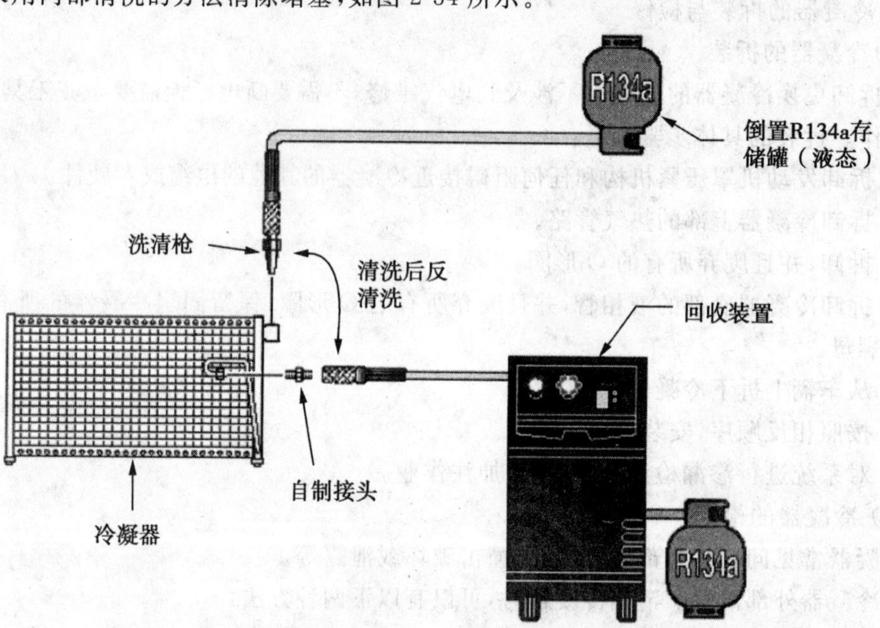

图 2-34　冷凝器冲洗

蒸发器与冷凝器构造相似，其拆装检修可以参考冷凝器的拆装和检修。在拆装的过程中需要对仪表台进行拆卸。

2. 节流装置的拆装与检修

以膨胀阀为例，如图 2-35 所示，其拆装步骤为：

(1)回收空调系统的制冷剂，在发动机舱的右侧(面向前方)找到膨胀阀，取下隔热罩 3。

(2)用棘轮扳手旋下制冷管路的固定螺栓 6,从热膨胀阀上断开蒸发器出口和进口管,取下并报废密封垫圈。

(3)取下膨胀阀固定螺栓 4,取下膨胀阀,并取下密封圈 2 和 11。

(4)用盖帽或胶带立即封上打开的蒸发器进口和出口管,防止制冷系统污染。

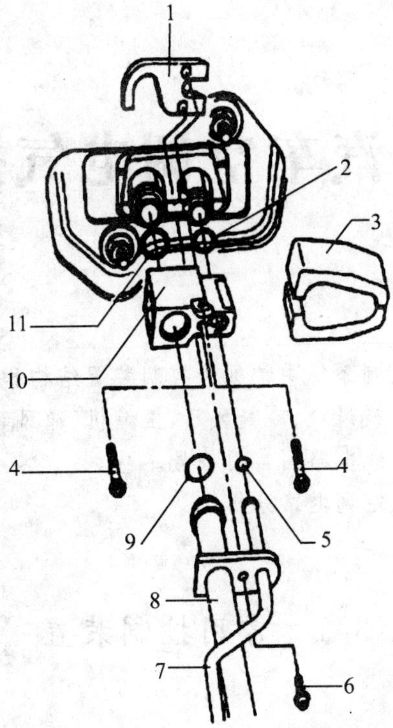

图 2-35　H 型膨胀阀的安装示意图

1—螺纹板　2.5.9.11—O 形圈　3—隔热罩　4.6—螺栓

7—从储液干燥灌来的制冷管　8—到压缩机的制冷管　10—膨胀阀

四、实训注意事项

1. 连接冷凝器管路接头时,需要注意哪里是进口,哪里是出口,顺序绝对不能接反。

2. 未装连接管接头之前,不要长时间打开管路的保护盖,以免潮气进入。

3. 安装的密封圈必须是新的密封圈,密封圈不允许重新使用。并在新的冷凝器中加注新的等量的冷冻机油。

4. 节流装置在安装的过程一定要分清入口和出口,按照正确顺序进行连接。

五、思考题

1. 如果冷凝器的出口和入口接反,会造成什么后果?

2. 节流管在进行安装的过程中,箭头方向应该指向哪里?如果安装反向会造成什么后果?

第3章　汽车空调电气控制系统

学习目标

1. 掌握汽车空调电气控制系统中常见的控制装置结构和工作原理。
2. 能够分析汽车空调中鼓风机、冷凝风扇、压缩机、通风等各系统的电路。
3. 能够识别汽车空调系统电路图常用符号。
4. 能够进行典型车型的空调电路分析。

3.1　常用控制装置

3.1.1　电磁离合器

在非独立式汽车空调制冷系统中，大多数压缩机运转的动力是由发动机通过皮带进行驱动，并且压缩机的主轴与发动机的曲轴不是直接相连，而是通过电磁离合器把动力传递给压缩机，电磁离合器是发动机和压缩机之间的一个动力传递机构，其具体构造如图3-1所示，电磁离合器一般装在压缩机前端面，成为压缩机总成的一部分。电磁离合器由皮带轮、电磁线圈、传动轮毂等主要部件组成，正常情况下，皮带轮与压缩机主轴之间处于分离状态，主轴与传动轮毂之间通过连接键相连。当电磁离合器通电，轮毂将在电磁力的作用下与皮带轮结合，发动机的动力就可以传递到压缩机的主轴上，制冷系统的制冷剂开始循环；当处于断电状态，传动轮毂与压缩机主轴将会分离，压缩机停止工作，皮带轮空转。因此可以看出，压缩机电磁离合器可以根据空调制冷系统的具体工作状态，分离和结合发动机与压缩机之间的动力传输，并在过载时起到保护作用。

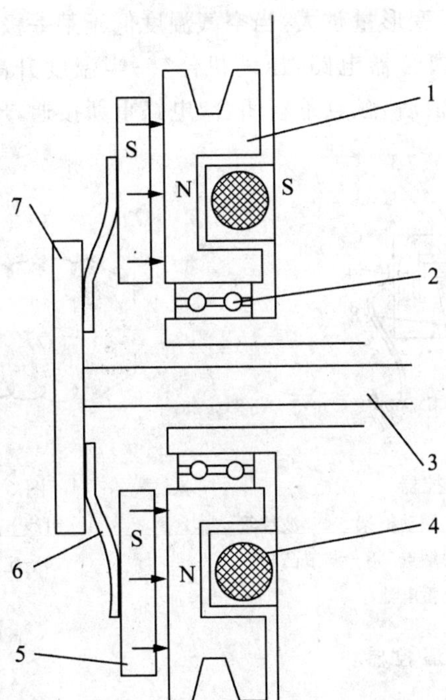

图 3-1　电磁离合器

1—皮带轮　2—轴承　3—压缩机主轴　4—电磁线圈

5—压力板　6—弹簧　7—驱动盘

3.1.2　恒温控制器

温度控制器是汽车空调的温度控制部件。在离合器控制的制冷系统中，温度控制器有三种形式：波纹管式、双金属片式和热敏电阻式。

3.1.2.1　波纹管式温度控制器

波纹管式温控器是一种热力机械式温控开关，它是一根由毛细管连接的温度传感器，安装在需要测温的部位，通常是插在蒸发器的中间，其工作原理如图 3-2 所示。波纹管 4 与摆动框架 3 连接，框架上有一动触点，温控器壳体上有一定触点 2。当蒸发器温度升高时，毛细管里气体膨胀，波纹管内压力增加，波纹管膨胀，克服弹簧阻力推动框架，使框架上的动触点和壳体上的静触点闭合，电磁离合器线圈通电，压缩机工作。通过调解凸轮 8，可以人工调节温度，改变临界温度。

3.1.2.2　双金属片式温控器

双金属片温控器由两片膨胀系数不同的金属片组成，双金属片上的触点为动触点，壳体上的触点为定触点，如图 3-3 所示。在设定温度范围内，双金属片平伸，即在温度相对较高时，动触点 3 和定触点 4 闭合，电路接通。当冷气通过温控器时，引起温控器中双金属片变形，空气温度越低，变形量越大，当空气温度低于某一极限值时，动触点 3 和定触点 4 断开，切断压缩机电磁离合器电路，压缩机停转；当温度升高时，双金属片变形逐渐恢复，直到温度升高到一定值后，触点重新闭合，电路重新接通，压缩机工作。

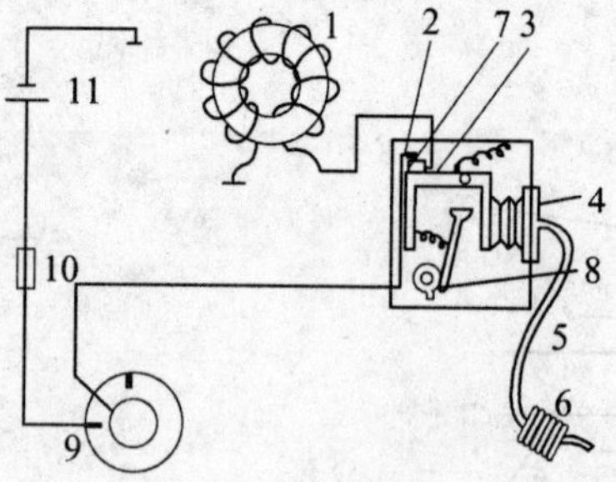

图 3-2 波纹管式温控器

1—电磁离合器 2—定触点 3—摆动框架 4—波纹管 5—毛细管 6—感温包 7—动触点 8—调节凸轮 9—开关 10—熔丝 11—蓄电池

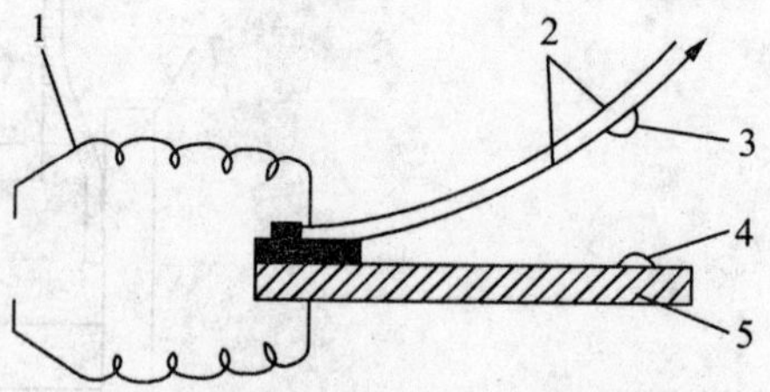

图 3-3 双金属片温控器

1—引线 2—双金属片 3—动触点 4—定触点 5—温控器壳体

3.1.2.3 热敏电阻温控器

热敏电阻温控器一般采用负温度系数的热敏电阻，安装在蒸发器的表面，当温度升高时阻值降低；温度降低时电阻值增加。热敏电阻将温度的变化转化为电阻值变化，再转换为电压变化，传递给空调控制单元，当温度低于某一设定值时，空调控制单元切断电磁离合器的电路，如图 3-4 所示。

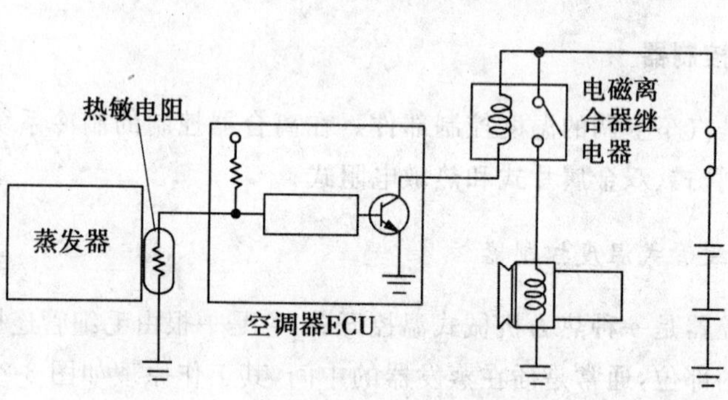

图 3-4 热敏电阻式控制器

3.1.3 制冷系统压力开关

在汽车空调制冷系统中，一般都设有压力保护开关，包括高压保护和低压保护两种。高压开关是防止系统在异常高压下工作，保护系统不受损坏。低压开关是保护压缩机在制冷剂泄露、压力过低情况下不空转，避免压缩机因缺乏润滑油而损坏，同时也起到低温保护作用，以避免过低的环境温度下使制冷系统工作而造成蒸发器表面结冰，增加不必要功耗。一般在制冷系统中安装的制冷剂压力开关有低压开关、高压开关和组合开关。

3.1.3.1　低压开关

低压开关位于制冷系统的高压端，一般安装在储液干燥罐上，它主要是保护压缩机在制冷系统泄漏、压力过低情况下不空转，避免压缩机因缺乏润滑油而损坏，同时它也起到环境低温保护的作用，即在低温情况下禁止压缩机运行制冷。当环境温度过低时，制冷剂温度也低，相应的压缩机排出制冷剂的温度和压力也低，当压力达到低压开关的临界值，切断压缩机的电磁离合器线圈的供电。一般情况下，当环境温度开关低于10℃，低压保护开关起作用。其结构如图3-5所示，串联在压缩机的电路上，当高压侧压力高于0.23MPa时，触点保持闭合；而当系统高压侧压力低于0.21MPa时，触点在弹簧力作用下断开，压缩机停止运转。

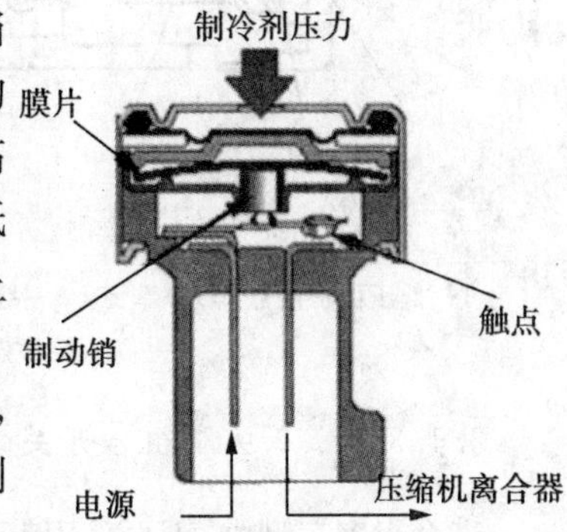

图3-5　低压开关结构

还有一种低压保护开关安装在制冷系统的低压端，主要用来控制蒸发器的压力不至于过低而结冰，保证制冷系统正常工作。

3.1.3.2　高压开关

现代汽车空调系统都设置有高压开关，它一般安装在压缩机至冷凝器之间的高压管路上，一旦系统出现高压，压力开关动作，切断离合器电源或接通冷凝风扇高速挡电路，以加强散热，尽快降低系统的温度和压力。高压开关有两种形式：常闭型和常闭型。常闭型一般用作压缩机电源切断；而用于冷凝风扇控制的有常开型和常闭型两种。以常闭型压力开关为例，正常情况下，高压端压力小于弹簧的弹力，固定触点与活动触点处于闭合状态，电路处于接通状态。一旦系统压力超过3.14MPa时，高压蒸汽压力大于弹簧弹力，金属膜片反弹变形，使活动触点与固定触头快速分离，切断离合器电路，压缩机停转。当高压端制冷压力下降到2.55MPa时，触点恢复闭合，电路接通，压缩机恢复运转。

3.1.3.3　高低压开关

新型的空调制冷系统是把高低压开关组合成一体，安装在储液干燥器上。这样可以减少接口和重量，并且在一定程度上减小制冷剂泄露的可能性。图3-6就是高低压组合开关的结构图。

其工作原理：当高压制冷剂的压力正常，膜片和弹簧力处在平衡位置，高压动触点4和高压保护定触点7与低压保护触点1和低压保护动触点9闭合，压力开关的两个接线柱3导通。当制冷压力下降，低于临界值时，弹簧弹力大于制冷剂压力，推动销子使低压触点1和9分开，两个接线柱3之间断路，压缩机停止运转，如图3-6(a)所示。当制冷系统压力过高，高压触点4和7分离，两个接线柱3之间断路，压缩机停止工作，如图3-6(b)所示。

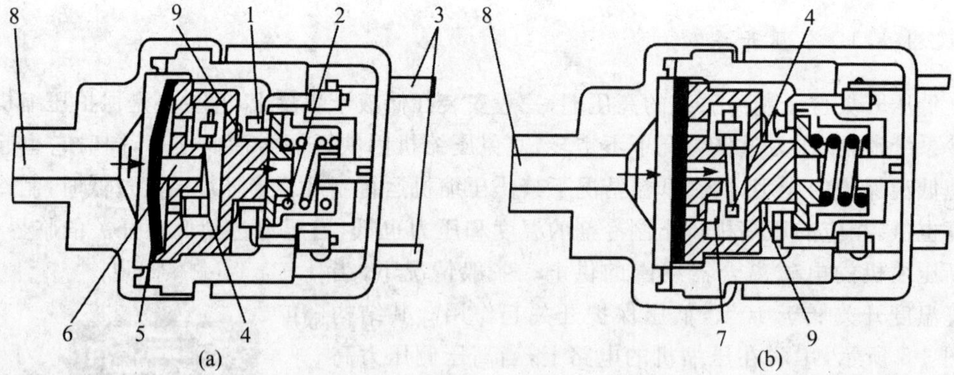

(a)　　(b)

图 3-6　高低压组合保护开关

1—低压保护触点　2—弹簧　3—接线柱　4—高压保护动触点　5—金属膜片　6—销子(和膜片一体)　7—高压保护定触点　8—压力引入口　9—低压保护动触点

3.1.3.4　三功能组合开关

当今很多车型中,不再采用上述的三种压力开关,而是在高压回路中设置一个三功能组合开关,顾名思义,这种开关既起到高、低压保护作用,还可以控制冷凝风扇高低速运转,以改善冷凝器的散热条件。三功能开关由隔膜、蝶形弹簧、轴和接点组成。其工作过程为:

(1) 制冷剂压力小于 0.19MPa,如图 3-7(a)所示。由于隔膜、蝶形弹簧和弹簧的弹力大于制冷压力,则高低压接点断开,压缩机停转,实现低压保护。

(2) 制冷剂压力为 0.2～0.3MPa,如图 3-7(b)所示。当制冷剂压力达到 0.2MPa 以上时,此压力大于开关的弹簧弹力,弹簧会翘曲,高低压触点接通,压缩机正常运转。

(3) 制冷剂压力大于 3.14MPa,如图 3-7(c)所示。当制冷剂压力达到 3.14MPa 以上时,会大于隔膜蝶形弹簧的弹力,蝶形弹簧反转,以断开高低压接点,压缩机停转,实现 高压保护。

(4) 中压开关,如图 3-7(d)所示,当制冷剂压力大于 1.77MPa 时,压力就大于隔膜弹力,隔膜会反转,将轴推上,以接通冷凝风扇转速的高速挡位,实现中压保护作用,当压力降低,隔膜恢复原状,冷凝风扇恢复低挡运行。

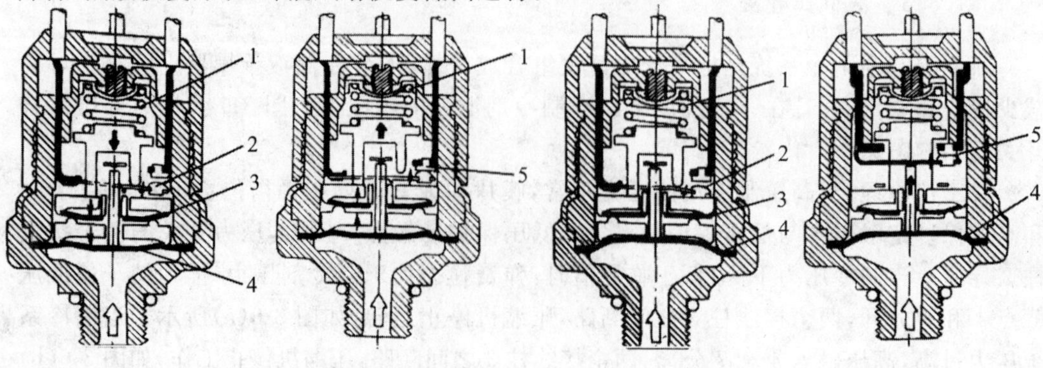

(a)　(b)　(c)　(d)

图 3-7　三功能开关工作过程

1—弹簧　2—接点(OFF)　3—蝶形弹簧　4—隔膜　5—接点(ON)

3.1.4　过热开关及热力熔断器

过热开关是一种温度压力感应开关，一般安装在压缩机缸盖里面，如图3-8所示。当系统处在正常情况下时，膜片上动触点离开接线柱，此开关保持常开；当系统因泄露导致制冷剂不足时，压缩机温度异常升高，感温管内气体膨胀并推动膜片，膜片上动触点7与接线柱连接，过热开关闭合使压缩机停转，直至故障排除为止。

热力熔断器是过热开关配合实现温度控制，过热开关由温度感应熔丝和绕线电阻加热器组成，如图3-9所示。当过热开关闭合时，绕线式电阻加热器通电，给控制电磁离合器电路的温度感应熔断丝加热，使感应熔丝温度升高，直到把熔丝熔化，这样切断电磁离合器线圈电路，压缩机停止运转，保护压缩机不因温度异常而损坏。

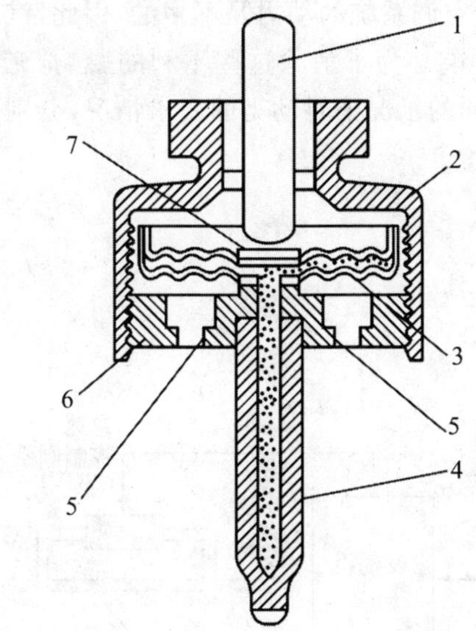

图3-8　过热开关

1—接线柱　2—壳体　3—膜片总成　4—感应管　5—底座孔　6—膜片底座　7—电触点

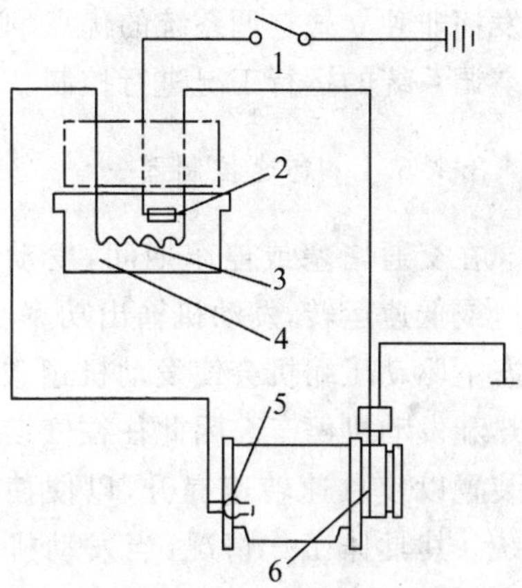

图3-9　热力熔断器工作原理

1—环境温度开关　2—温度感应熔丝　3—绕线式电阻加热丝　4—热力熔断丝　5—过热开关　6—电磁离合器线圈

3.1.5　环境温度开关、冷却液温度开关及除霜开关

3.1.5.1　环境温度开关

环境温度开关的作用是感知环境温度，一般串联在电磁离合器的电路中。当环境温度低于5℃时，切断压缩机电磁离合器电路，也就说低温不适宜开启压缩机，因为低温启动压缩机，润滑油还没来得及循环流动，压缩机就因为润滑不良磨损加剧甚至损坏。

3.1.5.2　冷却液温度开关

冷却液温度开关安装在发动机散热器或冷却水管路上，感测发动机冷却液温度，防止发动机过热。当冷却液温度超过一定值，直接切断或通过控制单元切断空调压缩机电磁离合器的供电；当水温降到某一值时，开关接通，空调压缩机重新工作。例如奥迪冷却温度开关，冷却液温度开关临界值一般为120℃切断电磁离合器供电，低于106℃开关接通。

3.1.5.3　除霜开关

为了消除蒸发器外表面的积霜，有些空调系统在膨胀阀与蒸发器之间管路外壁装有除霜开关。当温度达到0℃时，波纹管收缩，压缩机停转。直到蒸发器温度升高，波纹管膨胀，除霜开关断开，继电器常闭触点闭合，压缩机重新工作。

3.1.6　空调运行工况的控制装置

对于非独立式的空调系统，汽车发动机配置功率大小是以满足汽车整体性，特别是汽车的动力性和燃油经济性为基准，所以，能额外提供给空调系统的动力是不多的，因此，汽车安装空调系统后对汽车的工况会产生许多不利的影响。为了消除这些不利的影响，充分发挥非独立式空调系统的优点，必须根据汽车在不同的工况下对动力的要求情况，分别对空调系统的运行工况进行控制。

3.1.6.1　怠速控制器

在交通堵塞或停车期间，发动机处于怠速或低速运转，发动机输出功率小，在此状态下驱动压缩机会使发动机过载并导致过热和发动机停车。因此往往安装怠速提升装置以使怠速转速提升，以便使用空调系统。其具体工作情况：当发动机电脑接收到A/C接通信号时，将怠速控制阀打开少许，增加进气，使发动机以合适的转速转动。图3-10为怠速提升控制原理图。

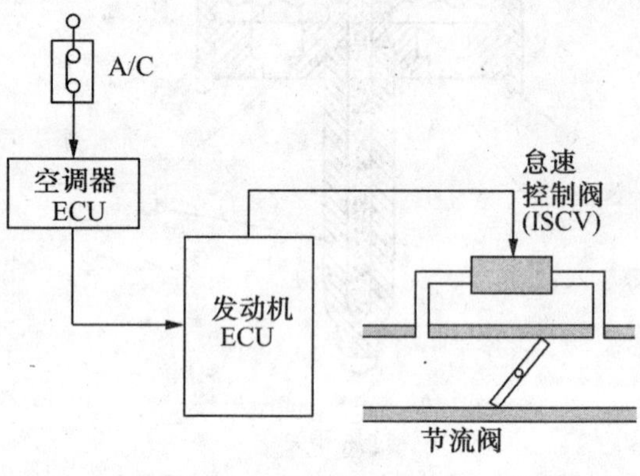

图3-10　怠速提升控制原理图

3.1.6.2　汽车加速断开控制

汽车加速或超车加速时，需要发动机功率来提供汽车加速所需的动力，此时便应该切断压缩机离合器的电路，停止压缩机运行，汽车加速断开器便能行使该功能。在大多数汽车中，加速断开器由加速开关和延迟继电器组成，加速开关一般安装在加速踏板下，或装在其他位置通过连杆或钢索来操纵。当加速踏板行程达到最大行程90%时，加速开关及延迟继电器切断电磁离合器线圈电路，使压缩机停止工作，解除了压缩机动力负荷，发动机全部输出功率用来克服加速时的阻力，提高车速。当踏板行程小于90%最大行程或加速开关打开延时十几秒后，则自动接通电磁离合器线圈电路，使压缩机又自动恢复工作。

还有一种汽车加速断开器，是用发动机的进气管真空度来控制。当发动机的真空度在较低的某个范围内，汽车处在匀速或有稍许加速行驶时，则开关闭合，压缩机和空调系统正常工作。当迅速加速时，发动机进气管的真空度迅速增大，真空断开器内的膜片使触头断开，断开压缩机电磁离合器电路中的电流，使压缩机停止运行。当加速变缓时，真空度下降，弹簧推动膜片将触点闭合，离合器接通空调制冷系统又进入正常工作状态。这种结构设计，允许离合器的切断次数比加速踏板开关频繁。很明显，这种真空断开器还可以在怠速时切断离合器电路，使压缩机不运行。因此，它可以广泛应用于任何一种发动机的空调系统上，用来控制汽车动力性和燃油经济性。

3.2 汽车空调各系统电路

汽车空调种类繁多，电路的形式各不相同，但其电气系统都有一定的规律，汽车空调基本电路包括电磁离合器控制电路、鼓风机控制电路和冷凝器/散热器风扇控制电路。

3.2.1 电磁离合器控制电路

汽车空调电磁离合器电路中主要有：A/C开关、制冷剂高低压开关、制冷剂温度开关、冷却液温度开关、压缩机过热开关等控制元件。压缩机是否正常工作由其控制元件及其控制电路决定。手动空调中压缩机的控制方式有手动控制和半自动控制两种。

3.2.1.1 手动压缩机离合器控制

由图3-11可以看出，电磁离合器工作的必要条件是：空调和鼓风机开关闭合、温控器闭合、压力开关闭合，这时电磁离合器继电器闭合，压缩机开始工作。如果任何一个条件无法满足，压缩机停止工作，即空调不制冷。这种控制方式已经趋于淘汰，只有在一些较早的化油器汽车上才会使用。

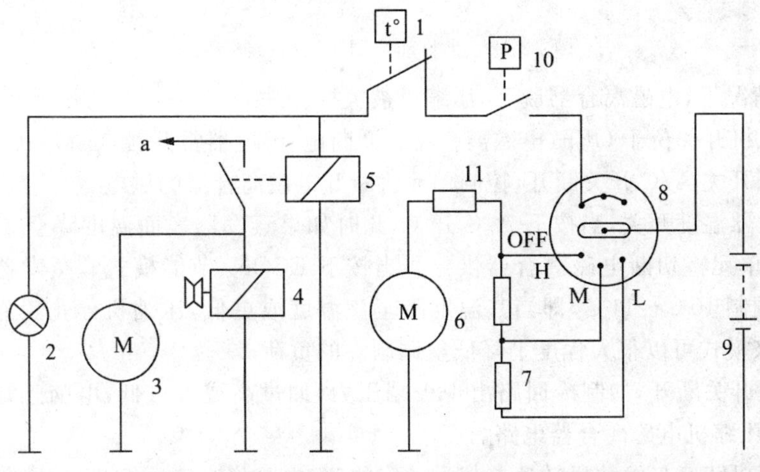

图3-11 压缩机电磁离合器/鼓风机控制电路

1—温控器 2—压缩机工作指示灯 3—冷凝器风扇电机 4—电磁离合器
5—冷气继电器 6—鼓风机电机 7—鼓风机调速电阻 8—空调及鼓风机开关
9—蓄电池 10—压力开关 11—接蓄电池正极

3.2.1.2　半自动空调压缩机控制

如图 3-12 所示，半自动空调压缩机工作的必要条件是点火开关闭合、空调开关闭合、温度开关闭合、压力开关闭合、发动机转速正常（高于设定最低转速）、压缩机转速信号正常、制冷剂压力开关闭合。

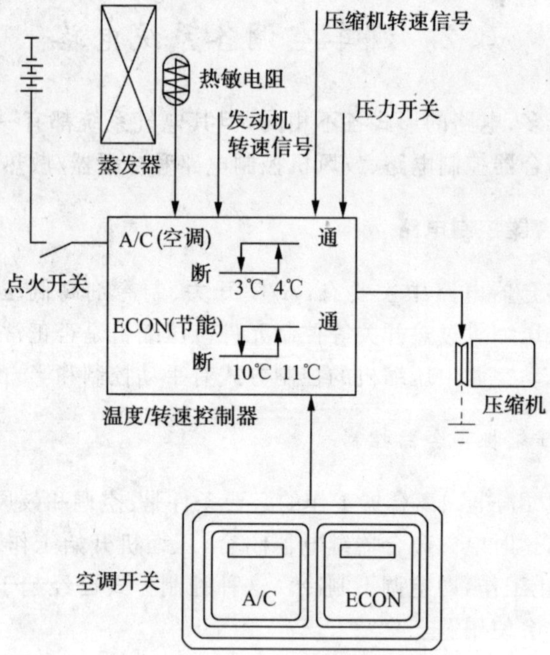

图 3-12　半自动空调压缩机控制

在下述情况下，电磁离合器脱开，压缩机被关掉。

(1) 鼓风机开关位于 OFF，电磁离合器线圈断电，继电器常开触点断开，压缩机停转。

(2) 空调开关 A/C 开关断开，控制单元将断开电磁离合器的供电。

(3) 蒸发器温度开关，当按下 A/C 开关，此时如果蒸发器表面温度降至 3℃～4℃或更低，则控制单元将切断电磁离合器供电。当按下 ECON（节能模式），蒸发器表面的临界温度将被调制 10℃～11℃，即当其温度降至该温度或更低，压缩机停止工作。由此可以看出利用该模式可以很大程度上降低空调制冷的负荷。

(4) 压力开关断开，如制冷回路出现极端压力，如过高或者过低，电脑感知到这样的情况，将切断压缩机电磁离合器电路。

(5) 压缩机转速与发动机转速差超过一定的值，电脑将判定压缩机锁死，将切断压缩机离合器电路。

3.2.2　鼓风机控制电路

要使车内有个舒适的环境，除了控制车室温度，还应控制送风量，即控制鼓风机的转速，以适应环境温度变化，满足驾乘人员的不同需求。

3.2.2.1　手动鼓风机开关和调速电阻控制

空调鼓风机转速控制一般采用手动鼓风机开关和调速电阻共同控制，其工作原理如图 3-13 所示，这种鼓风机电路具有五种转速，是通过鼓风机开关和调速电阻控制，通过鼓风机的电流大小改变转速。实际上是相当于在线路中串联一个滑动电阻器，用开关改变串接到电路中的阻值大小，进而改变鼓风机的转速，在高速的状态下为了保护鼓风机开关，线路中增加了一个高速挡位继电器（如果某一段电阻短路，会造成少一个风速挡位），但是最常见的是四速控制器，并且不含有高速继电器。

调速电阻一般安装在空调的蒸发器组件上，利用气流进行冷却。其外形如图 3-14 所示。风机开关一般装在操作面板上，设置不同的挡位，供调速用。在设置时，风机开关可以控制鼓风机电源正极，也可以控制鼓风机电路搭铁。图 3-14 中的鼓风机转速控制类型属于前者。

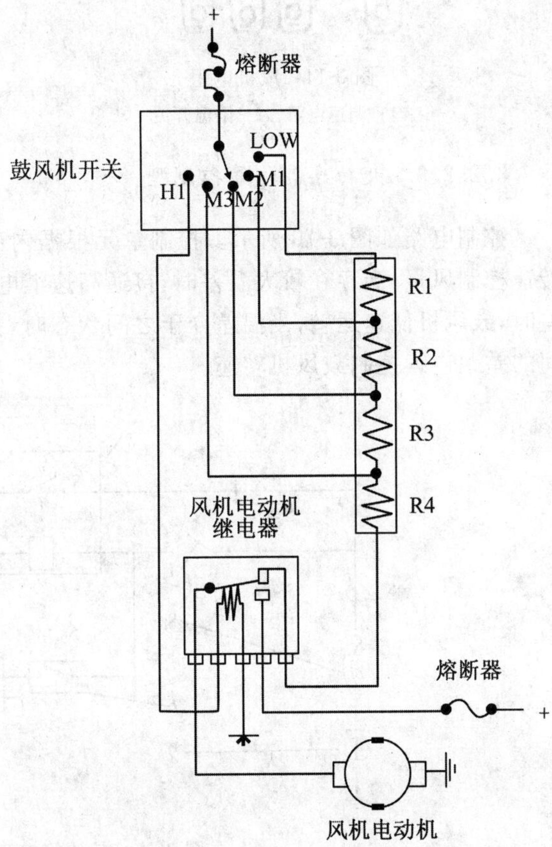

图 3-13　带有高速继电器的手动调节鼓风机电路

3.2.2.2　电控模块通过大功率晶体管控制

电路结构如图 3-15 所示，鼓风机控制有自动挡和人工两种选择模式。当鼓风机转速控制开关设定“AUTO”挡时，鼓风机的转速由空调电脑根据车内、车外温度及其他传感器的参数控制；若按动人工选择模式，则空调电路取消自动控制功能，执行人工设定功能。

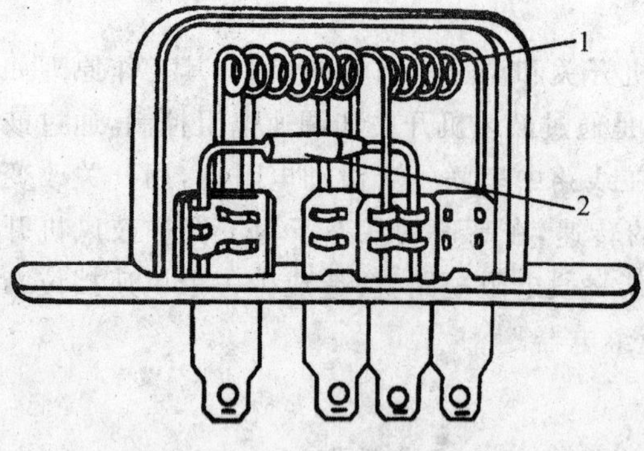

图 3-14　风机电阻

1—调速电阻　2—限温开关

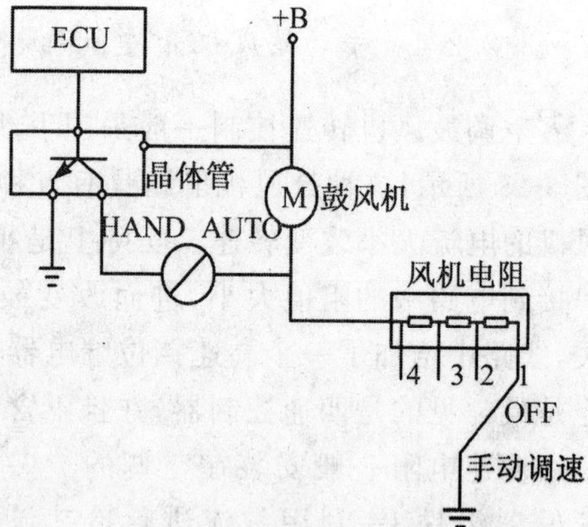

图 3-15　晶体管与调速电阻组合

3.2.2.3　大功率晶体管控制型

控制电路如图 3-16 所示。控制单元根据内部温度和设定温度之间的差距自动调整转速控制风量，当存在较大温差时，接通高速继电器，鼓风机电机高速运转；当存在较小温差时，鼓风机低速运转；当温差介于之间状态时，控制单元会根据内部温度和设定温度之间的差距连续控制鼓风机转速。

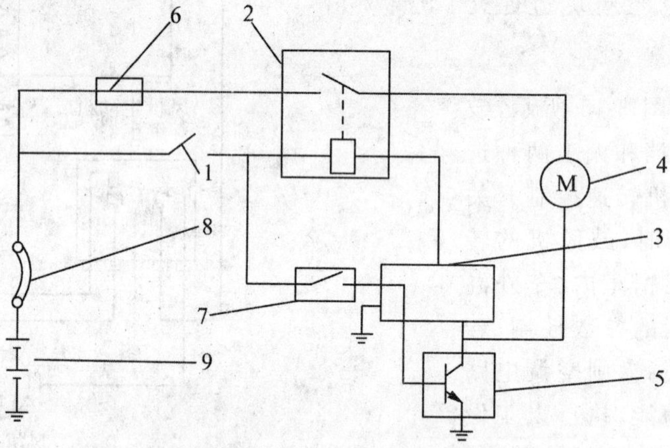

图 3-16　晶体管控制风机电路

1—点火开关　2—继电器　3—控制模块　4—鼓风机电机
5—晶体管　6,8—熔丝　7—鼓风机开关　9—蓄电池

3.2.3　冷凝风扇控制电路

冷凝器/散热器风扇控制电路通常由 A/C 开关、冷却液温度开关、制冷剂温度开关、制冷剂压力开关、继电器等元件组成。制冷剂通常与冷凝器和发动机冷却液散热器共用一个冷却风扇。为了增加冷凝器的冷却效果，有些汽车空调系统设置了专用的冷凝器冷却风扇，由电机驱动。由于增加了一个风扇，使工作电流增加，为减小通过温控器和空调及鼓风机开关的电流，电路中增加一只继电器，用来控制压缩机电磁离合器和冷凝器风扇电机电路，使压缩机和冷凝器同步工作。

轿车空调的冷凝器一般都装在水箱前。为了减少风扇的配置，使结构简化，汽车设计上一般都将水箱冷却风扇和冷凝器风扇组装在一起，利用一个或两个风扇对水箱和冷凝器进行散热。车型不同，则配置风扇的数量不同，控制线路设计方面差异也很大，但其控制方式则大同小异，一般要根据冷却水温度信号共同控制，同时满足水箱散热和冷凝器散热需要，下面就一些较典型的冷凝器散热风扇电路进行分析。

3.2.3.1　A/C 开关和冷却液温度开关联合控制型

如图 3-17 所示，有些汽车的发动机冷却系统和空调冷凝器共用一个风扇进行散热，这种风扇有两种转速，即低速和高速。风扇电动机转速的改变是通过改变线路中电阻值的方法实现。从图 3-17 中可看出，起关键控制作用的是 A/C 开关和冷却液温度开关。当空调 A/C 开关开启时，电流由蓄电池→点火开关→A/C 开关→二极管→1 号低速继电器线圈→搭铁，1 号继电器线圈得电，常开触点闭合；电流由蓄电池→1 号低速继电器线圈常开触点→限速电阻→冷却风扇电机→搭铁，冷却风扇电机低速运转。当冷却系统水温达到 89℃～92℃时，冷却液温度开关 4 的左触点闭合，1 号继电器线圈得电，其常开触点闭合，冷却风扇电机低速运转；一旦发动机水温升至 97℃～101℃时，冷却液温度开关 4 的右触点闭合，冷却风扇电机不串入电阻，冷却风扇高速运转，以加强散热效果。

蒸发器温度传感器 5、温度控制器 6、高压开关 7、低压开关 8 等是用于控制压缩机电磁离合器线圈电路。

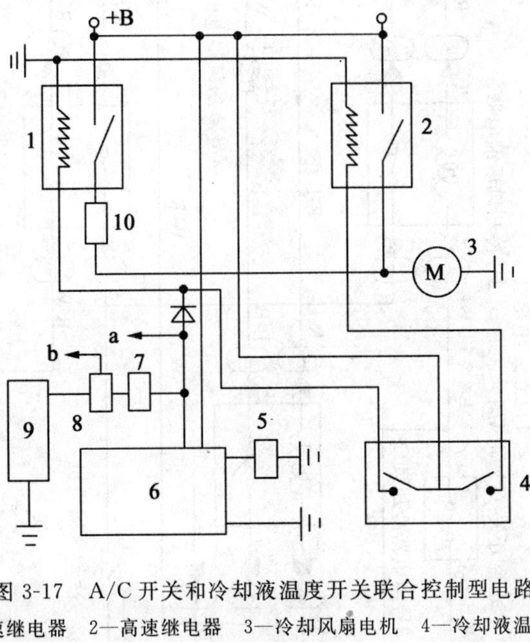

图 3-17　A/C 开关和冷却液温度开关联合控制型电路

1—低速继电器　2—高速继电器　3—冷却风扇电机　4—冷却液温度开关
5—蒸发器温度传感器　6—温度控制器　7—高压开关　8—低压开关
9—压缩机电磁离合器　10—限速电阻　a—A/C 开关　b—发动机 ECU

3.2.3.2　制冷剂压力开关与冷却液温度开关组合控制型

目前很多轿车采用制冷剂压力开关和冷却液温度开关组合的方式对冷却风扇系统进行控制。图 3-18 为丰田 LS400 冷却风扇系统电路图，该电路最终执行器为 1 号冷却风扇电机 C5 和 2 号冷却风扇电机 C6；该电路间接执行器为发动机主继电器、30A 散热风扇继电器、1 号冷却风扇继电器、2 号冷却风扇继电器、3 号冷却风扇继电器；该电路控制器为冷却液温度开关 W8，空调(A/C)压力开关(高压)A5。

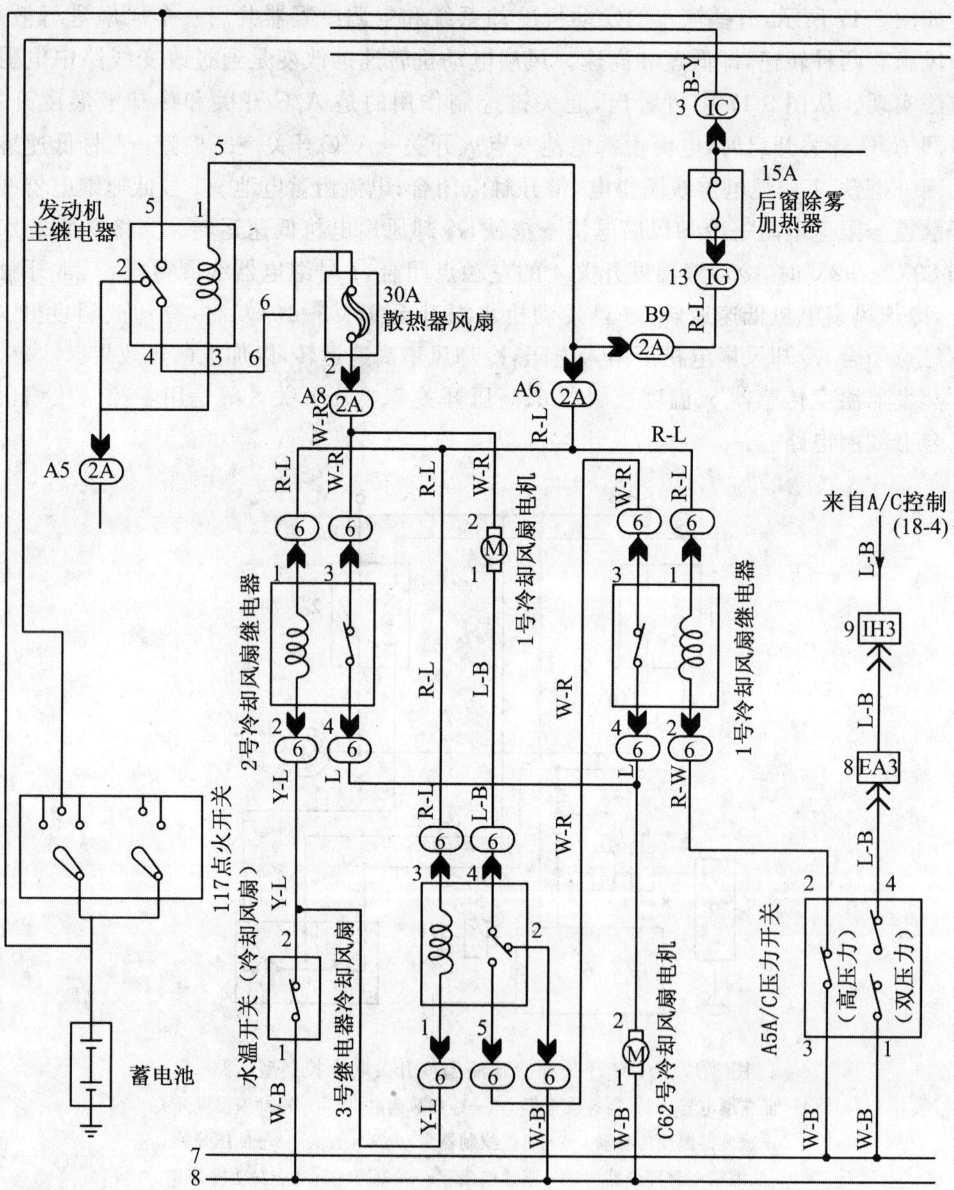

图 3-18　丰田 LS400 冷却风扇电路图

从图 3-18 中可看出，起控制作用的是冷却液温度开关 W8 和 A/C 高压开关 A5，冷却液温度开关和高压开关处于不同状态，则 1、2、3 号冷却风扇继电器形成不同组合，从而控制风扇不运转、两个风扇并联低速运转、两个风扇高速运转。

(1) 空调不工作时

在不开空调的情况下，风扇的工作取决于发动机水温。

发动机冷却水温低于 83℃时，由于水温较低，冷却液温度开关 W8 处于闭合状态(1-2 接通)，3 号冷却风扇继电器和 2 号冷却风扇继电器工作。其中，3 号冷却风扇继电器 4 和 5 接通，2 号冷却风扇继电器常闭触头被打开。同时，由于空调不工作，高压开关处于常闭状态，1 号冷却风扇继电器通电工作，使常闭触头打开，这时两个冷却风扇均不工作，使发动机尽快暖机。

发动机水温高于 90℃时，冷却液温度开关 W8 打开，2 号和 3 号继电器回到原始状态，即不工作。虽然这时高压开关使 1 号继电器常闭触点打开，但并不影响风扇的工作。加至 1 号冷却风扇电机和 2 号冷却风扇电机的都是 12V 电压，此时，两风扇同时高速运转，以满足发动机冷却系统散热需要。

(2) 空调工作时

空调工作时，水温控制器回路仍然起作用，这时冷却风扇受空调和冷却液温度控制回路的双重控制。

高压端压力大于 15.5kPa，且水温低于 90℃。这种情况下，冷却液温度开关为闭合状态，而高压开关打开，这时 2 号和 3 号继电器受控动作，而 1 号继电器不工作，即触头处于常闭状态，这时两冷却风扇电机串联工作，同时低速运转，以满足冷凝器散热需要。

高压端压力大于 15.5kPa，且水温高于 90℃。这种情况下，高压开关和冷却液温度开关都打开，1、2、3 号继电器均不工作，加至两冷却风扇电机的都是 12V 电压，两冷却风扇同时高速运转。

综上所述可知，两冷却风扇的工作同时受冷却液温度和空调信号影响，而在同时不转、同时低速转、同时高速转三种状态之间循环。其工作原理简图如图 3-18 所示。高压开关和冷却液温度开关参数如表 3-1 所示。

表 3-1　　高压开关和冷却液温度开关参数

<table>
<tr><th colspan="8">风扇工作条件</th><th rowspan="3">风扇 C5、C6 状态</th></tr>
<tr><th rowspan="2">压缩机</th><th rowspan="2">冷却液(发动机)</th><th rowspan="2">冷却液温度开关 W8</th><th rowspan="2">冷媒压力/kPa</th><th rowspan="2">压力开关 A5</th><th colspan="3">继电器线圈</th></tr>
<tr><th>1</th><th>2</th><th>3</th></tr>
<tr><td rowspan="2">OFF</td><td><83℃</td><td>ON</td><td rowspan="2"><12.5</td><td rowspan="2">ON</td><td rowspan="2">OFF</td><td>ON</td><td>ON</td><td>不转</td></tr>
<tr><td>>90℃</td><td>OFF</td><td>OFF</td><td>OFF</td><td>高速转</td></tr>
<tr><td rowspan="2">ON</td><td><83℃</td><td>ON</td><td rowspan="2">15.5</td><td rowspan="2">OFF</td><td rowspan="2">ON</td><td>ON</td><td>ON</td><td>低速转</td></tr>
<tr><td>>90℃</td><td>OFF</td><td>OFF</td><td>OFF</td><td>高速转</td></tr>
</table>

3.2.3.3　压力开关与电脑组合控制型

大多数高级轿车都采用这种布置和控制方式，如图 3-19 所示。两个散热风扇有三种不同的运转工况：

(1) 空调开关已接通，但制冷剂压力未达到 1.81MPa 时，只有辅助散热风扇电机运转。

(2) 一旦制冷剂压力达到 1.81MPa，主、辅风扇电机运转。

(3)无论空调开关是否接通，只要发动机水温达到 98℃以上，主散热风扇(水箱风扇电动机)就高速运转。

丰田公司在部分 1UZ-FE 和 1MZ-FE 发动机上采用了电控液力马达冷却风扇系统，用于凌志 400、凌志 300、凯美瑞 3.0L 等车型，与一般的电控风扇系统有较大差异。在此系统中，风扇电脑通过电磁阀控制作用在液压马达上的油液压力，这样就可以根据发动机工况和空调状态而自动控制冷却风扇的转速。其工作过程为：液力泵单独设计或与动力转向泵组合为一体，由传动带驱动，建立一定油压，受电脑控制，电磁阀调节从液力泵到液力马达的油量，该马达直接驱动风扇，通过液力马达的压力油回流到液力泵。

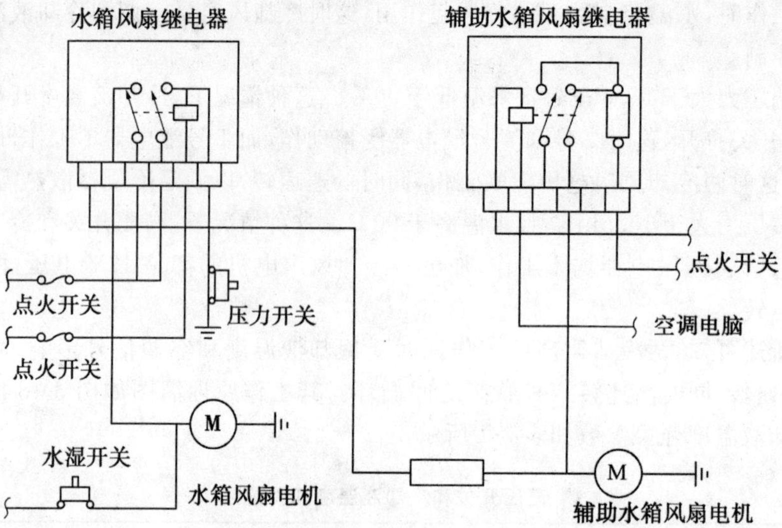

图 3-19　电控液力马达冷却风扇电路

3.3　典型汽车空调电路分析

3.3.1　桑塔纳轿车空调电路分析

如图 3-20 所示为桑塔纳轿车空调系统的控制电路。该电路包括鼓风机转速控制电路、压缩机电磁离合器控制电路、怠速控制电路、冷凝风扇转速控制电路等。

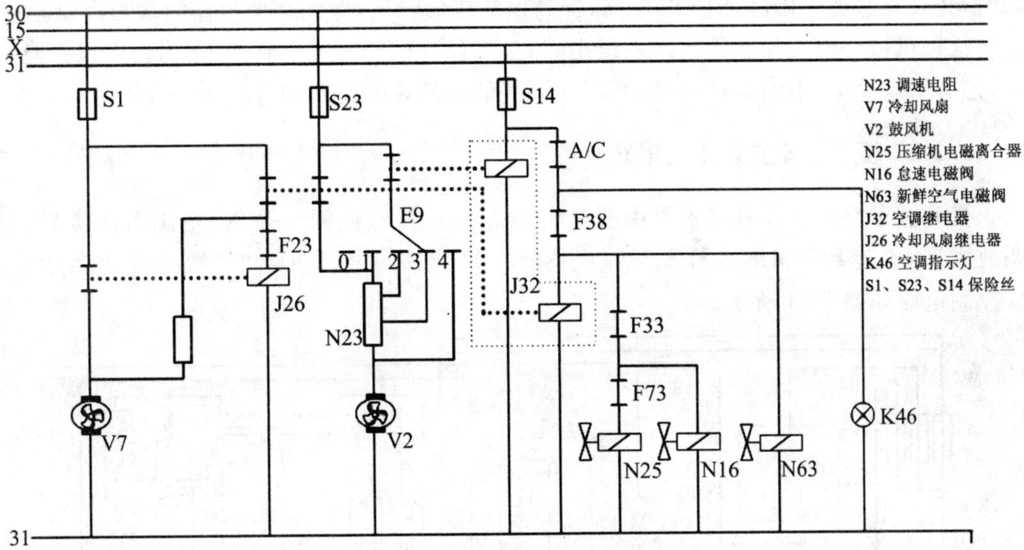

图 3-20　桑塔纳轿车空调电路

F33—蒸发器温度开关，F38—环境温度开关，F73—低压开关，F23—高压开关

3.3.1.1　压缩机电磁离合器控制电路

由电路图中可以看出，压缩机电磁离合器闭合的必要条件是电源电压正常、A/C 开关闭合、环境温度开关 F38 闭合（环境温度高于 10℃）、低压开关 F73 闭合和蒸发器的温度开关 F33 闭合，电磁离合器线圈才会通电工作，压缩机开始运转制冷。很显然，这些条件中任何一个无法达到，压缩机都将停止运行。

3.3.1.2　鼓风机控制电路

鼓风机 V2 的转速由鼓风机开关 E9 和调速电阻 N23 共同控制。具体工作过程是：当压缩机电磁离合器电路接通，无论鼓风机开关在什么位置，鼓风机都至少以低速运转，以防止蒸发器表面结冰，影响系统的正常工作。鼓风机转速有 4 个挡位可供选择，通过鼓风机开关 E9 调整调速电阻串接到电路中的阻值，改变电路中的电流值，进而改变鼓风机的转速。

3.3.1.3　冷凝风扇转速控制电路

当压缩机电磁离合器电路闭合，空调继电器将控制冷凝风扇低速电路闭合，冷凝风扇 V7 开始低速运转。当系统压力感知大于 1.60MPa 时，高压开关 F23 闭合，冷凝风扇继电器将闭合，控制冷凝风扇高速运转，以增强冷凝器的冷却能力。这种冷凝风扇的转速变化是通过电路中串接电阻的形式改变线路阻值进而改变风扇的转速。

3.3.1.4　怠速调整电路

当外界温度大于 10℃，环境温度开关闭合，允许使用空调系统的制冷功能。开启空调时，将接通怠速电磁阀 N16 的电路，提高发动机的转速，保证空调工作的动力需要。

这种机械一电气控制的空调系统电路，虽然没有电子温度控制器，车内温度也不能调节，但其结构简单，电路器件可靠，所以在一些低端品牌的轿车仍有广泛的应用。

3.3.2 夏利轿车空调系统电路分析

夏利轿车空调系统电路主要由蓄电池 3、点火开关 2、空调开关 20、电磁离合器 13、空调放大器 16、冷却风扇继电器 6、鼓风机调速开关 12、压力开关 18 和热敏电阻 17 等组成，其控制电路如图 3-21 所示。

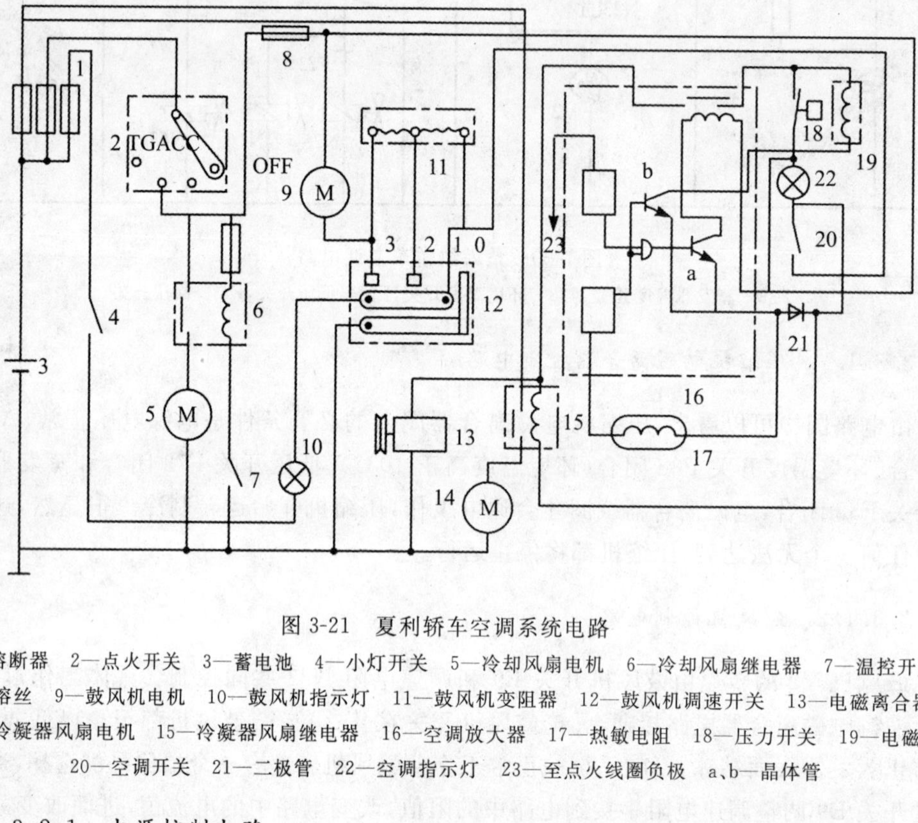

图 3-21 夏利轿车空调系统电路

1—熔断器 2—点火开关 3—蓄电池 4—小灯开关 5—冷却风扇电机 6—冷却风扇继电器 7—温控开关 8—熔丝 9—鼓风机电机 10—鼓风机指示灯 11—鼓风机变阻器 12—鼓风机调速开关 13—电磁离合器 14—冷凝器风扇电机 15—冷凝器风扇继电器 16—空调放大器 17—热敏电阻 18—压力开关 19—电磁阀 20—空调开关 21—二极管 22—空调指示灯 23—至点火线圈负极 a、b—晶体管

3.3.2.1 电源控制电路

电流从蓄电池 3 正极→熔断器 1→点火开关 2→冷却风扇继电器 6 线圈→温控开关 7→搭铁→蓄电池 3 负极。其中温控开关 7 由发动机散热器中的水温来控制，当水温低于 83℃时，温控开关 7 触点断开；当水温高于 90℃时，温控开关 7 触点闭合；当水温在 83℃～90℃时，温控开关 7 触点有可能断开，也有可能闭合。

3.3.2.2 散热器风扇电机电路

上述电源电路形成通路时，冷却风扇继电器 6 的线圈得电，常开触点闭合，电流从电池 3 的正极→熔断器 1→点火开关 2 的 IG 挡→冷却风扇继电器 6 的常开触点→冷却风扇电机 5→搭铁→蓄电池 3 的负极，冷却风扇电机 5 得电开始运转。

3.3.2.3 鼓风机调速电路

电流从蓄电池 3 的正极→熔断器 1→点火开关 2 的 IG 挡→熔丝 8→鼓风机电机 9→鼓风机调速开关 12→搭铁→蓄电池 3 的负极。

鼓风机调速开关 12 有三个挡位。

(1) 当鼓风机调速开关 12 放在空挡位置时，电路不通。

(2) 当鼓风机调速开关 12 放在 1 挡时，电流从鼓风机电机 9→鼓风机变阻器 11→鼓风机调速开关 12→搭铁。因电流通过鼓风机变阻器 11 的全部电阻，所以鼓风机电机 9 以最低速运转。

(3) 当鼓风机调速开关 12 调到 2 挡时，电流流过鼓风机变阻器 11 的 1/2 电阻，电动机转速提高。

(4) 当鼓风机调速开关 12 调到 3 挡时，电流不经过鼓风机变阻器 11，直接连到开关搭铁一端，这时转速最高。

夏利轿车的鼓风机在工作时，可以吹出暖风，也可以吹出冷风，也可以吹出同环境温度一样的空气，其关键在于制冷、供暖哪一部分在工作。所以，在夏利轿车空调中，鼓风机是独立工作的，但只要鼓风机工作时，空调开关才起作用(鼓风机关闭时切断了空调开关所控制的接地电路)。

3.3.2.4 指示灯电路

鼓风机指示灯 10 显示鼓风机工作状态，鼓风机运转时鼓风机指示灯 10 亮。电流从蓄电池 3 的正极→熔断器 1→鼓风机指示灯 10→鼓风机调速开关 12→搭铁→蓄电池 3 的负极，这时鼓风机指示灯 10 亮。

3.3.2.5 空调放大器电路

电流从蓄电池 3 的正极→熔断器 1→点火开关 2 的 IG 挡→熔丝 8→空调放大器 16 的控制线圈→空调放大器 16 的晶体管 a→二极管 21→空调开关 20→鼓风机调速开关 12→搭铁→蓄电池 3 的负极。因空调放大器有电流流过，所以空调放大器内部继电器的触点闭合。空调放大器 16 中的晶体管 a 是否导通是受热敏电阻 17 控制的，只有环境温度高于一定值时，才会允许晶体管 a 导通。

(1) 电磁离合器电路

由于上述空调放大器内部继电器触点闭合，电流从蓄电池 3 的正极→熔断器 1→点火开关 2 的 IG 挡→熔丝 8→压力开关 18→空调放大器 16 的触点→电磁离合器 13→搭铁→蓄电池 3 的负极，这时制冷压缩机运转。

(2) 冷凝器风扇电路

电流从蓄电池 3 的正极→熔断器 1→点火开关 2 的 IG 挡→熔丝 8→空调放大器 16 的触点→冷凝器风扇继电器 15 的线圈→空调开关 20→鼓风机调速开关 12→搭铁→蓄电池 3 的负极，这时冷凝器风扇继电器 15 的线圈通电，触点闭合。从蓄电池 3 来的电流不经点火开关，直接通过熔断器至冷凝器风扇继电器 15 的动触点，再经冷凝器风扇电机 14

搭铁,冷凝风扇也开始工作。

3.3.2.6 电磁阀电路

电流从蓄电池 3 的正极→熔断器 1→点火开关 2 的 IG 挡→熔丝 8→压力开关 18→电磁阀 19→空调放大器 16 的晶体管 b→二极管 21→空调开关 20→鼓风机调速开关 12→搭铁→蓄电池 3 的负极。这时电磁阀 19 通电,阀门打开,表示整个空调制冷系统正常,制冷剂可以在压缩机作用下在整个系统循环。空调放大器 16 的晶体管 b 是否导通由热敏电阻 17 和发动机转速控制。

3.3.2.7 蒸发器出口温度检测

热敏电阻 17 一般安装在蒸发器外侧,以检测蒸发器出口温度,将热敏电阻 17 的阻值变化转化电压的变化,将此电压加到空调放大器 16 中,经放大、整形后控制压缩机电磁离合器 13 的工作。

3.3.2.8 转速检测装置

空调放大器 16 可以根据取自发动机点火线圈的信号来检测发动机转速。当转速太低时,自动关闭压缩机电磁离合器 13 的电源,使压缩机和发动机分离,以减少汽车发动机的负荷,保证发动机不熄火。

3.3.3 捷达轿车的空调控制电路

图 3-22 是 2005 年捷达轿车空调控制系统的电路图。该电路中鼓风机控制电路与桑塔纳轿车控制方式一致,均为手动开关和调速电阻结合的控制方式,但是冷凝风扇和压缩机电路的控制均为电脑控制。

3.3.3.1 空调压缩机电磁离合器的控制电路

由图 3-22 可以看出,捷达轿车压缩机工作的必要条件是空调 A/C 开关闭合、环境温度开关闭合(环境温度 5℃以上),油门的开度不大于 80%,冷却液温度低于 120℃,制冷剂的压力处于大于 0.22MPa 小于 3.2MPa 之间,鼓风机挡位处于非零挡位。具体工作工作原理是发动机电脑接受空调开关、外界温度、制冷系统压力、冷却液温度信号,判断是否符合压缩机闭合的必要条件,通过与空调控制单元 J293 之间的信号线传递压缩机的通断信号,进而由空调控制单元 J293 控制压缩机电磁离合器的通断。

3.3.3.2 冷凝风扇的控制

这种捷达轿车的冷凝器和散热器采用同一个散热风扇,风扇转速高低挡位的变化是通过在线路中是否串接电阻的方式实现,散热风扇的转速变化受控于系统的压力和发动机冷却液的温度。当开启空调系统,冷凝风扇就会进入低速运转状态,当系统压力大于 1.6MPa 时,风扇开始高速运转。当空调系统不工作的时候,风扇的运转受控于冷却系统的双温开关,当发动机温度小于 85℃,冷却风扇不运转;当大于 85℃小于 105℃时,风扇

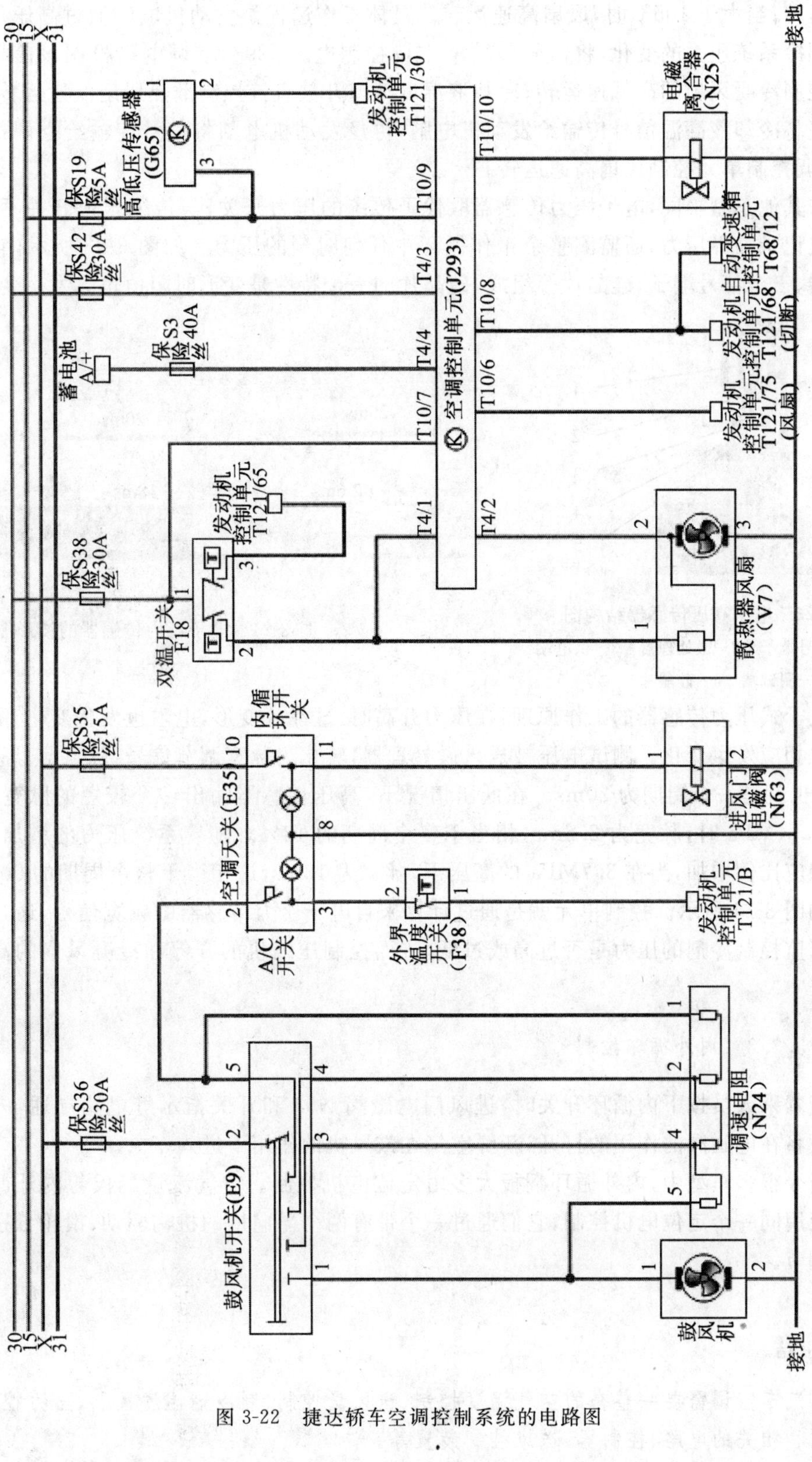

图 3-22　捷达轿车空调控制系统的电路图

低速运转；当大于105℃时，风扇高速运转。具体工作过程是发动机电脑通过高压传感器感知制冷系统压力的变化，将信号传输给空调控制电脑J293，空调电脑根据该信号值的变化控制冷凝风扇的高低速运转；冷却液温度低温开关直接控制散热风扇低速运转，而高温开关将冷却液高温信号传输给发动机电脑，再经发动机电脑将信号传输给空调控制单元，空调控制单元控制风扇高速运转。

与其他车型不同，电子压力传感器取代了传统的压力开关，与传统压力开关不同，它不仅仅记录临界压力，还监测整个工作循环中任何时刻的压力。如图3-23所示，它由微处理器、三个信号端子、硅晶片等组成，硅晶片的一个特性是变形时阻值也会发生变化。

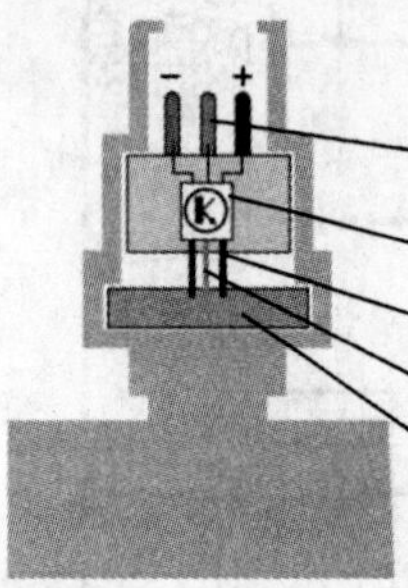

图3-23　电子高压传感器结构图

1—信号端子　2—微处理器　3—供电端

4—测试端　5—硅晶片

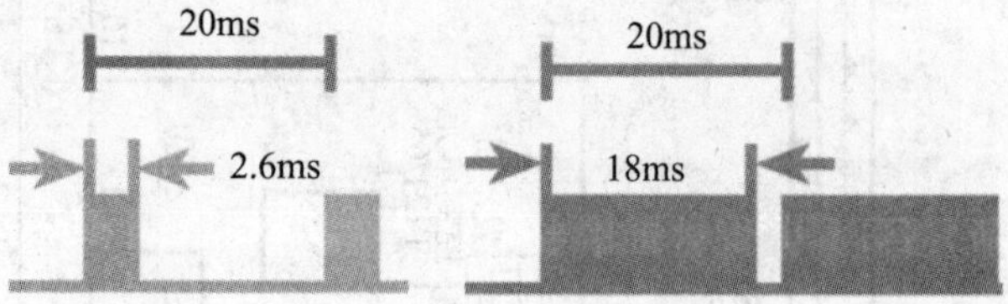

图3-24　电子压力传感器的波形图

电子式压力传感器的工作原理：在压力升高时，硅晶片变形，电阻也发生变化，测试端电压也相应发生变化。测试电压被送入微处理器，转化为脉宽调节信号，脉宽信号频率为50Hz，也就是一个周期为20ms。在低压情况下，高压传感器输出一个较短的脉宽，当低压为0.14MPa时，脉宽为2.6ms，相当于整个周期的13%。随着系统压力的增加，脉宽也按相应比例增加，当在3.7MPa的高压下，脉宽为18ms，这相当于整个周期的90%，其波形如图3-24所示。控制单元就是通过计算来自电子压力传感器的频宽信号，通过这种方式来监控制冷剂的压力是否过高或过低，进而控制压缩机的开停和冷凝风扇的高低速运转。

3.3.3.3　内外循环控制

当驾乘人员按下内循环开关时，进风门电磁阀N63和开关指示灯电路导通，内外循环翻板将在电磁阀的作用的打开，新鲜空气在鼓风机的作用下进入车内。

当今很多车型中，内外循环翻板大多由定位电机控制。空气流量翻板与内外循环控制翻板用同一个定位电机控制，它们通过一个带有两个导向槽的机构驱动，滑轮分别进行独立调节。

本章小结

1.汽车空调需要一整套的空气温度控制、送风量控制、制冷剂温度控制、压力控制、流量控制和相关的电路、控制器、送风控制装置等。

2. 汽车空调系统常见的电路包括鼓风机电路、冷凝风扇控制电路、压缩机电磁离合器控制电路以及通风系统控制电路等。

3. 在汽车空调系统中，一般都设有压力保护开关，包括高压保护开关和低压保护开关两种。

4. 对于非独立空调系统，汽车发动机的配置功率较小，为了保证汽车动力性和燃油经济性，往往都设有汽车空调运行工况的控制器，如怠速控制器、加速断开器等。

复习思考

1. 电磁离合器的作用是接通或切断(　　)之间的动力传递。

A. 发动机与压缩机　　B. 电磁离合器与压缩机　　C. 发动机与电磁离合器

2. 在蒸发器的温度下降到(　　)，吹出的冷风在 0℃～4℃时，恒温器便会自动切断离合器电磁圈回路中的电流，压缩机就停止运行。

A. 4℃以下　　B. 2℃以下　　C. 0℃以下

3. 在蒸发器的温度下降到 5℃以下时压缩机就停止运行。(　　)

4. 描述半自动空调压缩机控制的原理。

5. 描述晶体管与调速电阻组合式的鼓风机转速控制的原理。

6. 描述图 3-25 中冷凝风扇的工作原理。

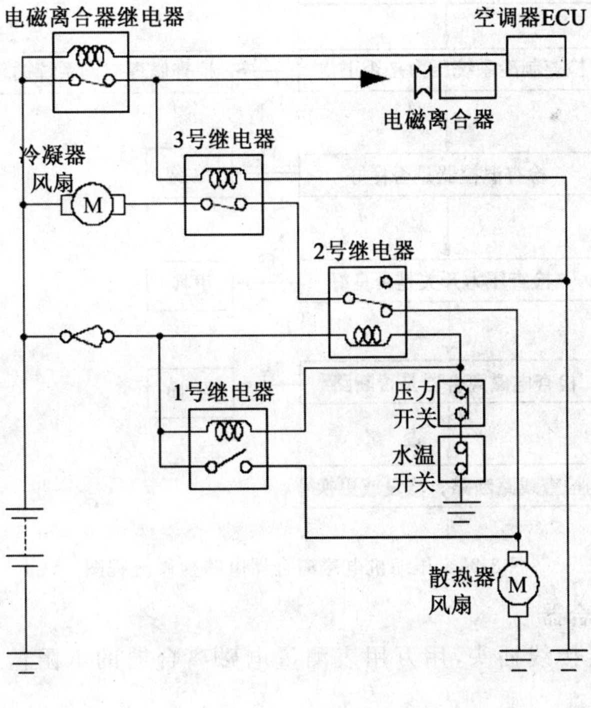

图 3-25　冷凝风扇控制电路

实训项目五　汽车空调电气系统故障诊断

一、实训目的与要求

1. 掌握汽车空调离合器电路的检修方法和注意事项。
2. 掌握汽车空调鼓风机电路的检修方法和注意事项。

二、实训仪器和设备

整车(汽车空调实训台架)、万用表、试灯、接线转接盒。

三、实训操作步骤

汽车空调电气系统的故障主要表现为压缩机离合器不吸合、鼓风机无法调速或不运转、冷凝风扇不转或无法高低速调整等。

1. 压缩机电磁离合器电路检修

诊断流程和步骤如图 3-26 所示。

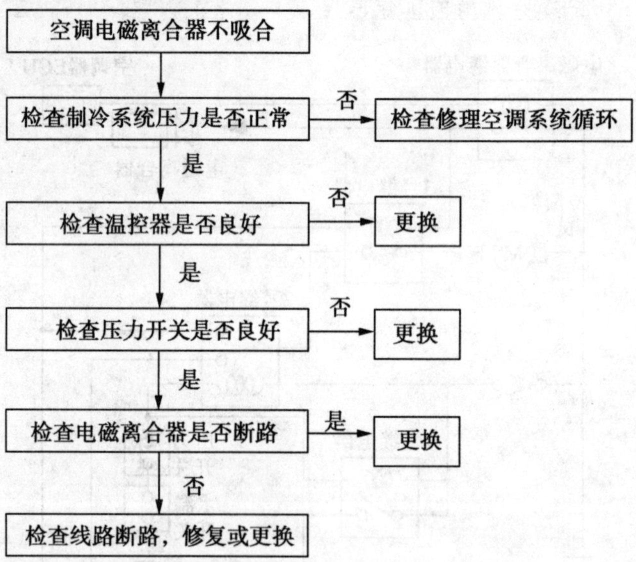

图 3-26　压缩机电磁离合器电路检修流程图

(1)检查电磁离合器

1) 断开离合器接线插头,用万用表测量电磁离合器的电阻值,正常应该为 3.7±0.2Ω。

2) 若电阻值小于该值,说明线圈短路,通电所产生的吸力减弱而不能吸合。

3) 若阻值为无穷大,说明线圈断路。

(2)三功能压力开关检测

起动发动机,接通压缩机,压缩机应运转,拔下三功能压力开关线束插头,此时短接高低压常闭触点，正常情况压缩机应该运转，短接中压常开触点，正常冷凝风扇将高速运转，否则压力开关损坏进行更换。

2. 鼓风机电路检修

诊断流程和步骤如图 3-27 所示。

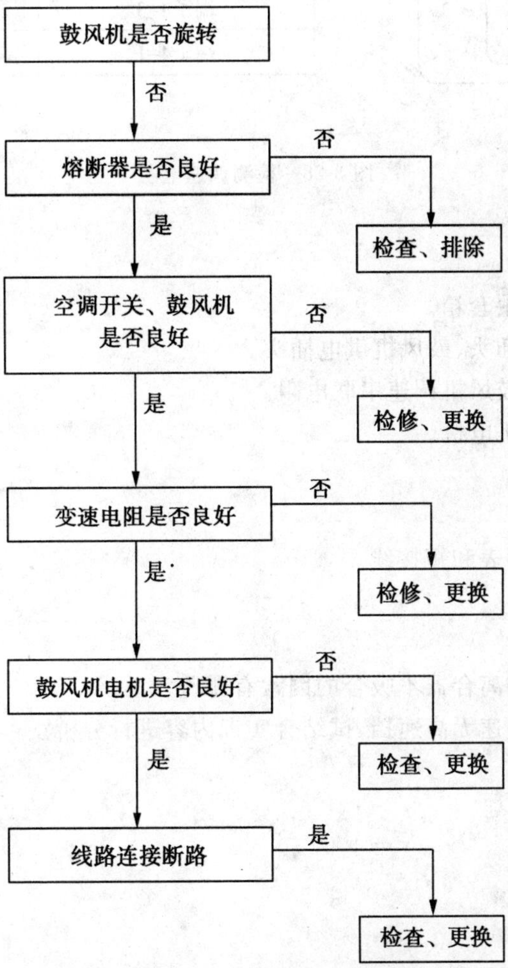

图 3-27　鼓风机电路检修流程图

(1)鼓风机调速电阻的检查

拔下鼓风机调速电阻插头，用万用表欧姆挡对调速电阻各挡位触点之间的阻值进行测量，并与标准值作比照，作出对电阻器的性能判断，如图 3-28 所示。

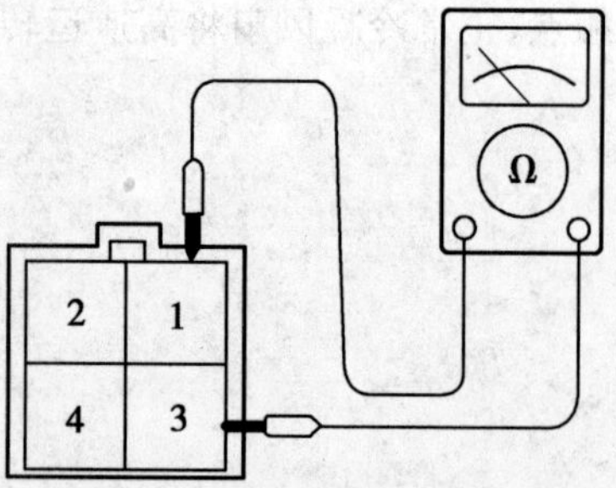

测量端子	测量值（Ω）
端子4–2	0.32
端子4–3	0.74
端子4–1	2

图 3-28　检测调速电阻

(2) 鼓风机拆装

1）拆下副驾驶侧手套箱。

2）拔下串联电阻插头、鼓风机供电插头。

3）拔下新鲜空气鼓风机调速串联电阻。

4）小心取下鼓风机电机。

四、实训注意事项

注意正确使用万用表和短接线。

五、思考题

1. 影响压缩机电磁离合器不吸合的因素有哪些？

2. 如果鼓风机的转速无高速挡，试结合实训内容进行分析。

第 4 章　汽车自动空调

学习目标

1. 熟悉汽车自动空调的结构与工作原理。
2. 能够熟练识读典型汽车自动空调系统的电路图。
3. 掌握汽车自动空调系统常用传感器、执行器及其电路的检测方法。
4. 掌握汽车自动空调控制系统故障诊断与检修的基本方法。

汽车自动空调系统采用全自动温度控制装置(ATC),实现中央微处理器接收传感器所传入的信息,例如外界大气温度、车内温度、风道温度、发动机冷却液温度、蒸发器表面温度、鼓风机转速、热水阀开度、驾驶员所选定的温度以及要求的空气循环方式等,经过处理,通过它的执行机构来自动控制车内的温度,则能为车厢提供并保持舒适的温度,而很少甚至不需要人为地进行控制操作。不管外界气温、日照强度如何变化,只要选定了自动控制方式及设定好所需要的温度,控制装置即能自动而精确地控制车内温度。

4.1　汽车自动空调的构造与工作原理

4.1.1　汽车自动空调总体认识

4.1.1.1　汽车自动空调定义

汽车自动空调系统是指当驾驶员设定汽车内的温度后,能根据车内外条件的变化,通过车上各部位的传感器和执行器,空调可以自动变换制冷或供暖强度,使汽车室内温度保持在设定范围内的空调系统。有些高级轿车还能进行进气控制、送风气流方式控制和压缩机工作控制等,当系统出现故障时,还可自动检测和诊断故障部位,并且以故障代码的方式指示给维修技术人员。

4.1.1.2　汽车自动空调分类

自动空调控制系统分为电控气动控制系统、全自动电控气动控制系统和电脑全自动控制系统三种。

微电脑控制的空调系统具有安全可靠、全自动控制、高效节能及舒适性等优点，在当代汽车空调中得到广泛应用。本章讲述的是汽车自动空调的电脑全自动控制系统。

4.1.1.3 汽车自动空调的功能

微电脑(ECU)控制的汽车自动空调具有以下几种功能：

(1) 空气调节控制，指对空气的温度、风量、通风方式及进气方式的自动控制等，以满足空调对车内舒适性的要求。

(2) 节能控制，指对压缩机启动运转及停止的自动控制、最佳换气量控制以及随温度变化的换气切换控制、经济运行模式控制等。

(3) 故障、安全报警，指制冷剂不足报警、空调系统过压或欠压报警、离合器打滑报警、各种控制器件故障判断(以故障代码显示的方式提示)报警等。

(4) 故障诊断存储，指汽车空调系统发生故障时，微电脑将故障部位以代码的形式存储起来，并指示故障部位，便于修理人员根据指示进行维修，直到修复为止。

(5) 显示，指能显示设定温度、控制模式、运转模式及运转时间等。

4.1.1.4 自动空调的控制面板

在自动控制空调控制面板上，操纵装置通常采用琴键式或旋钮式，驾驶员通过按键选定空调工作模式和控制温度后，系统即可在空调 ECU 控制下自动工作。

图 4-1 为自动控制空调控制面板，控制面板上有液晶显示屏，可显示通风模式、环境温度、车内温度等。空调系统工作模式和车内温度设定等可通过面板上的按键来完成。在自动控制空调面板上通常都设有 ECON (经济模式开关) 和 A/C 开关。按下 ECON 开关，空调进入经济模式运行。此时制冷强度低于 A/C 模式，在车室内温度达到设定温度后，保证空调以最经济模式工作。

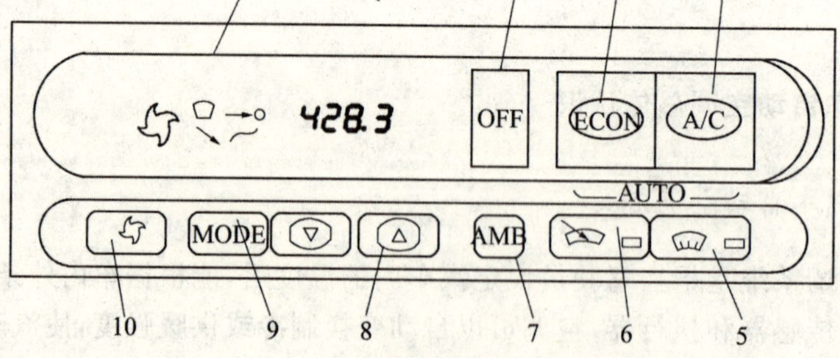

图 4-1 自动控制空调控制面板

1—显示屏 2—停止键 3—经济模式 4—空调开关 5—除霜开关

6—风门控制开关 7—车外温度显示按键 8—车室温度设定按键

9—模式转换 10—鼓风机开关

自动空调系统控制操作面板包括：

(1) 显示屏，显示系统的操作状态。

(2) 停止键，压缩机和鼓风机关闭，进气门设定到外部空气位置，出风口门设定到脚部位置。

(3) 经济模式，按下打开空调，以经济模式运行。

(4) 空调开关，按下打开空调，以设定模式运行。

(5) 除霜(DEF)开关，将空气出风口门设定到除霜的位置，同时将进气门设定到外部空气的位置。

(6) 风门控制开关，选择车内空气循环或车外空气循环。

(7) 车外温度显示按键，按下显示车外温度。

(8) 车室温度设定按键，升高或降低设定的车内温度。

(9) 模式转换开关，选择吹风位置。

(10) 鼓风机开关，调节风量大小。

4.1.2　汽车自动空调的组成与工作原理

4.1.2.1　自动空调的组成

自动空调系统主要由传感器、控制单元(ECU)和执行元件等组成，此外还有温度开关、压力保护开关、模式开关等组成。图 4-2 为汽车自动空调系统组成的示意图。

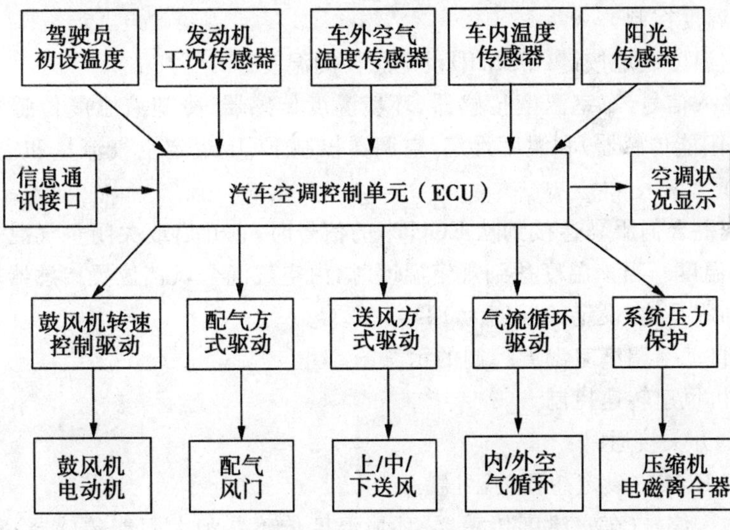

图 4-2　汽车自动空调系统组成的示意图

(1) 传感器

传感器功能是将温度、空调系统压力等物理量转变成电信号(如热敏电阻值的变化)并传输到计算机中。主要的传感器有：车内温度传感器(有些车型称为车室温度传感器)、车外空气温度传感器(或为环境温度传感器)、阳光传感器(或为太阳能传感器)、蒸发器温度传感器、冷却液温度传感器、压缩机锁止传感器、发动机转速传感器、节气门位置传感器、风门位置传感器等，此外还有冷却液温度开关、压力保护开关、A/C 开关、ECON 开关等。

(2) ECU

ECU 由 I/O 接口、主机和系统控制软件等组成，用于接收并分析运算传感器输入的信号，运行程序与系统软件数据库中的设定数据比较、分析，然后以最优化的方案输出信号，控制各个执行器工作，实现温度控制、风量控制、通风模式控制等。

(3) 执行器

执行器的功用是执行 ECU 所发出的指令，驱动空调系统相关部件工作，调节车内温度及通风模式等参数。

自动空调系统执行器主要包括空气循环控制电动机(或为进气伺服马达)、空气混调控制电动机、鼓风机电动机、模式控制电动机(或为送风方式电动机)以及其他执行部件。

4.1.2.2　汽车自动空调原理

汽车自动空调计算机的控制是根据温度平衡方程进行的。设驾驶员设定温度值产生的热敏电阻值为 R，车内温度传感器电阻值为 A，车外空气温度传感器电阻值为 B，日照辐射、环境、节能修正值的温度电阻值为 C，则温度平衡方程为：

$$R=A+B+C \tag{4-1}$$

计算机根据这个方程进行计算、比较、判断后发出指令给控制执行器实施动作。汽车自动空调有以下控制内容：

(1) 车室温度控制

1) 用车室温度设定按键(TEMP)设定想要的温度。

2) 根据输入信号(车室温度传感器、环境温度传感器、冷却液温度传感器、蒸发器温度传感器和太阳能传感器)和温度设定，空调器控制 ECU 决定空气流量和空气混合伺服马达的输出信号。

3) 当空气混合伺服马达接到从 ECU 来的信号时，它开启或关闭空气混合风挡，从而改变空气流的温度。当该温度达到规定温度时，由空气混合风挡位置传感器检测到，并且 ECU 停止该伺服马达，设定的温度为 18℃～32℃。

图 4-3 为自动空调车室温度控制的示意图。

(2) 送风机风扇转速控制

当 AUTO 开关接通时：

1) 用 TEMP 按键设定想要的温度。

2) 根据输入信号(车室温度传感器、环境温度传感器和太阳能传感器)和温度设定，空调器控制 ECU 决定空气流量和至功率管的输出信号。

3) 当功率管接到从 ECU 来的信号时，它提高或降低送风机马达的转速，从而控制空气流量。

当 AUTO 开关断开时：ECU 将功率管或超高继电器转向 ON/OFF，根据 Manual(手动)开关的位置，提高或降低送风机马达的转速和调整空气流量。

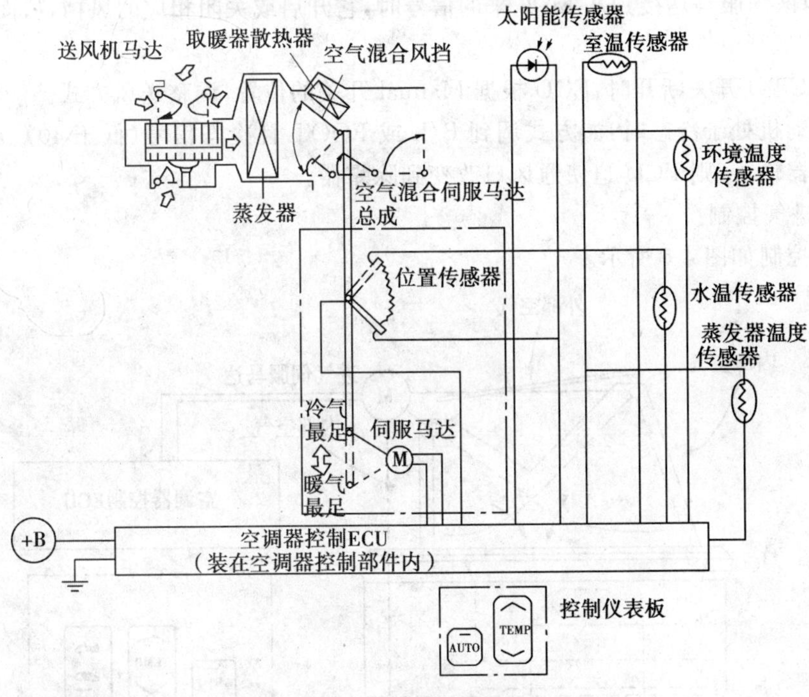

图 4-3　车室温度控制示意图

（3）送风方式控制

送风方式控制如图 4-4 所示，当 AUTO 开关接通时：

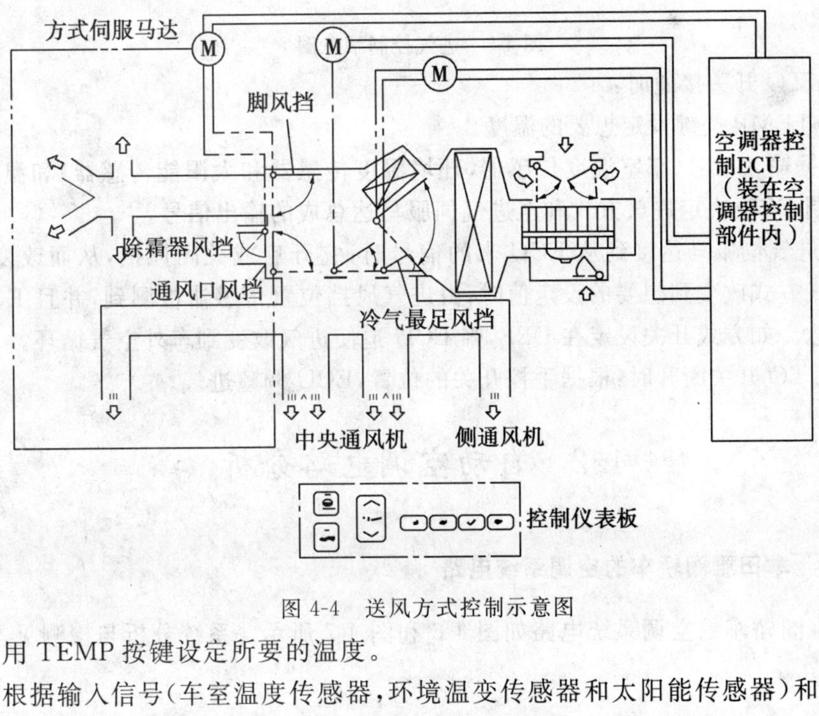

图 4-4　送风方式控制示意图

1）用 TEMP 按键设定所要的温度。

2）根据输入信号（车室温度传感器，环境温变传感器和太阳能传感器）和温度设定，空调器控制 ECU 决定送风方式、方式伺服马达和冷气最足伺服马达的输出信号。

3）当该伺服马达接到从ECU来的信号时，它开启或关闭相应的风挡，从而改变送风方式。

当AUTO开关断开时：ECU根据Manual开关的位置，调整送风方式。

当发动机处于冷态时：如方式调到B/L或FOOT且冷态信号（低于40℃）从冷却液温度传感器输入，则ECU迫使通风口改变到除霜器。

（4）进气控制

进气控制如图4-5所示。

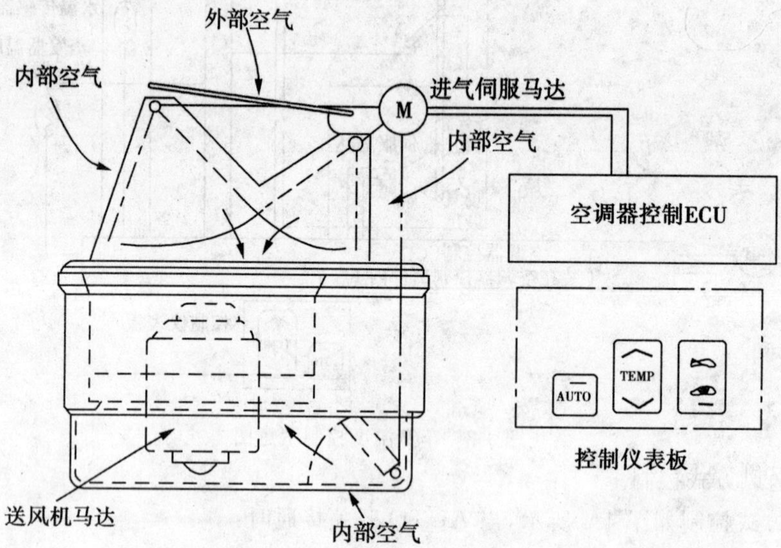

图4-5 进气控制示意图

当AUTO开关接通时：

1）用TEMP按键设定想要的温度。

2）根据输入信号（车室温度传感器，环境温度传感器和太阳能传感器）和温度设定，空调器控制ECU决定进气方式和至进气伺服马达总成的输出信号。

3）当进气伺服马达接到从ECU来的信号时，它开启或关闭风挡，从而改变进气方式。当进气方式改变到想要的设定值时，由进气风挡位置传感器检测到，并且ECU停止该伺服马达。如方式开关设定在DEF，则ECU迫使进气改变到车外空气循环。

当AUTO开关断开时：根据手控开关的位置，ECU调整进气。

4.2 自动空调电路分析

4.2.1 本田雅阁轿车的空调系统电路

本田雅阁轿车的空调系统电路如图4-6和图4-7所示。系统分析与检测见本章4.3节和4.4节。

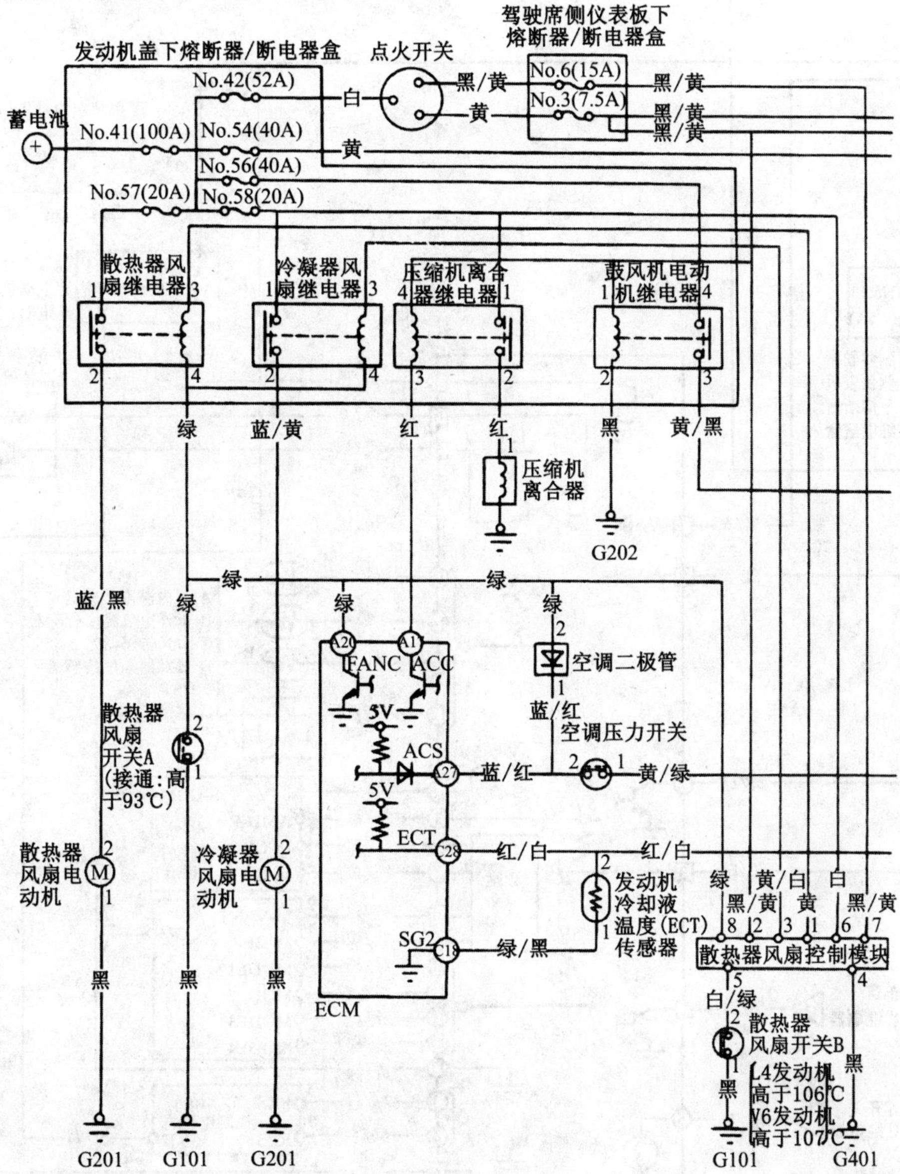

图 4-6　本田雅阁轿车的空调系统电路(一)

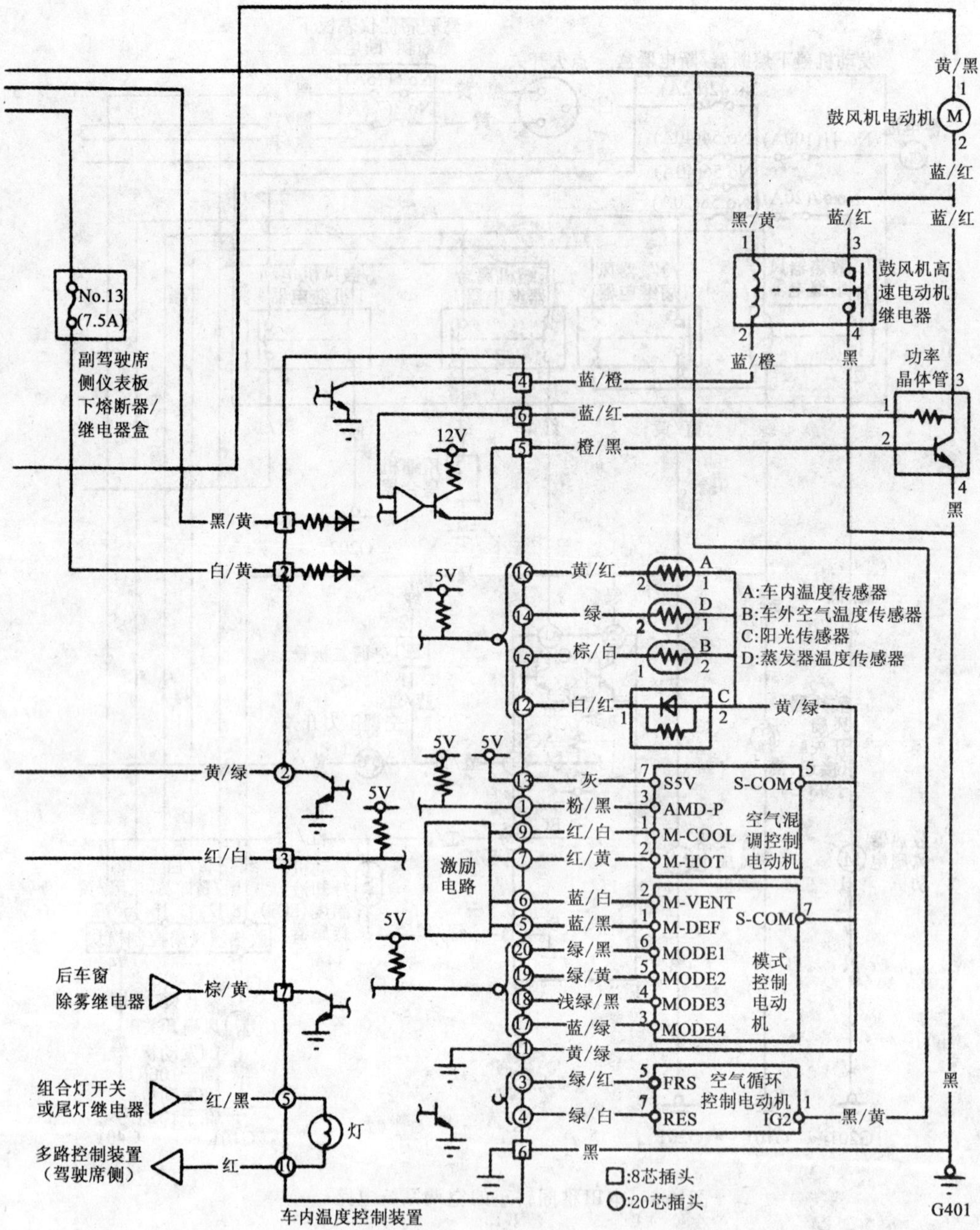

图 4-7　本田雅阁轿车的空调系统电路(二)

4.2.2　飞度 A32 轿车空调系统的电路图

飞度 A32 轿车空调系统的电路如图 4-8 所示。

日产飞度 A32 车全面采用了 LAN 控制系统技术,LAN 的全称为 Local Area Network,指通过局域网络通信技术传送信号,再由各局部空调控制单元(ECU)接收、识别指令,并发出反馈信号来完成整个控制工作。该 LAN 控制系统由自动空调放大器、模式门马达(电动机)、空气混合门马达(电动机)和进气门马达(电动机)组成。

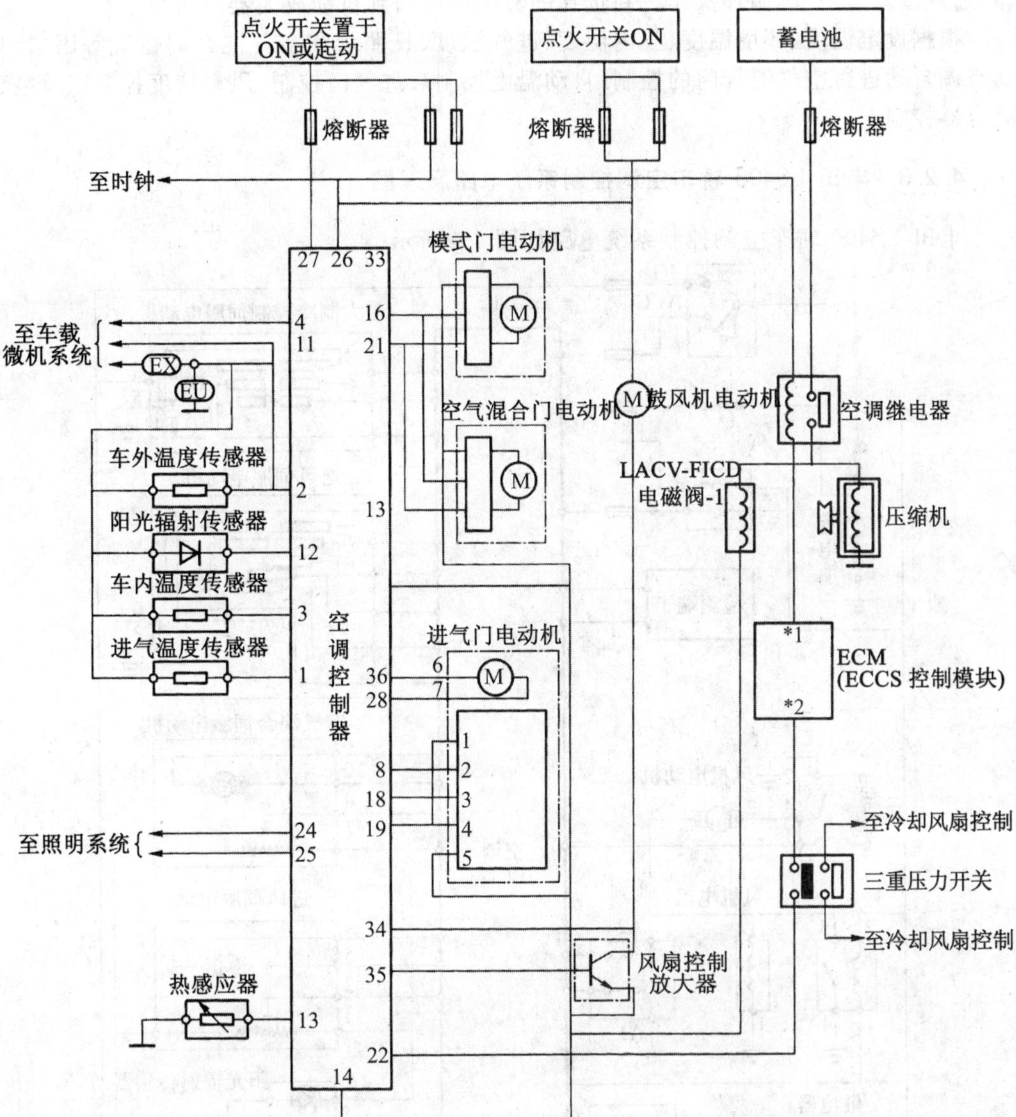

图 4-8 飞度 A32 轿车空调系统的电路图

在自动空调放大器、空气混合门电动机和模式门电动机之间建有一个小型的网络。自动空调放大器和电动机由数据传输线路和电动机供电线路联结在一起,LAN 网络通过两个电动机的接地电路建立起来。在自动空调放大器和两个马达(电动机)之间通过数据传输线传递着地址、电动机开启角度信号、电动机停止信号和查错信号等信息。

自动空调放大器用来接收来自各个传感器的数据。首先放大器将模式门、空气混合门及进气门开启角度数据传送至模式门电动机 LCU、空气混合门电动机 LCU 及进气门电动机 LCU。而后模式门电动机、空气混合门电动机及进气门电动机依据地址信号读取它们各自的信号。从自动放大器以及每个电动机位置传感器接收到的开启角度显示信号在每个电动机的 LCU 中与当前的指令及开启角度进行比较。然后，选择热风/冷风、除霜/通风或新鲜空气/循环操作。新选择的数据被返回到自动放大器。

根据设定温度、环境温度、车内温度、进气温度、日照量和空气混合门位置等因素，自动空调自动进行空气混合门的控制（自动温度控制）、进气门控制、风扇速度控制以及电磁离合器控制。

4.2.3　丰田 LS400 轿车空调控制系统电路原理图

丰田 LS400 轿车空调控制系统电路如图 4-9 所示。

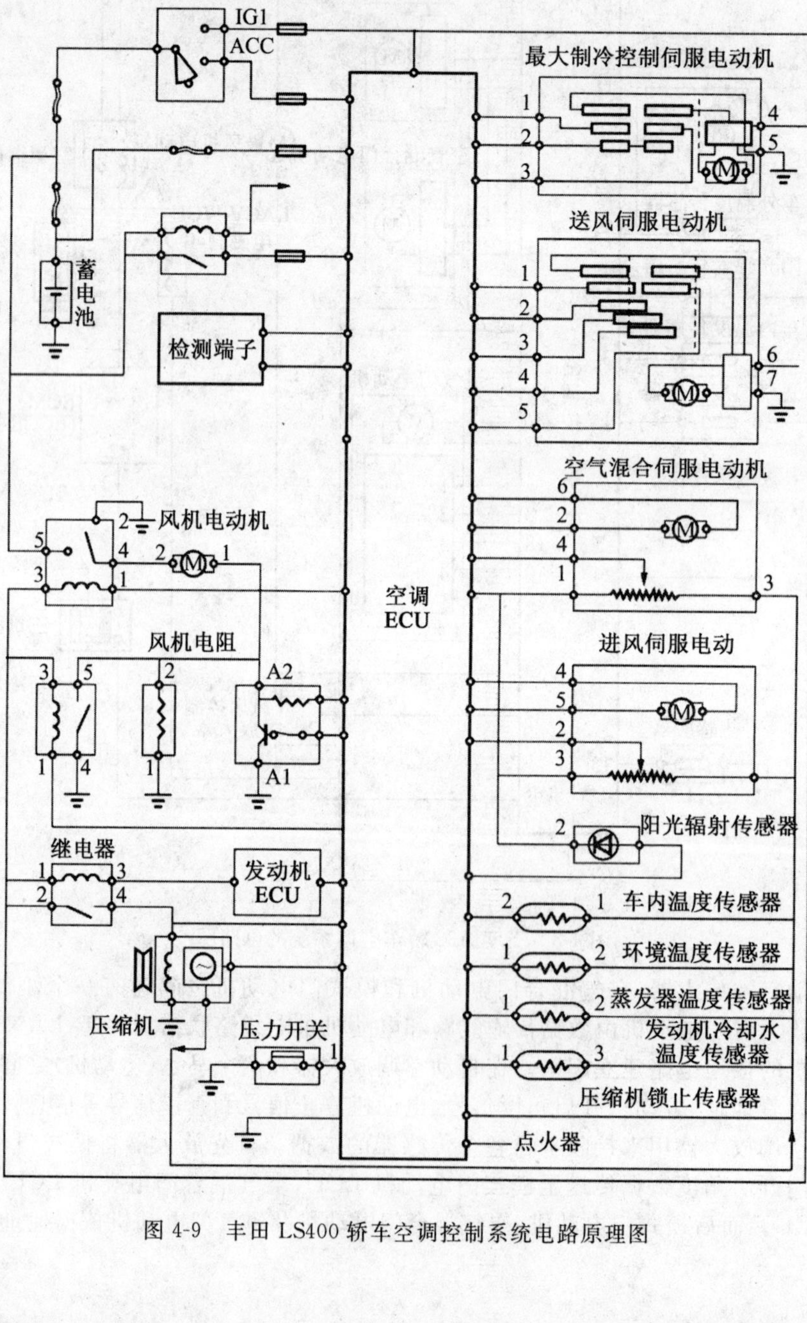

图 4-9　丰田 LS400 轿车空调控制系统电路原理图

丰田 LS400 轿车空调控制系统是利用各种传感器随时监测车内和车外环境温度的变化，并把信号输入到空调 ECU 即空调电脑，经过 ECU 处理后，通过伺服电机等执行，对风机转速、出风温度、送风方式及压缩机的工作状况进行调节，使车内温度、空气湿度及流动状况保持在驾驶员设定的水平上。

丰田 LS400 轿车空调控制系统主要由传感器、执行器和空调 ECU 组成。

4.2.3.1　传感器

(1)车内温度传感器。车内温度传感器安装在仪表板的下方，它是一个负温度系数热敏电阻，当车内温度发生变化时，热敏电阻的阻值发生变化，并向空调 ECU 输入温度信号。当温度为 25℃时，车内温度传感器电阻值为 1.6～1.8kΩ；当温度为 15℃时，阻值为 2.0～2.7kΩ。

(2)环境温度传感器。环境温度传感器也是由负温度系数热敏电阻制成，它安装在前保险杠杆下端，当电阻发生变化时向空调 ECU 输入温度信号，它的阻值随温度的变化范围与车内温度传感器相同。

(3)蒸发器温度传感器。蒸发器温度传感器安装在蒸发器壳体上，它用于检测制冷装置内部的温度变化。当蒸发器周围温度发生变化，传感器的阻值也发生变化，它向空调 ECU 输入温度信号。当温度为 0℃时，阻值为 16.5～17.5kΩ；当温度为 15℃时，阻值为 2.0～2.7kΩ。

(4)冷却液温度传感器。由负温度系数热敏电阻制成的冷却液温度传感器安装在发动机的冷却水道上，用于检测冷却液的温度并把冷却液温度信号输入空调 ECU，空调 ECU 利用冷却液温度信号用于在低温时风机转速的控制。冷却液温度传感器阻值随温度的变化范围是当温度 0℃时，阻值为 16.5～17.5kΩ；当温度为 40℃时，阻值为 2.4～2.8kΩ；当温度为 70℃时，阻值为 0.7～1.0kΩ。

(5)阳光辐射传感器。阳光辐射传感器是一个光敏二极管，它安装在前挡风玻璃下面，其工作原理是利用光电效应，把阳光辐射程度转变成电信号并输入空调 ECU。在对阳光辐射传感器测量时，主要测量光照程度变化时，传感器光电管电阻值的变化情况。在正常情况，用布遮住传感器表面，它的阻值为无穷大；而当用灯光照射传感器表面，其阻值约为 4kΩ。

(6)压缩机锁止传感器。压缩机锁止传感器是一种电磁式传感器，它安装在压缩机内，用于检测压缩机转速。压缩机每转一转，传感器产生四个脉冲信号并输入空调 ECU。若压缩机转速除以发动机转速而得出的比值小于预定值时，空调控制总成便会关断压缩机。测量压缩机锁止传感器线圈电阻，正常情况下，温度为 25℃时，阻值为 530～650Ω；温度为 100℃时，阻值为 670～890Ω。

4.2.3.2　执行器

凌志 LS400 轿车自动空调系统执行器主要包括进风伺服电动机、空气混合伺服电动机、送风伺服电动机、冷气最足伺服电动机以及其他执行部件。

4.2.3.3　空调 ECU

凌志 LS400 轿车自动控制系统控制空调 ECU 是根据驾驶员设定的温度及各种传感器输入的数据计算送风温度和空气混合风挡开度值，ECU 根据计算值向伺服电动机等执行元件发出控制信号、实现空调的各种控制功能。当驾驶员把设定温度设定在最冷或最热时，空调 ECU 将用存储在 ECU 中的固定值进行控制，使空调的响应速度加快。

4.3　自动空调的输入元件

自动空调常使用的的输入元件有：车内温度传感器、车外空气温度传感器、阳光传感器和蒸发器温度传感器等。

汽车自动空调控制系统用于温度检测的传感器，其原理是应用了具有负温度系数的热敏电阻。热敏电阻阻值随温度的升高而减小，反之电阻增大。

下面以本田雅阁轿车自动空调为例介绍自动空调常使用的的输入元件及其线路的检测方法。

本田雅阁轿车车内温度控制装置故障自诊断操作方法如下：

(1)接通点火开关。

(2)将温度控制按钮先旋至 MAXCOOL(最冷)位置，然后再旋至 MAXHOT(最热)位置。

(3)1min 后，在按下 AUTO 按钮(不松开)的同时，按下 OFF 按钮。

(4)在同时按下 AUTO 和 OFF 按钮时，如果系统有故障存在，就会通过温度显示器(见图 4-10)指示相应的故障。不同的故障以温度显示器“88”各段中某一段闪亮来指示。温度显示器各段所指示的故障如表 4-1 所示。如果同时出现多个故障，则有关的指示段(灯)会同时闪亮。关闭点火开关，自诊断功能即被消除。

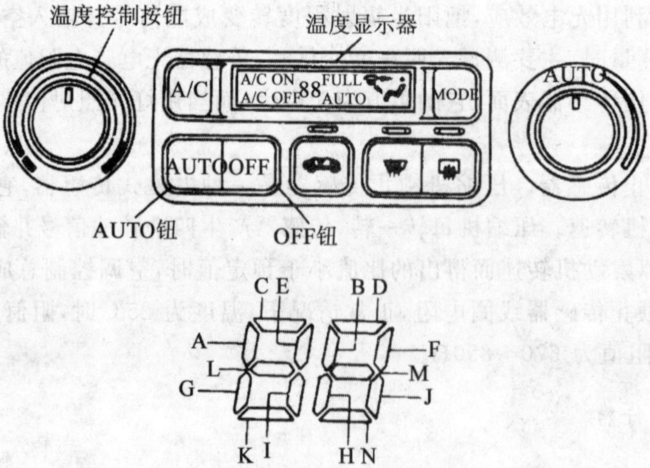

图 4-10　温度显示器闪示故障码方式

表 4-1　温度显示器各段所闪示的故障说明

温度显示器闪亮段	指示故障的部位	可能的故障原因
A	车内温度传感器	电路断路、传感器故障
B	车内温度传感器	电路短路、传感器故障
C	车外空气温度传感器	电路断路、传感器故障
D	车外空气温度传感器	电路短路、传感器故障
E	阳光传感器	电路断路、传感器故障
F	阳光传感器	电路短路、传感器故障
G	蒸发器温度传感器	电路断路、传感器故障
H	蒸发器温度传感器	电路短路、传感器故障
I	空气混调控制电动机	电路断路
J	空气混调控制电动机	电路短路
K	空气混调控制电动机	通道阻塞、电动机故障
L	模式控制电动机	电路断路或短路
M	模式控制电动机	通道阻塞、电动机故障
N	鼓风机电动机	电路断路或短路、电动机故障
A、C、E、G、I、L	传感器公共导线	电路断路

4.3.1　车内温度传感器

4.3.1.1　车内温度传感器的温度特性

车内温度传感器检测吸入车内空气的温度，以确定车室内的平均气温，现在普遍采用通过暖气装置的吸气型温度传感器，安装位置如图 4-11(a)所示。车内温度传感器应用了具有负温度系数的热敏电阻，其特性如图 4-11(b)所示。热敏电阻阻值随温度的升高而减小，反之电阻增大。

4.3.1.2　车内温度传感器及其电路断路故障的检测

以本田雅阁自动空调系统为例，介绍车内温度传感器及其电路断路故障的检测。

如果本田雅阁自动空调的温度控制系统自诊断指示灯 A 亮，表示车内温度传感器或其电路有断路故障，其故障检修步骤与方法如下：

(1) 检查车内温度传感器

1) 拆下车内温度传感器。

2) 测量车内温度传感器两端子之间的电阻，测量时，用电吹风加热传感器或冷却传感器，看其电阻值是否有变化，且与图 4-11(b)所示的特性曲线相符合。如果电阻值不符，更换车内温度传感器；如果电阻值相符，则进行下一步检修。

(2) 检查车内温度传感器 2 号端子与车内温度控制装置之间导线是否断路

1) 断开车内温度控制装置 20 芯插头。

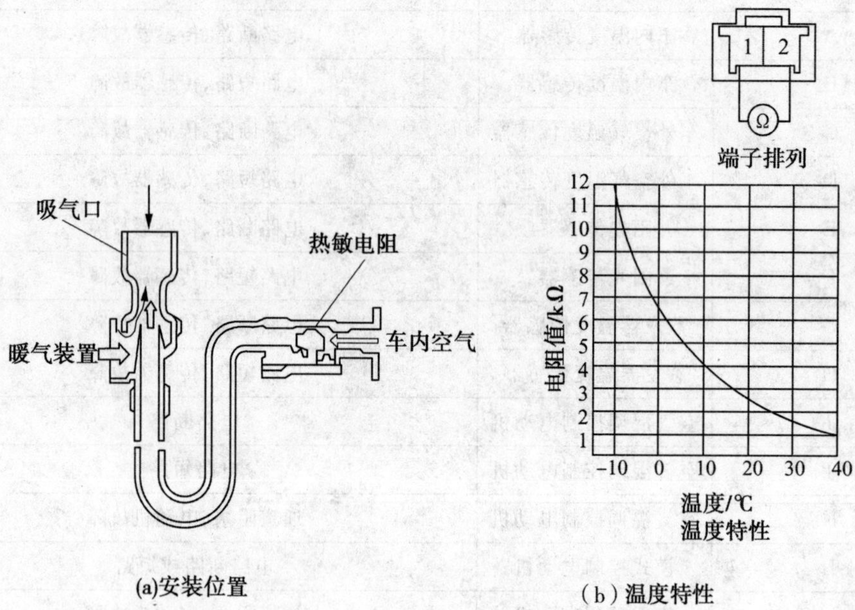

图 4-11 车内温度传感器的安装位置和温度特性

2) 检查车内温度传感器插头的 2 号端子与车内温度控制装置插头的 16 号端子之间的通路情况(见图 4-12)。如果不通,则为车内温度传感器 2 号端子与车内温度控制装置之间的导线有断路故障,需予以排除;如果通路,则进行下一步检修。

(3) 检查车内温度传感器 1 号端子与车内温度控制装置之间导线是否断路

如图 4-13 所示,用万用表欧姆挡检查车内温度传感器 1 号端子与车内温度控制装置插头的 11 号端子之间的通路情况。

1 号端子侧导线断路故障如果不通,则为车内温度传感器 1 号端子与车内温度控制装置之间的导线有断路故障,需予以排除;如果通路,检查车内温度传感器 2 芯插接器和车内温度控制装置 20 芯插接器有无连接松动或接触不良,若无,则需更换一个车内温度控制装置再试。

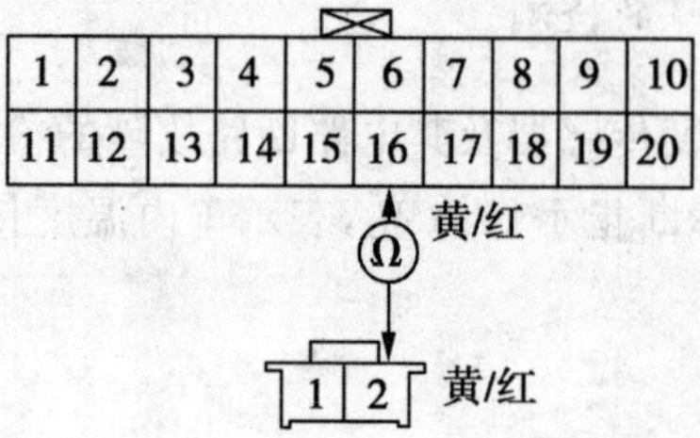

图 4-12 检查车内温度传感器 2 号端子侧导线断路故障

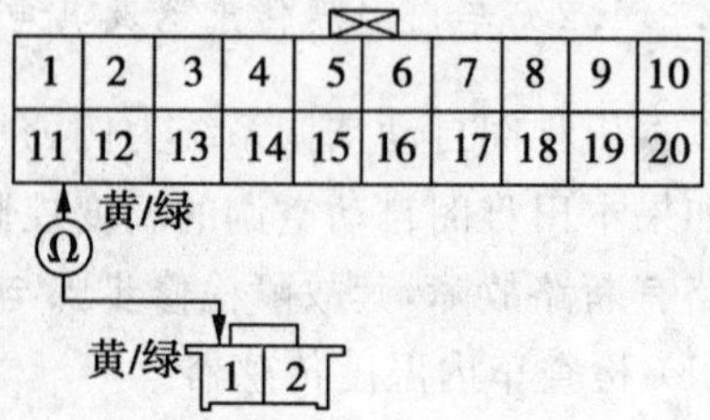

图 4-13 检查车内温度传感器 1 号端子侧导线断路故障

4.3.1.3　车内温度传感器及其电路短路故障的检修

温度控制系统自诊断指示灯 B 亮，表示车内温度传感器或其电路有短路故障，其故障检修步骤与方法如下：

(1) 检查车内温度传感器(检测方法同前)

(2) 检查车内温度传感器与车内温度控制装置之间的导线是否对地短路

1) 断开车内温度控制装置 20 芯插头。

2) 用欧姆表检查车内温度控制装置插头的 16 号端子与地之间的通路情况(见图 4-14)，如果通路，则说明车内温度传感器与车内温度控制装置之间的导线有对地短路故障，需予以排除；如果不通路，则更换一个车内温度控制装置再试。

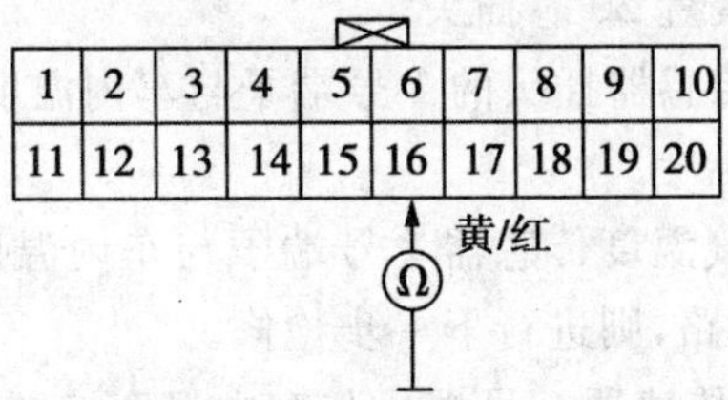

图 4-14　检查车内温度传感器导线短路故障

4.3.2　车外空气温度传感器

4.3.2.1　车外温度传感器的温度特性

如图 4-15 所示，车外空气温度传感器通常被包在一个塑料树脂壳内，以免因温度的突然变化而受到影响，适度的惰性使其能准确地检测到车外空气的平均温度。

车外空气温度传感器的端子排列与温度特性如图 4-16 所示。

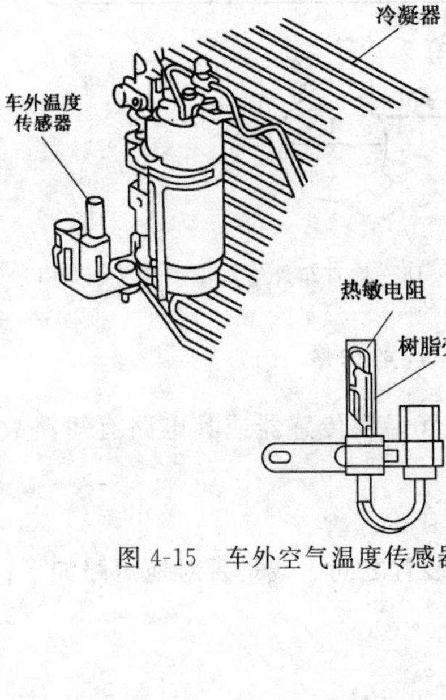

图 4-15　车外空气温度传感器

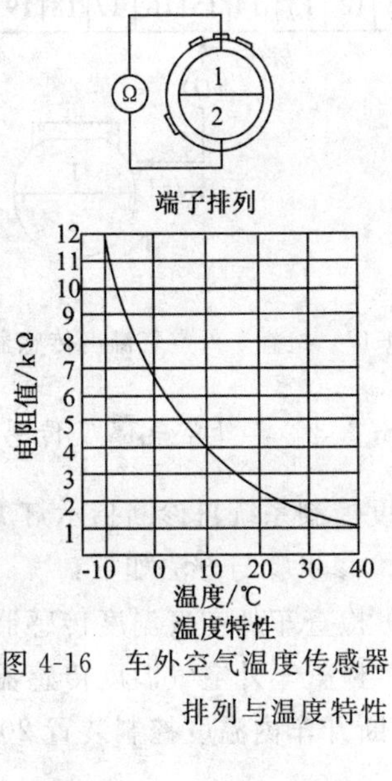

图 4-16　车外空气温度传感器端子排列与温度特性

4.3.2.2 车外空气温度传感器及其电路断路故障的检修

温度控制系统自诊断指示灯 C 亮，表示车外空气温度传感器或其电路有断路故障，其故障检修步骤与方法如下：

(1) 测量车外空气温度传感器两端子之间的电阻

1) 拆下车外空气温度传感器。

2) 测量车外空气温度传感器两端子之间的电阻，测量时，用电吹风加热传感器或冷却传感器，看其电阻值是否有变化，且与图 4-15 所示的特性曲线相符合。如果电阻值不符，更换车外空气温度传感器；如果电阻值相符，则进行下一步检修。

(2) 检查车外空气温度传感器 2 号端子与车内温度控制装置之间导线是否断路

1) 断开车内温度控制装置 20 芯插头。

2) 检查车外空气温度传感器插头的 1 号端子与车内温度控制装置插头的 15 号端子之间的通路情况(见图 4-17)。

如果不通；则为车外空气温度传感器 1 号端子与车内温度控制装置之间的导线有断路故障，需予以排除；如果通路，则进行下一步检修。

(3) 检查车外空气温度传感器 2 号端子与车内温度控制装置之间导线是否断路

用万用表欧姆挡检查车外空气温度传感器 2 号端子与车内温度控制装置插头的 11 号端子之间的通路情况(见图 4-18)。

如果不通，则为车外空气温度传感器 2 号端子与车内温度控制装置之间的导线有断路故障，需予以排除；如果通路，检查车外空气温度传感器 2 芯插接器和车内温度控制装置 20 芯插接器有无连接松动或接触不良，若无，则需更换一个车内温度控制装置再试。

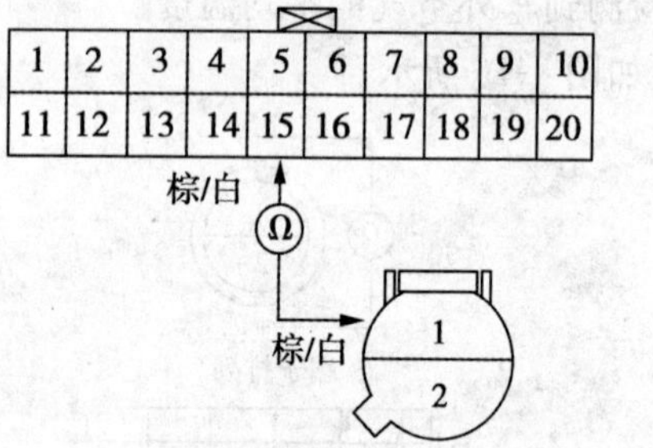

图 4-17 检查车外空气温度传感器(1-15)

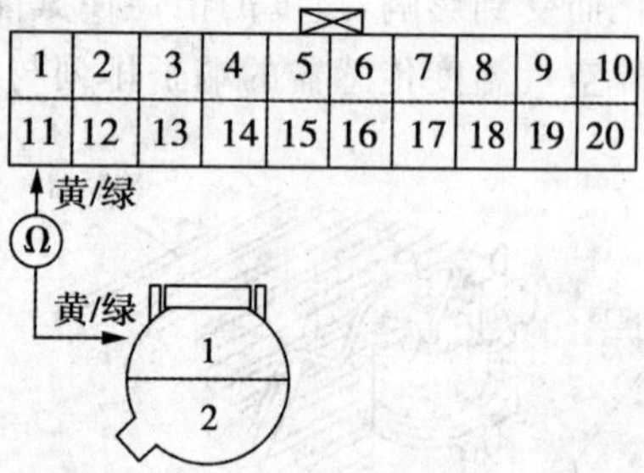

图 4-18 检查车外空气温度传感器(2-11)

4.3.2.3 车外空气温度传感器及其电路短路故障的检修

温度控制系统自诊断指示灯 D 亮，表示车外空气温度传感器或其电路有短路故障，其故障检修步骤与方法如下：

(1) 检查车外空气温度传感器

(2) 检查车外空气温度传感器与车内温度控制装置之间导线是否对地短路如下：

1) 断开车内温度控制装置 20 芯插头。

2）检查车内温度控制装置插头的 15 号端子与地之间的通路情况(见图 4-19)。

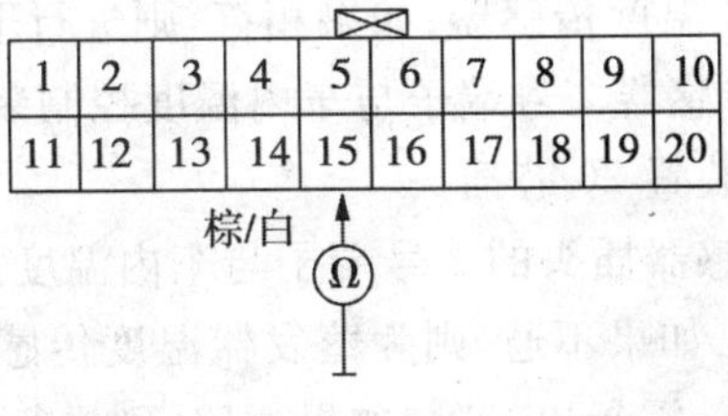

图 4-19　检查车外空气温度传感器导线短路故障

4.3.3　蒸发器温度传感器

4.3.3.1　蒸发器温度传感器的温度特性

蒸发器温度传感器的安装位置如图 4-20 所示，蒸发器温度传感器用来检测蒸发器表面温度。在有自动除霜功能的自动空调控制系统中，蒸发器处有两个敏感元件(热敏电阻)，一个用于正常检测蒸发器温度，另一个用来检测蒸发器表面结霜情况，以实现自动除霜。

蒸发器温度传感器的端子排列与温度特性如图 4-21 所示。

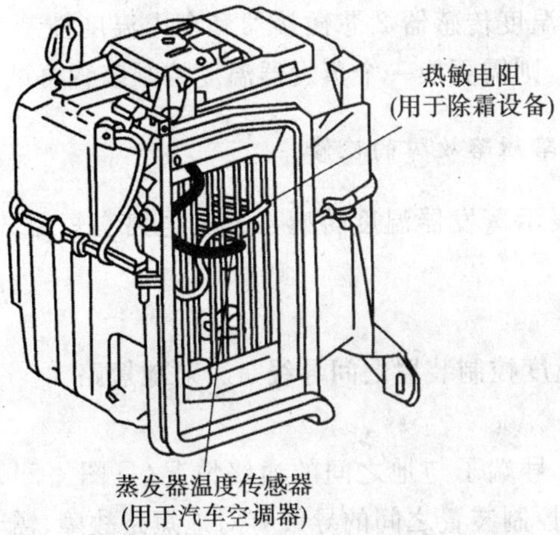

图 4-20　蒸发器温度传感器

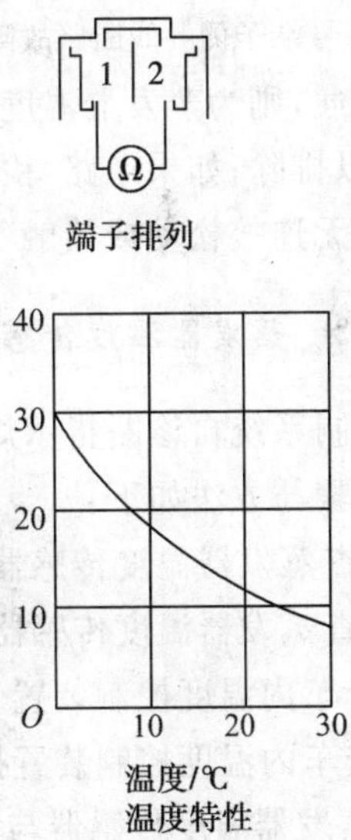

图 4-21　蒸发器温度传感器温度特性

4.3.3.2　蒸发器温度传感器及其电路断路故障的检修

车内温度控制系统自诊断指示灯 G 亮，表示蒸发器温度传感器及其电路有断路故障，故障检修步骤与方法如下：

(1) 检查蒸发器温度传感器

1）断开蒸发器温度传感器 2 芯插头。

2）测量蒸发器两端子之间的电阻，看其电阻值是否与图 4-20 所示的特性曲线相符合，如果不相符，更换蒸发器温度传感器；如果相符，则进行下一步检修。

（2）检查蒸发器温度传感器 2 号端子与车内温度控制装置之间导线是否断路

1）断开车内温度控制装置 20 芯插头。

2）检查蒸发器温度传感器插头的 2 号端子与车内温度控制装置插头的 14 号端子之间的通路情况（见图 4-22）。如果不通，则为蒸发器温度传感器 2 号端子与车内温度控制装置之间的导线有断路故障，需予以排除；如果通路，则进行下一步检修。

3）检查蒸发器温度传感器 1 号端子与车内温度控制装置之间导线是否断路。用万用表欧姆挡检查蒸发器温度传感器 1 号端子与车内温度控制装置插头的 11 号端子之间的通路情况（见图 4-23）。

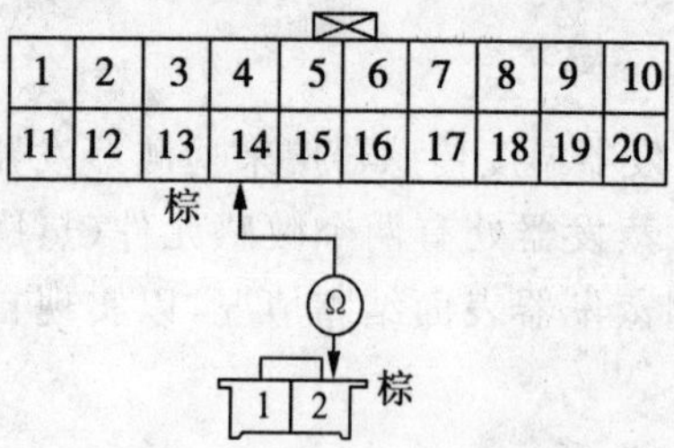

图 4-22　检查蒸发器温度传感器 2 号端子侧导线断路故障

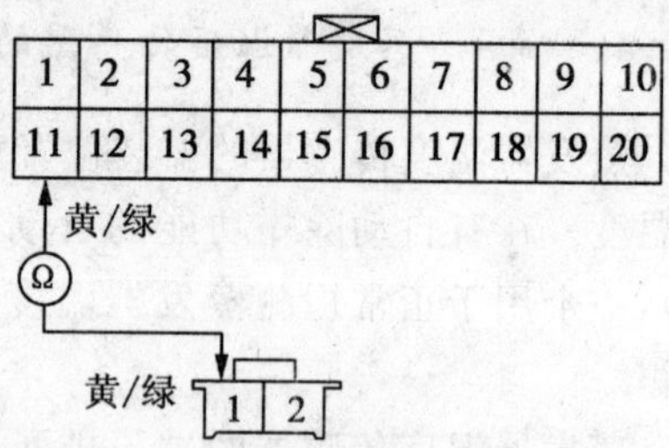

图 4-23　检查蒸发器温度传感器 1 号端子侧导线断路故障

如果不通，则为蒸发器温度传感器 1 号端子与车内温度控制装置之间的导线有断路故障，需予以排除；如果通路，检查蒸发器温度传感器 2 芯插接器和车内温度控制装置 20 芯插接器有无连接松动或接触不良，若无，则需更换一个蒸发器温度控制装置再试。

4.3.3.3　蒸发器温度传感器及其电路短路故障的检修

温度控制系统自诊断指示灯 H 亮，表示蒸发器温度传感器或其电路有短路故障，其故障检修步骤与方法如下：

（1）检查蒸发器温度传感器

（2）检查蒸发器温度传感器与车内温度控制装置之间导线是否对地短路

1）断开车内温度控制装置 20 芯插头。

2）检查车内温度控制装置插头的 14 号端子与地之间的通路情况（见图 4-24），如果通路；则为蒸发器温度传感器与车内温度控制装置之间的导线有对地短路故障，需予以排除；如果不通路，则更换一个车内温度控制装置再试。

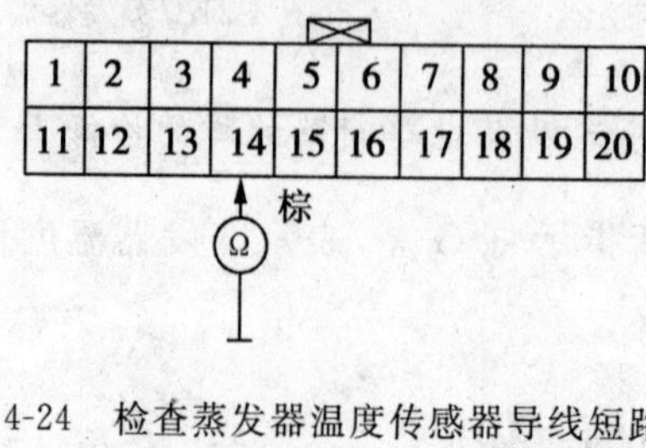

图 4-24　检查蒸发器温度传感器导线短路故障

4.3.4　阳光传感器

4.3.4.1　阳光传感器的特性

阳光传感器的安装位置及特性如图 4-25 所示。其一般采用光敏可变电阻二极管做其敏感元件，随阳光的增强，其电阻也增加，从而利用阳光光照度变化改变二极管电流值的变化，输入至计算机（汽车电脑）。

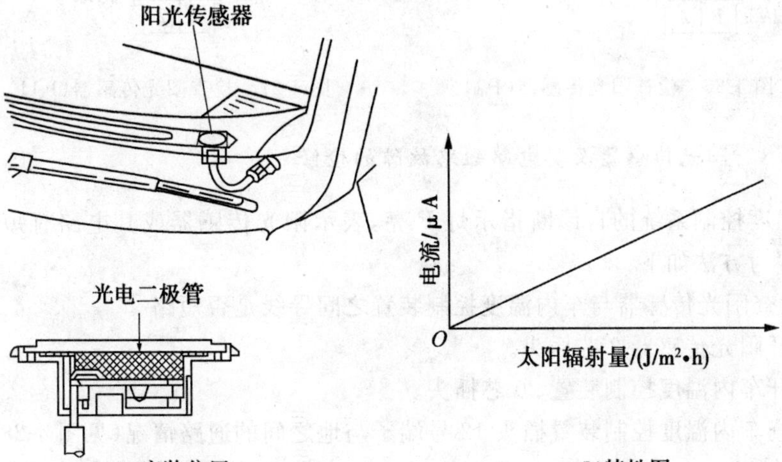

(a)安装位置　(b)特性图

图 4-25　阳光辐射传感器

4.3.4.2　阳光传感器及其电路断路故障的检修

车内温度控制系统的自诊断指示灯 E 亮，表示阳光传感器或其电路有断路故障，故障检修步骤与方法如下：

(1) 检查阳光传感器 1 号端子侧导线是否断路

1) 断开阳光传感器 2 芯插头。

2) 断开车内温度控制装置 20 芯插头。

3) 检查阳光传感器插头 1 号端子与车内温度控制装置插头 12 号端子之间的通路情况（见图 4-26），如果不通，则为阳光传感器插头 1 号端子与车内温度控制装置之间的导线有断路故障，需予以排除；如果通路，则进行下一步检修。

(2) 检查阳光传感器 2 号端子侧导线是否断路

如图 4-27 所示，检查阳光传感器插头 2 号端子与温度控制装置插头 11 号端子之间的通路情况。如果不通，则为阳光传感器 2 号端子与车内温度控制装置之间的导线有断路故障；如果通路，则进行下一步检修。

(3) 检查阳光传感器

重新接上阳光传感器插头，检查阳光传感器是否正常。二极管电流值随光照强度变化而变化的特性应如图 4-25(b)所示。如果阳光传感器不正常，则更换阳光传感器；如果阳光传感器正常，检查阳光传感器和车内温度控制装置插接器连接有无松动和接触不良，若无，则更换一个车内温度控制装置再试。

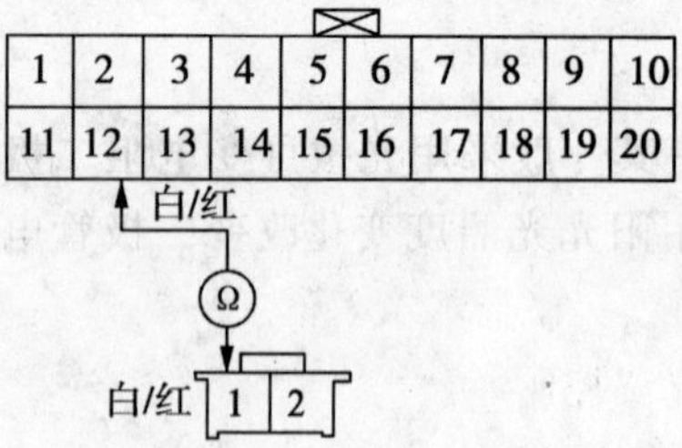

图 4-26　检查阳光传感器(1-11)

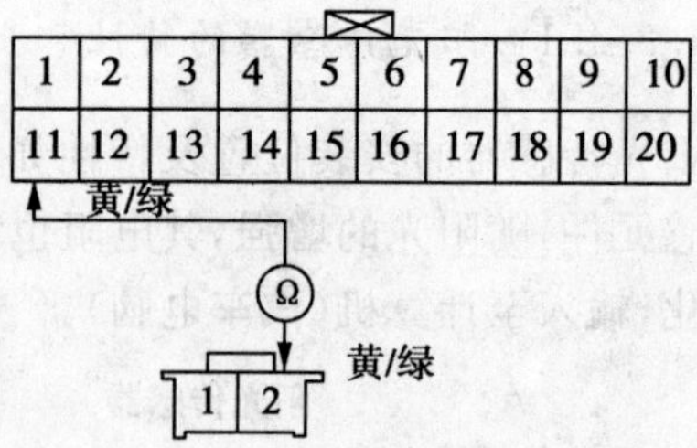

图 4-27　检查阳光传感器(1-11)

4.3.4.3　阳光传感器及其电路短路故障的检修

车内温度控制系统的自诊断指示灯 F 亮，表示阳光传感器或其电路有短路故障，故障检修步骤与方法如下：

(1) 检查阳光传感器与车内温度控制装置之间导线是否短路

1) 断开阳光传感器 2 芯插头。

2) 断开车内温度控制装置 20 芯插头。

3) 检查车内温度控制装置插头 12 号端子与地之间的通路情况(见图 4-28)。

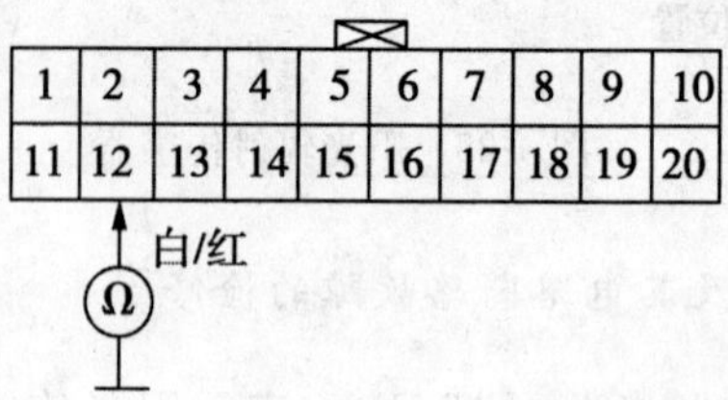

图 4-28　检查阳光传感器导线短路故障

如果通路，则说明检查阳光传感器与车内温度控制装置之间的导线有对地短路故障，需予以排除；如果不通路，则进行下一步检修。

(2) 检查阳光传感器

4.4　自动空调的执行元件

自动空调常使用的执行元件主要包括空气混调控制电动机、模式控制电动机、空气循环控制电动机、鼓风机电动机和压缩机离合器等。

本章仍以本田雅阁轿车自动空调为例介绍自动空调常使用的执行元件以及线路的检测方法。

4.4.1　空气混调控制电动机

4.4.1.1　空气混调控制电动机及其电路断路的故障检修

车内温度控制系统自诊断指示灯 I 亮，表示空气混调控制电动机或其电路有断路故障，故障检修步骤与方法如下：

(1) 检查空气混调控制电动机

1) 检测空气混调控制电动机电阻。拔开空气混调控制电动机的 7 芯插头，测量空气混调控制电动机插座有关端子之间的电阻(各端子的排列如图 4-29 所示)，正常的电阻值：

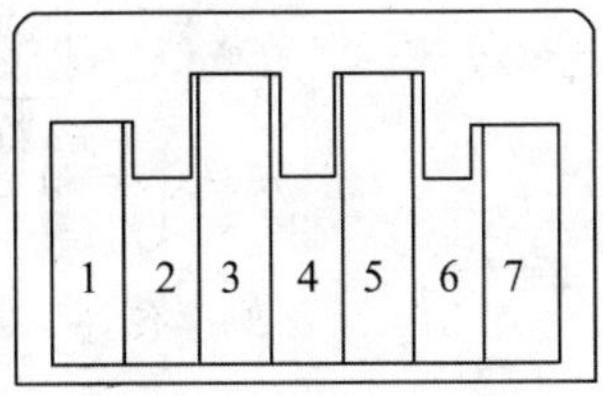

图 4-29　空气混调控制电动机端子排列

5 号与 7 号端子之间的电阻为 4.2～7.8kΩ。

3 号与 5 号端子之间的电阻在最大制冷(MAXCOOL)时为 0.59～1.10kΩ，在最大送暖(MAXHOT)时为 3.53～6.55kΩ。

如果电阻值不在正常范围之内，需更换空气混调控制电动机。

2) 检查空气混调控制电动机的动作，将空气混调控制电动机的 1 号端子与蓄电池"+"相连，2 号端子与地连接，看空气混调控制电动机能否转动，并在转至最大制冷(MAXCOOL)时停转。如果不转动，将两端子的连接更换后，看空气混调控制电动机能否运转，并转至最大送暖(MAXHOT)时停转，如果空气混调控制电动机能正常转动，说明空气混调控制电动机及其连接装置等均无故障；如果不能转动，则需拆下电动机，检查空气混调控制电动机连接装置和风门能否平滑移动，如果能，则更换空气混调控制电动机。

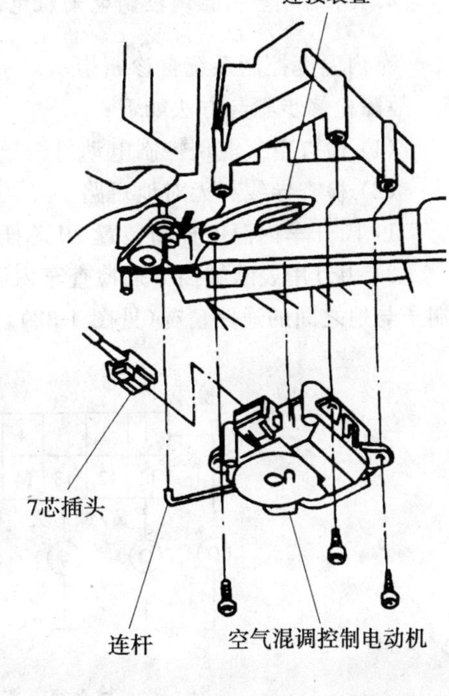

图 4-30　空气混调控制电动机的拆卸

(2) 空气混调控制电动机的更换

空气混调控制电动机的拆卸如图 4-30 所示。

1) 断开空气混调控制电动机上的 7 芯插头。

2) 从空气混调控制连接装置上拆下空气混调控制电动机的连杆。

3) 从加热器上拆下自攻螺丝，并取下空气混调控制电动机。

空气混调控制电动机的安装按拆卸相反的顺序进行。

(3) 检查空气混调控制电动机导线有无断路

断开车内温度控制装置的20芯插头，检查20芯插头与空气混调控制电动机7芯插头各对应端子之间的通路情况（见图4-31）。

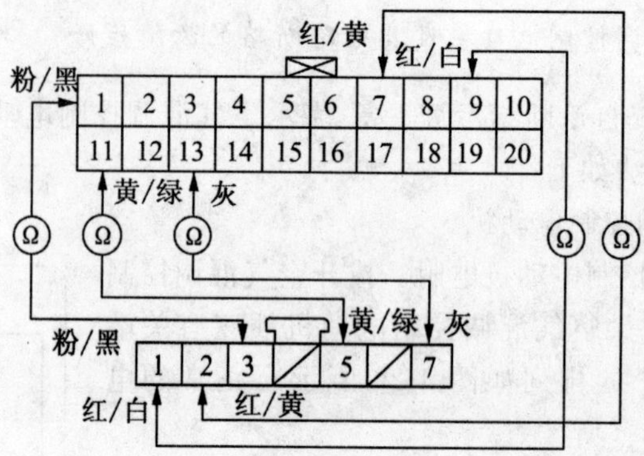

图4-31 检查空气混调控制电动机线路有无断路

如果不通，则说明车内温度控制装置与空气混调控制电动机之间的导线有断路故障，需予以排除；如果通路，则检查车内温度控制装置的20芯插座和空气混调控制电动机的7芯插头连接有无问题，若连接无问题，则需更换车内温度控制装置再试。

4.4.1.2 空气混调控制电动机电路短路故障的检修

车内温度控制系统自诊断指示灯J亮，表示空气混调控制电动机或其电路有短路故障，故障检修步骤与方法如下：

(1) 检查空气混调控制电动机。

(2) 检查导线有无对地短路

1) 断开车内温度控制装置20芯插头。

2) 用万用表欧姆挡分别检查车内温度控制装置插头的1号、7号、9号、11号和13号端子与地之间的通路情况（见图4-32）。

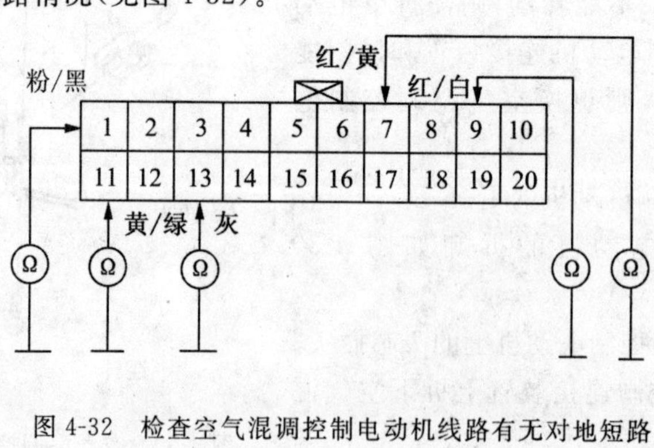

图4-32 检查空气混调控制电动机线路有无对地短路

如果通路，则为车内温度控制装置与空气混调控制电动机之间的导线有对地短路故障，需予以排除；如果不通路，则进行下一步检修。

(3) 检查导线对电源有无短路

用万用表直流电压挡分别检查车内温度控制装置插头的1号、7号、9号、11号和13

号端子与地之间的电压(见图 4-33)。

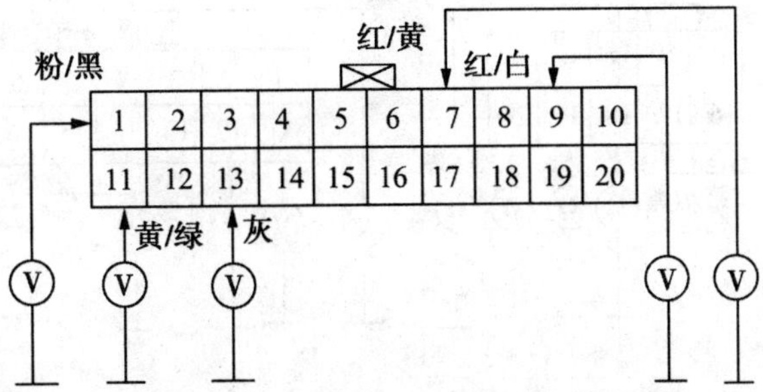

图 4-33　检查空气混调控制电动机线路有无对电源短路

如果有电压,说明车内温度控制装置与空气混调控制电动机之间线路有对电源短路故障,需排除线路对电源的短路故障;如果无电压,则需更换车内温度控制装置再试。

4.4.2　模式控制电动机

4.4.2.1　模式控制电动机及其电路故障的检修

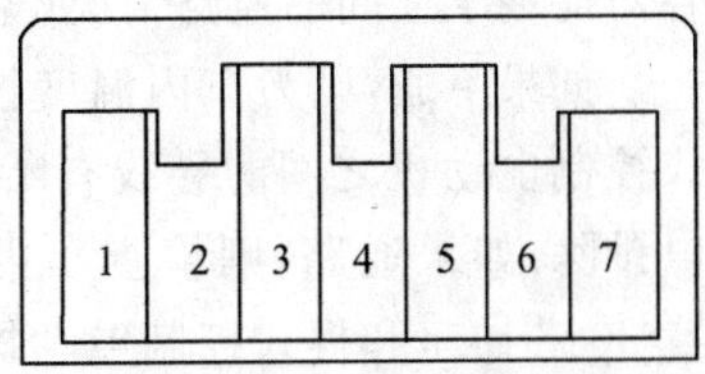

图 4-34　模式控制电动机端子排列

车内温度控制系统自诊断指示灯 L 亮,表示模式控制电动机或其电路有故障,故障检修步骤与方法如下:

(1) 检查模式控制电动机

1) 断开模式控制电动机的 7 芯插头。模式控制电动机的端子排列如图 4-34 所示。

2) 检查模式控制电动机的动作,将模式控制电动机的 2 号端子与蓄电池"+"相连,1 号端子与地连接,看模式控制电动机能否平稳转动,并在转至"通风(Vent)"方式时停转,若不转动,将两端子的连接更换后,看模式控制电动机能否平稳运转,并在转至"除霜(Defrost)"时停转。

注意:当模式控制电动机停止转动时,应立即断开蓄电池电源。

如果模式控制电动机正常转动,说明模式控制电动机及其连接装置等均无故障;如果不能转动,则需拆下电动机,检查模式控制电动机连接装置和风门能否平滑移动,如果能,则更换模式控制电动机。

(2) 检查导线有无对地短路

1) 断开车内温度控制装置的 20 芯插头。

2) 用万用表欧姆挡分别检查车内温度控制装置插头的 5 号、6 号、11 号、17 号、18 号、19 号和 20 号端子与地之间的通路情况(见图 4-35)。

如果有通路,则说明车内温度控制装置与模式控制电动机之间的导线有对地短路故障,需予以排除;如果不通路,则进行下一步检修。

(3) 检查导线对电源有无短路

用直流电压表分别检查车内温度控制装置插头的 5 号、6 号、11 号、17 号、18 号、19

号和 20 号端子与地之间的电压(见图 4-36)。

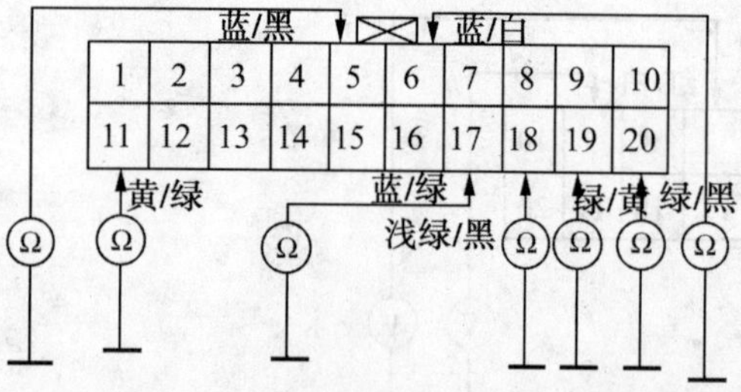

图 4-35　检查模式电动机线路有无对地短路

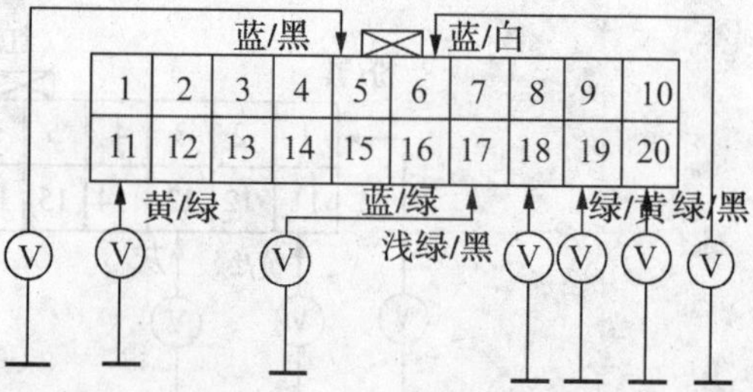

图 4-36　检查模式控制电动机导线对电源有无短路

如果有电压,说明车内温度控制装置与模式控制电动机之间线路有对电源短路,需排除线路对电源的短路故障;如果无电压,则进行下一步检修。

(4) 检查导线有无断路

用万用表欧姆挡检查车内温度控制装置的 20 芯插头与模式控制电动机 7 芯插头各对应端子之间的通路情况(见图 4-37)。

如果不通,则为车内温度控制装置与模式控制电动机之间的导线有断路故障,需予以排除;如果通路,则检查车内温度控制装置 20 芯插座和模式控制电动机的 7 芯插头连接有无问题,若连接无问题,则需更换车内温度控制装置再试。

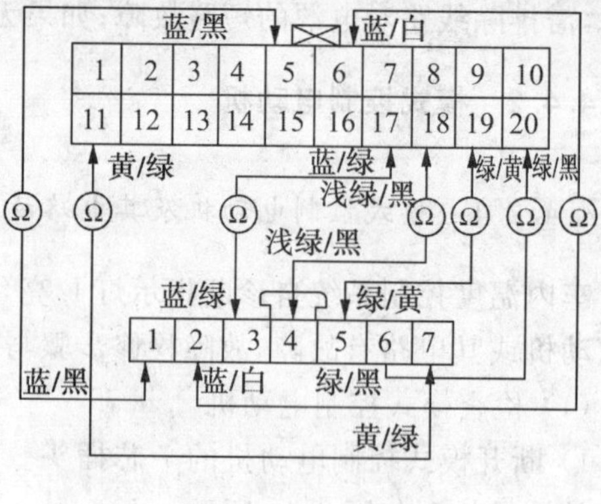

图 4-37　检查模式控制电动机导线有无断路

4.4.2.2　模式控制电动机的更换

模式控制电动机的拆卸如图 4-38 所示。

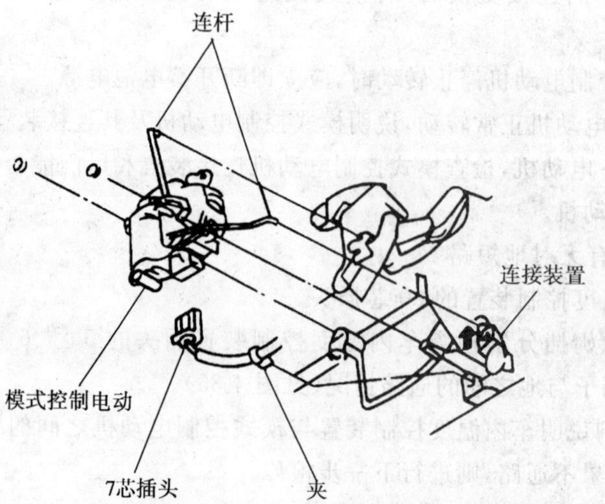

图 4-38　模式控制电动机的拆卸

(1) 断开模式控制电动机上的 7 芯插头。

(2) 从模式控制连接装置上拆下模式控制电动机的连杆。

(3) 从加热器上拆下自攻螺丝,并取下模式控制电动机。模式控制电动机的安装按拆卸相反的顺序进行。

4.4.3 空气循环控制电动机

4.4.3.1 空气循环控制电动机的检测

检测方法如下:

(1) 拔开空气循环控制电动机的 7 芯插头,空气循环控制电动机的端子排列如图 4-39 所示。

(2) 检查空气循环控制电动机的动作,将空气再循环控制电动机的 1 号端子与蓄电池"+"相连,5 号及 7 号端子与地连接,看空气循环控制电动机能否平稳转动,若能,断开 5 号及 7 号的接地线,看空气循环电动机是否在"新鲜空气"(Fresh)或"再循环"(Recir-culate)方式下停止运转。

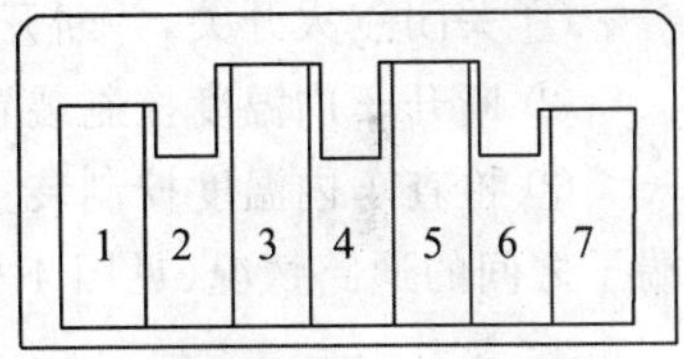

图 4-39 空气循环控制电动机端子排列

注意:连接蓄电池电源时不能将电源极性接反,否则会烧坏空气循环控制电动机。如果空气循环控制电动机能正常转动,说明空气循环控制电动机及其连接装置等均无故障;如果不能转动,则需拆下电动机,检查空气循环控制电动机连接装置和风门能否平滑移动,如果能,则更换空气循环控制电动机。

4.4.3.2 空气循环控制电动机的更换

空气循环控制电动机的拆卸如图 4-40 所示,方法如下:

(1) 断开空气循环控制电动机上的 7 芯插头。

(2) 从空气循环控制连接装置上拆下空气循环控制电动机的连杆。

(3) 从鼓风机上拆下自攻螺丝,并取下空气循环控制电动机。

空气循环控制电动机的安装按拆卸相反的顺序进行。

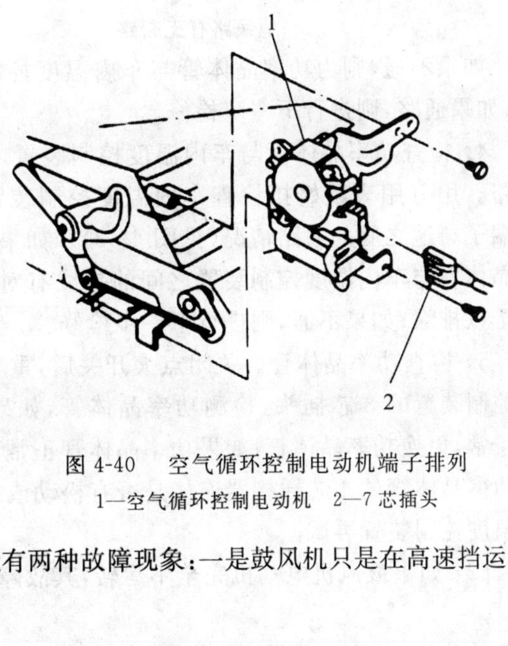

图 4-40 空气循环控制电动机端子排列

1—空气循环控制电动机 2—7 芯插头

4.4.4 鼓风机电动机

车内温度控制系统自诊断指示灯 N 亮,表示鼓风机电动机或其电路有故障,可能有两种故障现象:一是鼓风机只是在高速挡运转,在其他挡则不运转;二是鼓风机完全不运转。

(1)如果鼓风机只是在高速挡运转,其故障检修步骤与方法如下:

1）检查功率晶体管接地导线是否断路。

① 断开功率晶体管 4 芯插头。

② 检查功率晶体管插头 4 号端子与地之间的通路情况(见图 4-41)。如果不通,检查功率晶体管与车体之间导线是否断路,若导线无断路,则检查 G401 处是否接触不良;如果通路,则进行下一步检修。

2）检查功率晶体管与鼓风机电动机之间导线是否断路。

① 用一根导线将功率晶体管的 3 号和 4 号端子短接。

② 接通点火开关,看鼓风机电动机是否在高速下运转。如果不运转,则为功率晶体管与鼓风机电动机之间的导线有断路故障,需予以排除;如果运转,则进行下一步检修。

3）检查功率晶体管与车内温度控制装置之间导线是否断路。

① 关闭点火开关,并断开功率晶体管插头上的跨接导线。

② 断开车内温度控制装置的 8 芯插头。

③ 检查车内温度控制装置 8 芯插头 5 号、6 号端子分别与功率晶体管插头 2 号、1 号端子之间的通路情况(见图 4-42)。

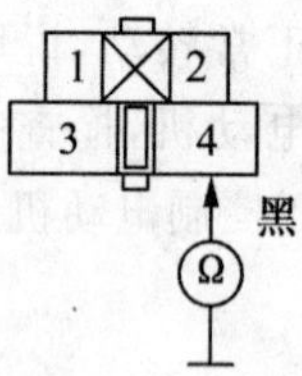

图 4-41　检查功率晶体管对地线路有无断路

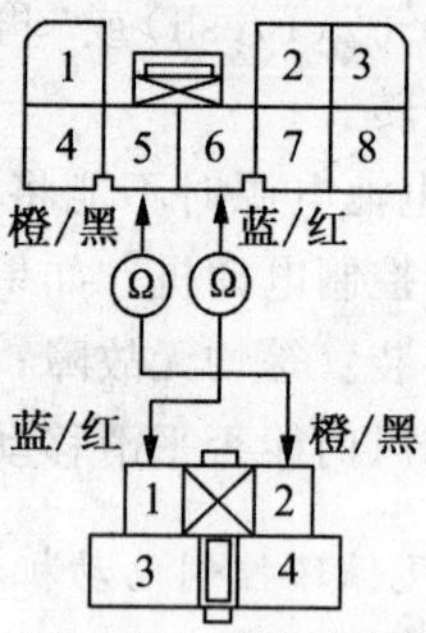

图 4-42　检查功率晶体管与车内温度控制装置之间导线是否断路

如果不通,则为功率晶体管与车内温度控制装置之间的导线有断路故障,需予以排除;如果通路,则进行下一步检修。

4）检查功率晶体管与车内温度控制装置之间导线是否短路。用万用表欧姆挡检查车内温度控制装置 8 芯插头 5 号端子与地之间的通路情况(见图 4-43)。如果通路,则为功率晶体管与车内温度控制装置之间的导线有对地短路故障,需予以排除;如果不通,则进行下一步检修。

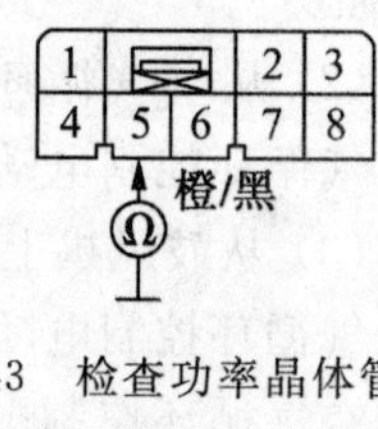

图 4-43　检查功率晶体管与车内温度控制装置之间导线是否短路

5）检查功率晶体管。关闭点火开关后,重新接上车内温度控制装置的 8 芯插头,检测功率晶体管,如果功率晶体管不正常,更换功率晶体管;如果功率晶体管正常,则检查车内温度控制装置的 8 芯插接器和功率晶体管的 4 芯插接器连接是否有松动或接触不良,若插接器连接良好,则需更换车内温度控制装置再试。

(2) 如果鼓风机电动机完全不运转,其故障的检修步骤与方法如下:

1）检查熔丝。查看发动机盖下熔断器/继电器盒中的 56 号(40A)熔断器以及驾驶席侧仪表板下的熔断器/继电器盒中的 3 号(7.5A)熔断器有无断路。

如果熔断器已烧断，更换熔断器，并再次检查；如果熔丝正常，则进行下一步检修。

2）检查鼓风机电动机的输入、输出电路。

① 用一根导线将鼓风机电动机 2 芯插头的 2 号端子与地短接(见图 4-44)。

② 接通点火开关，看鼓风机电动机是否运转。

如果不运转，则检查鼓风机电动机电源侧导线；如果运转，则进行下一步检修。

3）检查鼓风机继电器。如果不正常，更换鼓风机高速电动机继电器；如果正常，则进行下一步检修。

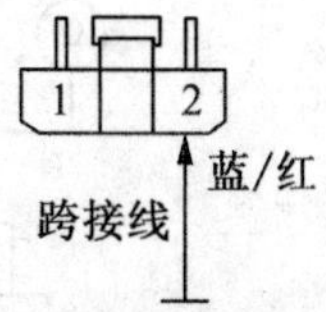

图 4-44　检查鼓风机电动机的输入、输出电路

4）检查鼓风机高速电动机继电器 3 号端子与鼓风机高速电动机之间导线是否断路，方法如下：

① 用一根导线将鼓风机高速电动机继电器插头的 3 号端子直接与地短接。

② 接通点火开关，看鼓风机电压是否运转，如果不运转，则为鼓风机电动机与鼓风机高速电动机继电器之间的导线有断路故障，需予以排除；如果运转，则进行下一步检修。

5）检查继电器线圈电源侧导线是否断路。

① 关闭点火开关，并断开短接导线。

② 接通点火开关后，测量鼓风机高速电动机继电器插头的 1 号端子对地电压，看是否为蓄电池电压。

如果不是，则为鼓风机高速电动机继电器与驾驶席侧仪表板下熔丝/继电器盒内 3 号熔丝之间的导线有断路故障，需予以排除；如果是蓄电池电压，则进行下一步检修。

6）检查鼓风机高速电动机继电器触点接地侧导线是否断路。关闭点火开关后，检查鼓风机高速电动机继电器插座的 4 号端子与地之间的通路情况(见图 4-45)。

如果不通路，检查鼓风机电动机继电器与车体之间的导线是否断路，若导线无断路，则需检查 G401 处接地是否有接触不良；如果通路，则进行下一步检修。

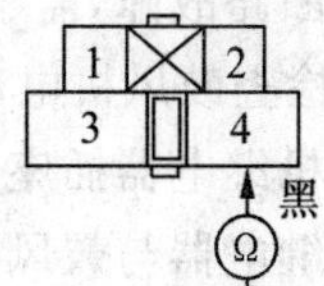

图 4-45　检查鼓风机高速电动机继电器触点接地侧导线是否断路

7）检查鼓风机高速电动机继电器与车内温度控制装置之间导线是否断路。

① 断开车内温度控制装置 8 芯插头。

② 检查车内温度控制装置插头 4 号端子与鼓风机高速电动机继电器 4 芯插头 2 号端子之间的通路情况(见图 4-46)。

如果不通，则为车内温度控制装置 4 号端子与鼓风机高速电动机继电器 2 号端子之间的导线有断路故障，需予以排除；如果通路，则检查车内温度控制装置插接器和鼓风机高速电动机继电器插接器的连接是否有松动或接触不良，若无，则需更换一个车内温度控制装置再试。

8）检查鼓风机电动机电源侧导线是否断路。断开鼓风机电动机 2 芯插头，测量鼓风机电动机插头 1 号端子对地电压(见图 4-47)，是否为蓄电池电压，如果是蓄电池电压，则说明鼓风机电动机电源侧导线无断路故障，需更换鼓风机电动机；如果不是蓄电池电压，则进行下一步检修。

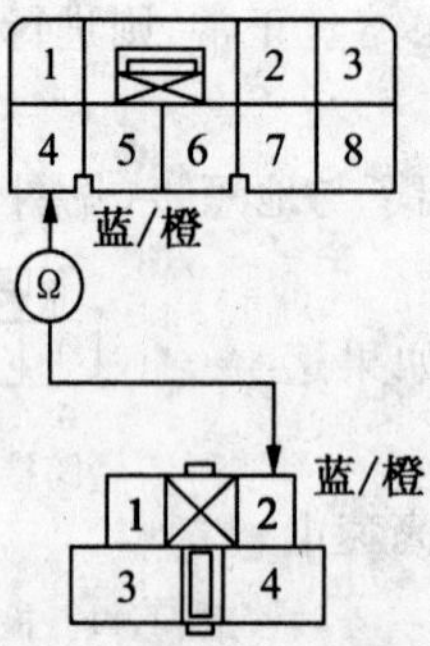

图 4-46　检查鼓风机高速电动机继电器线圈控制侧导线有无断路

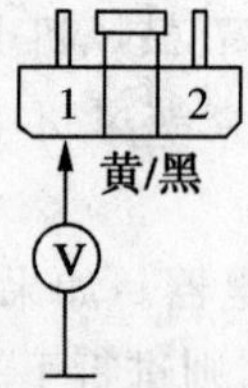

图 4-47　检查鼓风机电动机电源侧导线有无断路

9）检查鼓风机电动机继电器。

如果鼓风机电动机继电器不正常，更换继电器；如果正常，则进行下一步检修。

10）检查发动机盖下熔断器/继电器盒。测量鼓风机电动机继电器插座 4 号端子对地电压（见图 4-48），看是否为蓄电池电压。

如果不是蓄电池电压，则更换发动机盖下熔断器/继电器盒；如果是蓄电池电压，则进行下一步检修。

11）检查鼓风机电动机继电器线圈电源侧导线是否断路。接通点火开关后，测量鼓风机电动机继电器插座 1 号端子对地电压（见图 4-49），看是否为蓄电池电压，如果无蓄电池电压，则为鼓风机电动机继电器与驾驶席侧仪表板下熔丝继电器盒中 3 号熔断器之间的导线有断路故障，需予以排除；如果是蓄电池电压，则进行下一步检修。

12）检查鼓风机电动机继电器线圈接地侧导线是否断路。关闭点火开关后，检查鼓风机电动机继电器插座 2 号端子与地之间的通路情况（见图 4-50）。如果通路，则为鼓风机电动机继电器与鼓风机电动机之间的导线（黄/黑）有断路故障，需予以排除；如果不通，则需检查鼓风机电动机继电器与车体之间导线是否断路，若导线无断路，则检查 G201 处的接地是否不良。

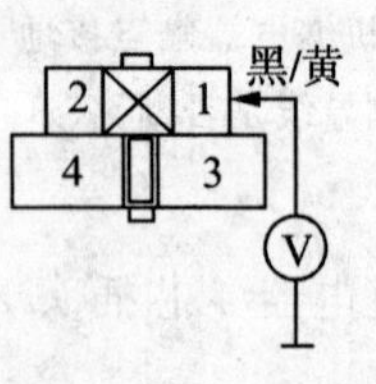

图 4-48　检查发动机盖下熔断器/继电器盒

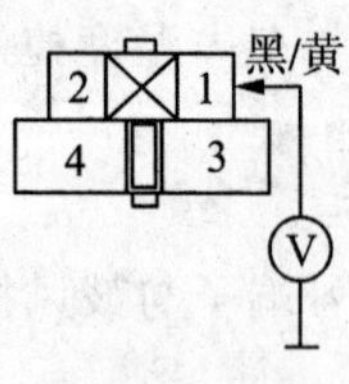

图 4-49　检查鼓风机电动机继电器线圈电源侧导线是否断路

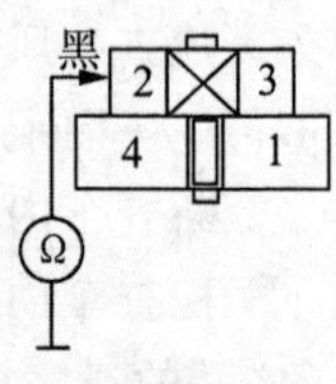

图 4-50　检查鼓风机电动机继电器线圈电源侧导线是否断路

4.4.5　压缩机离合器

自动空调温度自动控制系统通过控制压缩机离合器的工作状态来压缩机的工作。

下面主要介绍如何进行压缩机离合器及其控制电路故障检修的方法。接通空调时，压缩机离合器不能啮合，其故障的检修步骤与方法如下：

(1) 检查熔丝

查看发动机盖下熔断器/继电器盒中的 58 号(20A)熔断器以及驾驶席侧仪表板下熔断器/继电器盒中的 3 号(7.5A)熔断器是否断路。如果熔断器断路，更换熔断器，并重新进行检查；如果熔断器正常，则进行下一步检修。

(2) 检查压缩机离合器继电器

从发动机盖下熔断器/继电器盒中拆下压缩机离合器继电器，并对其进行检查。如果检查为不正常，则更换压缩机离合器继电器；如果正常，则进行下一步检修。

(3) 检查发动机盖下熔断器/继电器盒

测量压缩机离合器继电器 4 芯插座 1 号端子对地电压(见图 4-51)，看是否为蓄电池电压。如果不是，则更换发动机盖下熔断器/继电器盒；如果是，则进行下一步检修。

(4) 检查压缩机离合器继电器触点两端子的连接线路

用导线将压缩机离合器继电器 4 芯插座的 1 号端子与 2 号端子短接(见图 4-52)，看压缩机离合器是否啮合。如果能啮合，转至(6)步骤检修；如果不能啮合，则进行下一步检修。

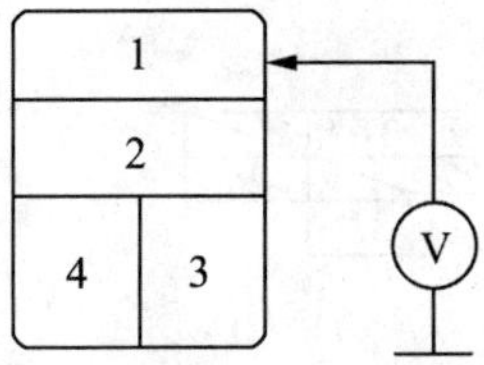

图 4-51　检查压缩机离合器继电器 1 号端子对地电压

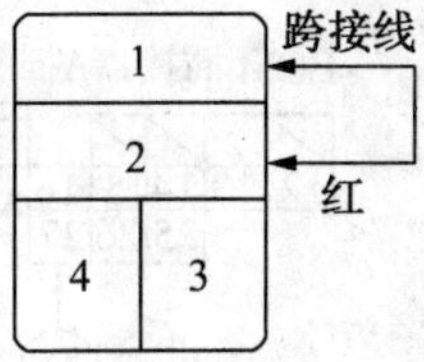

图 4-52　短接压缩机离合器继电器 1 号与 2 号端子

(5) 检查压缩机离合器连接线路

1) 断开短接导线。

2) 断开压缩机离合器 1 芯插头。

3) 检查压缩机离合器继电器插座的 2 号端子与压缩机离合器插头端子之间的通路情况。如果通路，则需检修压缩机离合器；如果不通路，则需排除压缩机离合器与压缩机离合器继电器之间导线的断路故障。

(6) 检查压缩机离合器继电器线圈连接线路

1)断开短接导线。

2)接通点火开关，测量压缩机离合器继电器插座 4 号端子对地电压(见图 4-53)，看是否为蓄电池电压。

如果不是，则为压缩机离合器继电器与驾驶席侧仪表板下熔断器/继电器盒中的 3 号熔丝之间的导线有断路故障，需予以排除；如果是，则进行下一步检修。

(7) 检查 ECM 插接器 A17 端子对地电压

1) 关闭点火开关，并重新装上压缩机离合器继电器。

2) 确认空调开关已关闭后，接通点火开关。

3）测量 ECM 插接器 A17 端子对地电压(见图 4-54)看是否为蓄电池电压。

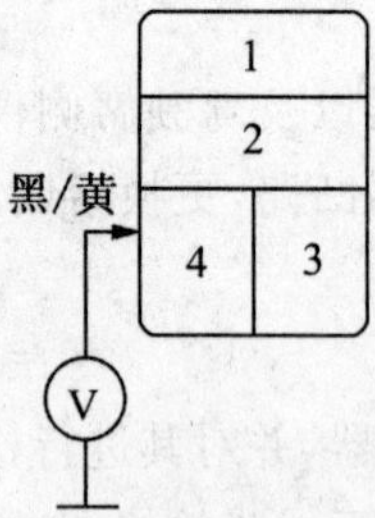

图 4-53　检查压缩机离合器继电器4 号端子对地电压

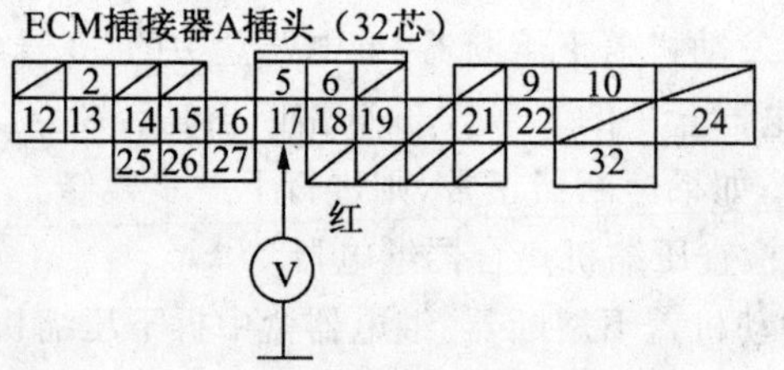

图 4-54　检查 ECM 插接器 A17 端子对地电压

如果不是，则为压缩机离合器继电器与 ECM 之间的导线有断路故障，需予以排除；如果是，则进行下一步检修。

(8) 检查 ECM 与空调压力开关之间导线有无断路

接通空调与加热器风扇开关，测量 ECM 插接器 A27 端子对地电压(见图 4-55)，看是否低于 1V。

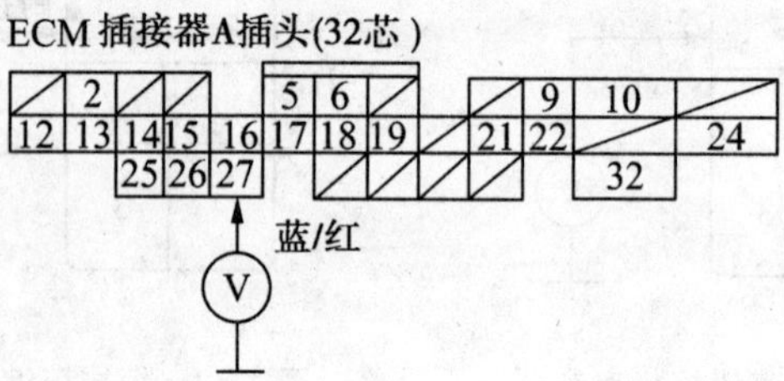

图 4-55　检查 ECM 插接器 A27 端子对地电压

如果不是，则为 ECM 与空调压力开关之间的导线有断路故障，需予以排除；如果是，则检查 ECM 插接器的 A 插头上连接导线有无松动或接触不良，若无问题，就需更换一个 ECM 再试。

本章小结

1. 汽车自动空调系统是由传感器、计算机(汽车电脑)、和执行器组件等组成。

2. 常使用的的输入元件(传感器)有：车内温度传感器、车外空气温度传感器、阳光传感器和蒸发器温度传感器等。

3. 执行器组件有主要包括空气混调控制电动机、模式控制电动机、空气循环控制电动机、鼓风机电动机和压缩机离合器等。

通过学习本章内容，可掌握自动空调的功能、组成、工作原理及使用操作；同时，能够读懂典型自动空调电控系统的电路图，掌握自动空调电控系统的检测和诊断的基本方法。

复习思考

1. 简述全自动空调控制系统的组成及工作原理。

2.汽车自动空调的功能有哪些?

3.试述汽车自动空调的控制内容。

4.试述本田雅阁轿车车内温度控制装置故障自诊断的操作方法。

5.试述本田雅阁轿车车内温度传感器的检测内容。

6.试述本田雅阁轿车空气混调控制电动机的检测内容。

实训项目六　汽车自动空调控制系统故障诊断与检修

一、实训目的与要求

1. 掌握汽车自动空调电源电路的检修。

2. 掌握汽车自动空调传感器及其电路的检修。

3. 掌握汽车自动空调执行器及其电路的检修。

二、实训仪器和设备

本田雅阁轿车或空调试验台、维修工具、万用表、跨接线等。

三、实训操作步骤

1. 检修前的检查。在检修温度自动控制系统前,应先作如下检查:

(1) 检查发动机冷却液液位,发动机能否上升至正常的温度。

(2) 检查发动机盖下熔丝继电器盒内的 56 号熔丝(40A)、57 号熔丝(20A)和 58 号熔丝(20A)、驾驶席侧仪表板下熔丝/继电器盒内的 3 号熔丝(7.5A)、副驾驶席侧仪表板下熔丝/继电器盒内的 13 号熔丝(7.5A)是否都正常。

(3) 检查接地线,如 No. G101、G201、G401 等连接是否良好。

2.进行车内温度控制装置故障自诊断。根据温度显示器“88”(图 4-9)各段中某一段闪亮来判断可能出现的故障部位和故障原因。如果同时出现多个故障,则逐个排除。

(1) A 段亮,进行车内温度传感器及其电路断路故障的检测。

(2) B 段亮,进行车内温度传感器及其电路短路故障的检测。

(3) C 段亮,进行车外温度传感器及其电路断路故障的检测。

(4) D 段亮,进行车外温度传感器及其电路短路故障的检测。

(5) E 段亮,进行阳光传感器及其电路断路故障的检测。

(6) F 段亮,进行阳光传感器及其电路短路故障的检测。

(7) G 段亮,进行蒸发器温度传感器及其电路断路故障的检测。

(8) H 段亮,进行蒸发器温度传感器及其电路短路故障的检测。

(9) I 段亮,进行空气混调控制电动机电路断路故障的检测。

(10) J 段亮,进行空气混调控制电动机电路短路故障的检测。

(11) K 段亮,进行空气混调控制电动机故障的检测。

(12) L 段亮,进行模式控制电动机电路断路或短路故障的检测。

(13) M 段亮，进行模式控制电动机故障的检测。

(14) N 段亮，进行鼓风机电动机及其电路断路、短路故障的检测。

3. 空气循环控制电动机及其电路故障的检修。

当再循环控制门不能在 Fresh(新鲜空气)与 Recirculate(再循环)之间转换时，按如下的步骤与方法检修故障：

(1) 检查熔丝。查看驾驶席侧仪表板下的熔丝/继电器盒中的 3 号(7.5A)熔丝是否烧断，如果是，更换熔丝；如果不是，则进行下一步检修。

(2) 检查空气循环控制电动机导线有无断路：断开空气循环控制电动机 7 芯插头，接通点火开关，测量空气循环控制电动机插头 1 号端子对地电压，看是否为蓄电池电压。如果无蓄电池电压，则说明驾驶席侧仪表板下的熔丝/继电器盒中的 3 号熔丝与空气循环控制电动机之间的导线有断路故障，需予以排除。

(3) 检查空气循环控制电动机导线有无对地短路：断开加热器控制板的 22 芯插头，分别检查加热器控制板插头的 1 号、11 号端子与地之间的通路情况。

(4) 检查空气循环控制电动机导线对电源有无短路。用万用表电压挡分别检查加热器控制板插头的 1 号、11 号端子与地之间的电压。如果有电压，说明加热器控制板与空气循环控制电动机之间线路有对电源短路，需排除线路对电源的短路故障。

(5) 检查空气循环控制电动机。关闭点火开关，拔开空气循环控制电动机的 7 芯插头，将空气循环控制电动机的 1 号端子与蓄电池“十”相连，5 号及 7 号端子与地连接，看空气循环控制电动机能否平稳转动，若能，断开 5 号及 7 号的接地线，看空气循环电动机是否在“新鲜空气”(Fresh)或“空气循环”(Recirculate)模式下停止运转。

4. 接通空调时，如果压缩机离合器不能啮合，可能的故障为：

(1) 压缩机离合器继电器损坏。

(2) 压缩机离合器损坏。

(3) 压缩机离合器控制电路有断路、短路、熔丝烧断等故障。

(4) ECM 有故障。

应对相应的故障进行检修。

四、实训注意事项

1. 检修前必须做好专用工具及万用表等及使用的准备工作。

2. 检测时要认真仔细，不可匆忙做，做好检测数据的记录。

3. 对拆下的部件、零件要妥善保管，不能随意乱放，以免丢失。

4. 使用万用表时要先检查其是否有电，工作是否正常。

5. 各个接线必须连接牢靠。

6. 不要让电线靠近高温部件或活动部件。

7. 检修后用塑料胶带和坚固件等把所有的电线固定好。

8. 按照规范操作实习车辆、仪器和实验台，以防教学设备的损坏。

9. 在进行故障诊断与排除时，应严格按规定的步骤和方法进行，绝不可随便短接或搭铁，以免引起新的故障。

10. 操作中要注意安全，防止人身事故。

五、思考题

1. 本田雅阁轿车取暖系统在控制系统方面的常见故障有哪些？试分析其故障原因。
2. 本田雅阁轿车制冷系统在控制系统方面的常见故障有哪些？试分析其故障原因。
3. 本田雅阁轿车温度自动控制系统方面的常见故障有哪些？试分析其故障原因。

第5章 汽车空调通风、供暖与配气系统

学习目标

1. 掌握汽车空调通风与空气净化装置的基本结构与工作原理。
2. 掌握汽车空调供暖系统的组成、结构与工作特点。
3. 掌握汽车空调的配气方式、系统组成与工作方式。
4. 学会正确使用、操作汽车空调通风、取暖与配气装置。

5.1 汽车通风与空气净化装置

5.1.1 通风装置

为了健康和舒适，汽车车厢内空气要符合一定的卫生标准，这就需要输入一定量的新鲜空气。新鲜空气的配送量除了考虑人们因呼吸排出的二氧化碳、蒸发的汗液、吸烟以及从车外进入的灰尘、花粉等污染物外，还必须考虑造成车内正压和局部排气量所需的风量。将新鲜空气送进车内，取代污浊空气的过程，称为通风。

新鲜空气进入量必须大于排出和泄漏的空气量，才能保持车内压力略大于车外的压力。保持车内空气正压的目的是防止外面空气不经空调装置直接进入车内，以及避免发动机废气通过回风道进入车内，污染空气。

因此，对车厢内进行通风换气以及对车内空气进行过滤、净化是十分必要的，汽车通风和空气净化装置也是汽车空调系统的重要组成部分。

根据我国对轿车、客车空调的新鲜空气要求，换气量按人体卫生标准应不低于20 m^3/(h・人)，且车内的CO_2的体积分数一般应控制在0.03%以下，风速在0.2m/s左右。

汽车空调的通风方式一般有动压通风、强制通风和综合通风三种。

5.1.1.1 动压通风

动压通风也称自然通风，它利用汽车行驶时对车身外部所产生的风压为动力，在适当

的地方开设进风口和排风口，以实现车内通风换气目的。

进、排风口的位置取决于汽车行驶时车身外表面的风压分布状况和车身结构形式。进风口应设置在正风压区，并且离地面尽可能的高，以免进入汽车行驶时所扬起的带有尘土的空气。排风口则设置在汽车车厢后部的负压区，并且应尽量加大排气口的有效流通面积，提高排气效果，还必须注意到灰尘、噪声以及雨水的侵入。

图 5-1 为用普通轿车车身的模型进行风洞试验的表面压力分布图。车身外部大多受到负压，只有在车前及前风窗玻璃周围为正压区。因此，轿车的进风口设在车窗的下部正风压区，而且此处都设有进气阀门和内循环空气阀门，用来控制新鲜空气的流量。一般在空调系统刚起动，而且车内、外温差较大时，关闭外循环气道，采用内循环方式工作，这样可以尽快降低车内温度。排风口设置在轿车尾部负压区，动压通风时，车内空气的流动情况如图 5-2 所示。

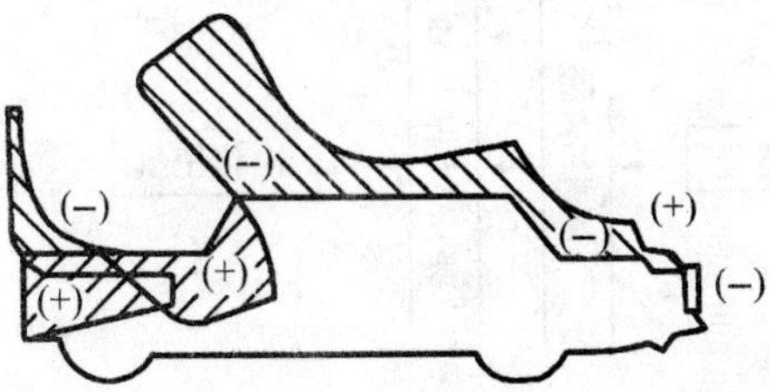

图 5-1 轿车车身表面压力分布

图 5-2 轿车空调风的循环

由于动压通风不消耗动力，且结构简单，通风效果也较好，因此，轿车大都设有动压通风口。

5.1.1.2 强制通风

强制通风是利用鼓风机强制将车外空气送入车厢内进行通风换气的通风方式，这种方式需要能源和通风设备。在冷暖一体化的汽车空调上，大多采用通风、供暖和制冷的联合装置，将外部空气与空调冷暖空气混合后送入车内，此种通风装置常见于高级轿车和豪华旅行车上。

5.1.1.3 综合通风

综合通风是指一辆汽车上同时采用动压通风（自然通风）和强制通风两种通风方式。采用综合通风系统的汽车比单独采用强制通风或自然通风的汽车结构要复杂得多。最简单的综合通风系统是在自然通风的车身基础上，安装强制通风扇，根据需要可分别使用和同时使用，这样，基本上能满足各种气候条件下的通风换气要求。

综合通风系统虽然结构复杂，但省电、经济性好、运行成本低，特别是在春秋季节的天气，用动压通风导入凉爽的室外空气，以取代制冷系统工作，同样可以保证舒适性要求。这种通风方式近年来在汽车上的应用逐渐增多。

5.1.2 空气净化装置

汽车空调系统采用的空气净化装置通常有空气过滤式和静电集尘式两种。前者是在空调系统的送风和回风口处设置空气滤清装置,它也能滤除空气中的灰尘和杂物,结构简单,只需定期清理过滤网上的灰尘和杂物即可,故广泛用于各种汽车空调系统中。后者则是在空气进口的过滤器后再设置一套静电集尘装置或单独安装一套用于净化车内空气的静电除尘装置。它除具有过滤和吸附烟尘等微小颗粒的杂质作用外,还具有除臭、杀菌、产生负氧离子以使车内空气更为新鲜洁净的作用。由于其结构复杂,成本高,因此只用于高级轿车和旅行车上。

如图 5-3 所示为静电集尘式空气净化装置的空气净化过程。

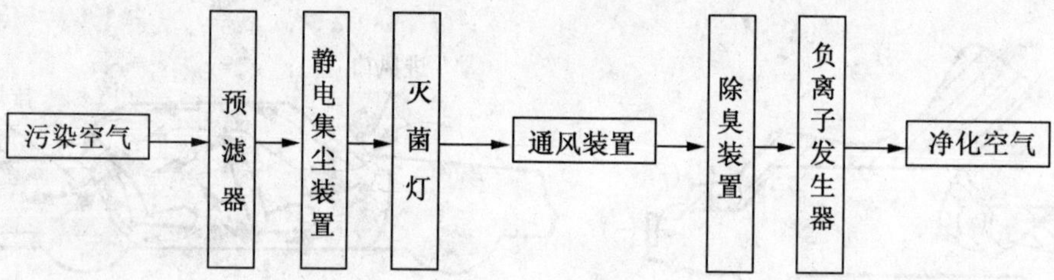

图 5-3　静电集尘式空气净化装置原理图

预滤器用于过滤大颗粒的杂质,静电集尘器则以静电集尘方式把微小的颗粒尘埃、烟灰及汽车排出的气体中含有的微粒吸附在集尘板上。其工作原理是:高压放电时产生的加速离子通过热扩散或相互碰撞而使浮游尘埃颗粒带电,然后在高压电场中库仑力的作用下,克服空气的阻力而被吸附在集尘电极板上。图 5-4 为静电集尘原理图,其中图 5-4(a)是放电电极流出的辉光电流使尘埃颗粒带电的状况,图 5-4(b)为带电的尘埃颗粒向集尘电极板运动的状况。

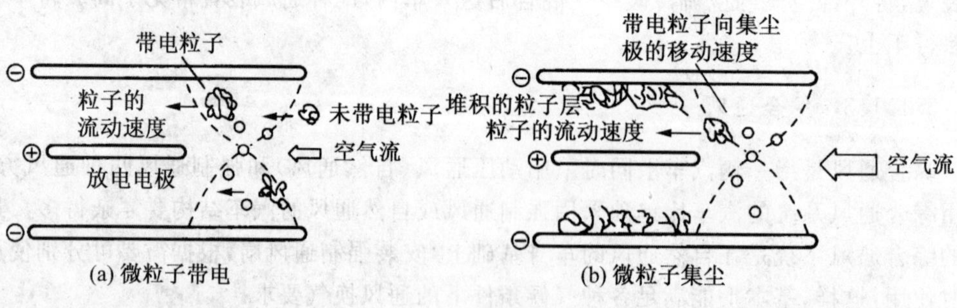

图 5-4　静电集尘原理

灭菌灯用于杀死吸附在集尘板上的细菌,它是一只低压水银放电管,能发射出波长为 353.7nm 的紫外线光,其杀菌能力约为太阳光的 15 倍。

除臭装置用于除去车厢内的油料及烟雾等气味,一般是采用活性炭过滤器、纤维式或滤纸式空气过滤器来吸附烟尘和臭气等有害气体。

图 5-5 为实用的静电集尘式空气净化装置结构示意图，它通常安装在制冷、采暖采用内循环方式的大客车上，采用这种装置净化后的空气清洁度很高，可以充分满足汽车对舒适性的要求。

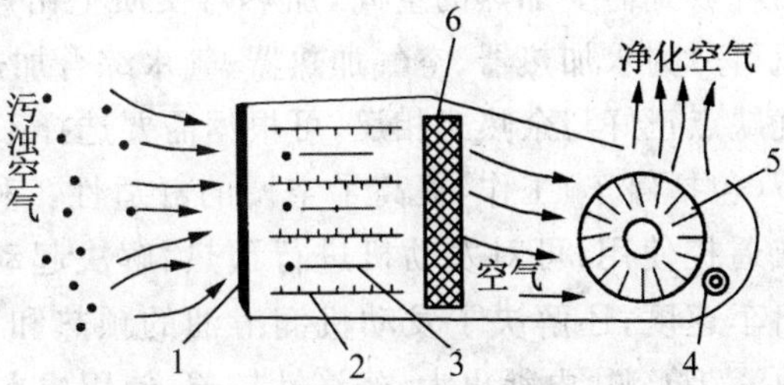

图 5-5　静电集尘式空气净化装置

1—粗滤器　2—集尘电极　3—充电电极

4—负离子发生器　5—风机　6—活性炭过滤器

5.2　汽车空调供暖系统

5.2.1　汽车空调供暖系统的作用

(1)加热器和蒸发器一起将空气调节到驾驶员所需要的舒适温度：现代汽车空调已经发展到冷暖一体的水平，可以全年地对车厢内的空气温度进行调节。通过冷、热风的配送，达到人们所需的舒适性设定温度。

(2)冬季供暖：冬天由于天气寒冷，人在运动的汽车内会感到更寒冷，这时，汽车空调可以向车内提供暖气，以提高车厢内的温度，使乘员感觉到舒适。

(3)车上玻璃除霜：冬季或者春季，室内外温差较大，车上玻璃会结霜或起雾，影响驾驶员和乘客的视线，这样不利于行车安全，这时可以用热风来除霜或除雾。

5.2.2　暖风装置的结构形式及分类

汽车暖风装置是汽车空调的组成部分，用来为汽车驾驶室和车厢冬季取暖及风窗除霜，近年来还用来预热发动机。

暖风机按热量来源可分为余热式和独立式两类。余热式暖风机出现得较早，是利用汽车发动机工作时产生的剩余热量(如发动机冷却水及排气)采暖，其成本低、经济性好、结构简单，使用也比较方便，但产生热量受发动机工况影响，停车时不能采暖，对于一般中、大型车辆热量不足，也不能满足严寒地区的车辆使用。近年来，从节能角度出发，也出现了利用主发动机冷却水为大型客车取暖的实例，如德国的 MAN 公共汽车。

余热式暖风机又分为水暖式和气暖式两种。水暖式暖风机利用水冷式发动机冷却水的热量取暖，是中、小型汽车暖风装置的主要形式，其使用比较安全，但热量较少。气暖式暖风机利用发动机废气的热量取暖，其热量较大，但使用不安全。近年来，国外把热管技术用到汽车上，出现了热管换热器，效果比较好，克服了原来的废气取暖器使用不够安全的缺点。

独立式暖风机利用燃料（如汽油、柴油、煤油、丙烷气等）在燃烧器中燃烧所产生的热量，通过介质吸收，然后释放到需要加热的空间，加热器实质上由燃烧器和热交换器两部分组成。独立式暖风机可分为水加热器、空气加热器、气水综合加热器等几种。

独立式加热器的优缺点正好与余热式相反，可根据需要选择不同规格的加热器，并可在各种汽车运行状态下（包括停车）工作，提高了空调的舒适性。利用微机控制还可按需要时间自动开始工作或遥控使用；可对发动机进行预热，解决起动问题；可对车厢（驾驶室）进行预热，提高了出车速度；还解决了发动机润滑油的预热和蓄电池的保温等问题。但独立式加热器需单独消耗能源，电耗也大，经济性较差，使用成本和制造成本都高，结构也比较复杂，维护费用高。

另外，当停车时，开动独立式加热器需要消耗蓄电池的电能，使用时应加以注意，避免蓄电池使用过度，影响发动机起动。

5.2.3 余热式供暖系统

5.2.3.1 水暖式供暖系统

轿车、载货汽车和小型客车经常利用发动机冷却循环水的余热供热，将其引入换热器，由鼓风机将车厢内或车外部空气吹过换热器而使之升温。此装置设备简单，安全经济，但热量小，受发动机运行工况影响大。

(1)水暖式加热系统工作原理。如图 5-6 所示，水暖式暖气装置工作原理是通过发动机上的冷却水控制阀 4 将分流出来的一路冷却水送入暖风机的加热器芯子 1，放热后的冷却水经加热器出水管 2 流回发动机，冷空气被鼓风机 13 强迫通过加热器芯子，被加热后，由不同的风口吹入车厢内，进行风窗除霜和取暖；另一路冷却水通过散热器进水管 5 进入散热器 8，降温后经散热器出水管 11 回到发动机。通过控制冷却水控制阀的开闭和流水量大小，可调节暖风机的供热量。

输入暖风机的空气有三种方式：一是输入车内的空气，称为内循环；二是输入车外的新鲜空气，称为外循环；三是同时输入内、外两种空气，称为混合循环。一般内循环采暖效果好，加热空气吸热量少，外循环吸入的空气新鲜，混合循环则具备二者优点，克服了二者缺点，在汽车上应用广泛。如图 5-7 所示为内外混合循环式暖气装置，由外部空气吸入口 7 吸进新鲜空气，由内部空气吸入口 5 吸进内部空气，在混合室 4 混合，被鼓风机 8 送入换热器。

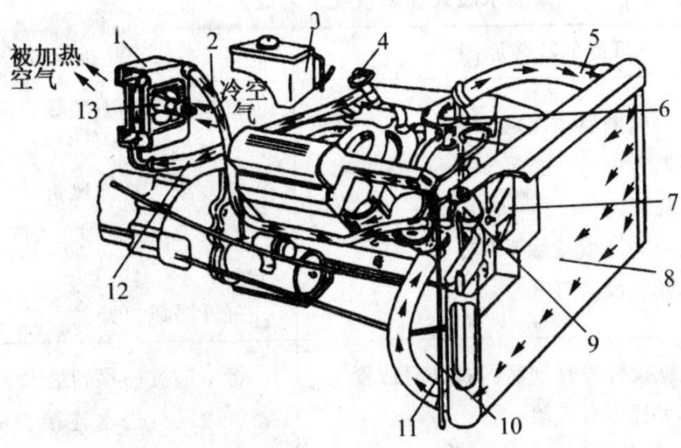

图 5-6　汽车余热水暖装置

1—加热器芯子　2—加热器出水管　3—膨胀水管　4—冷却水控制阀
5—散热器进水管　6—恒温器　7—风扇　8—散热器　9—水源　10—散热器溢流管
11—散热器出水管　12—加热器水管　13—加热器鼓风机

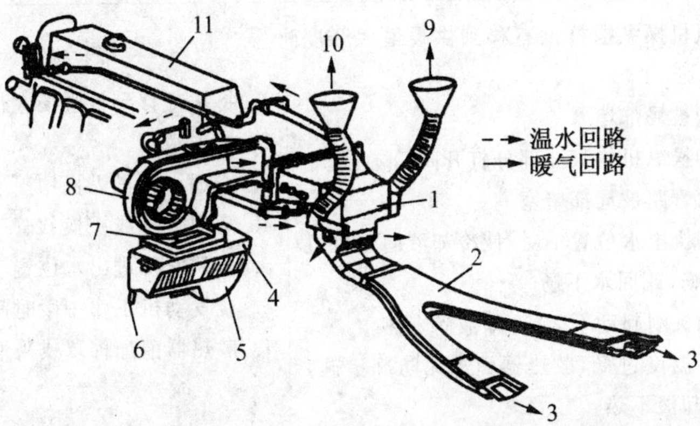

图 5-7　内、外循环式暖气装置

1—换热器　2—后座导管　3—暖气管道　4—混合室　5—内部空气吸入口
6—风门操纵　7—外部空气吸入口　8—鼓风机　9—除霜(前窗)
10—除霜(后窗)　11—发动机

(2)水暖式加热系统常见故障排除,如表 5-1 所示。

表 5-1 余热水暖式加热系统常见故障分析

故障现象	可能的故障原因	排除方法
没有风	1. 鼓风机电路断路或接触不良 2. 熔丝熔断 3. 鼓风机烧坏 4. 暖风机开关坏或接触不良 5. 暖风机开关没有打开	1. 修理或更换有关线束或接插件 2. 更换熔丝 3. 修复或更换鼓风机 4. 修复或更换开关，去除开关接触面污物或锈斑 5. 打开暖风机开关
风不热	1. 空调操纵拨杆没移到暖风机开启位置 2. 暖风机水管中有气阻 3. 水阀坏，打不开 (1) 水阀若是钢丝绳操纵，可能是钢丝绳断 (2) 若水阀是真空操纵，可能真空管脱落，或真空阀坏，或真空膜泵坏 (3) 若水阀是电磁阀操纵，则可能是电路断或电磁阀坏 4. 发动机上的出水位置不对，使冷却水无法进入暖风机芯子	1. 将空调拨杆移到最大暖风位置 2. 将暖风机进水连接管从中间连接处断开，将水管位置提高，使空气能排出，然后再重新连接 3. 换水阀 (1) 更换钢丝绳 (2) 查找真空回路问题，对症处理，更换零件 (3) 查找电磁阀电路，对症处理 4. 重新打开出水口(要慎重)
风微热	1. 暖风机操纵拨杆没有移到供暖最大开度位置 2. 水阀被局部堵塞 3. 水阀操纵机构只能部分打开阀门 4. 热水管路被局部堵塞 5. 发动机出水位置不对，使冷却液向暖风机流动不畅，或回水不畅 6. 发动机刚起动不久，冷却液尚未热 7. 外界温度过低，散热器面罩无防冻措施，致使冷却液不热	1. 将拨杆移到供暖最大位置 2. 清理水阀 3. 修理水阀操纵机构 4. 清理管子或更换软管 5. 重新安排进出水位置 6. 让发动机工作一段时间 7. 散热器前加棉罩或采取其他保暖措施
风量不足	1. 风量开关处在低挡位 2. 风量开关接触不良 3. 暖风机进风口被杂物堵塞 4. 暖风机芯子表面被杂物堵塞	1. 风量开关转到高挡位 2. 去除接触片污垢，拧紧压紧簧片 3. 清除杂物 4. 清除暖风机内杂物
暖风机漏水	1. 暖风机芯漏水 2. 连接管未拧紧或密封圈坏	1. 修补或更换暖风机芯 2. 拧紧接头或更换密封圈

5.2.3.2　气暖式供暖系统

利用发动机排气管中的废气余热或冷却发动机后的热空气作为热源，通过热交换器加热空气，把加热后的空气输送到车厢内供暖，称为气暖式暖气装置。这种装置受车速变化的影响大，对热交换器的密封性、可靠性要求高。

(1)气暖肋片式

在发动机排气管上装一段肋片管，管外套上外壳，如图 5-8 所示，管内通发动机排气，外壳与管子之间的夹层中通空气，这段管子即是热交换器。在风机的作用下，将空气吸入并加热后送入车内。加肋片的目的在于增加换热面积，以强化换热。值得注意的是排气中含有二氧化硫和水分等杂质，具有腐蚀性。因此，要求这管段的管材必须是耐腐蚀的，连接处应该密封严实，且应经常检查。如因受腐蚀而管段穿孔，废气将和空气一起进入车内，危及人体健康和安全。

(2)气暖热管式

车用发动机的废气流经热管的吸热端，而利用风机强制车室内空气流过热管的放热端，真空密闭的金属管内装入约占热管容积 1/3 的工作液体，在管子下部即吸热端的工作液体被发动机废气热流体加热，吸收热量后沸腾变为气体，由于气体的比重轻而上升到管子的上部将热量传给车室的空气而凝结，这种垂直布置可利用重力差，加速凝结液回流，稳定其换热性能，凝结液沿管内壁流回下部，再吸热沸腾为气体。如此反复进行，不断地将下部的热量传到上部，如图 5-9 所示。

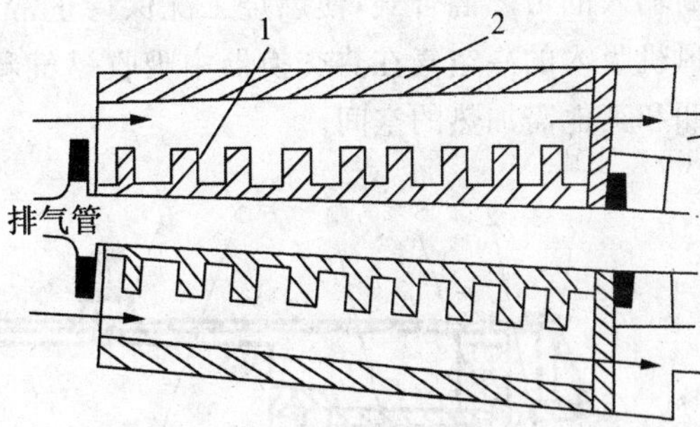

图 5-8　内、外循环式暖气装置

1—热变换管　2—空气保温管

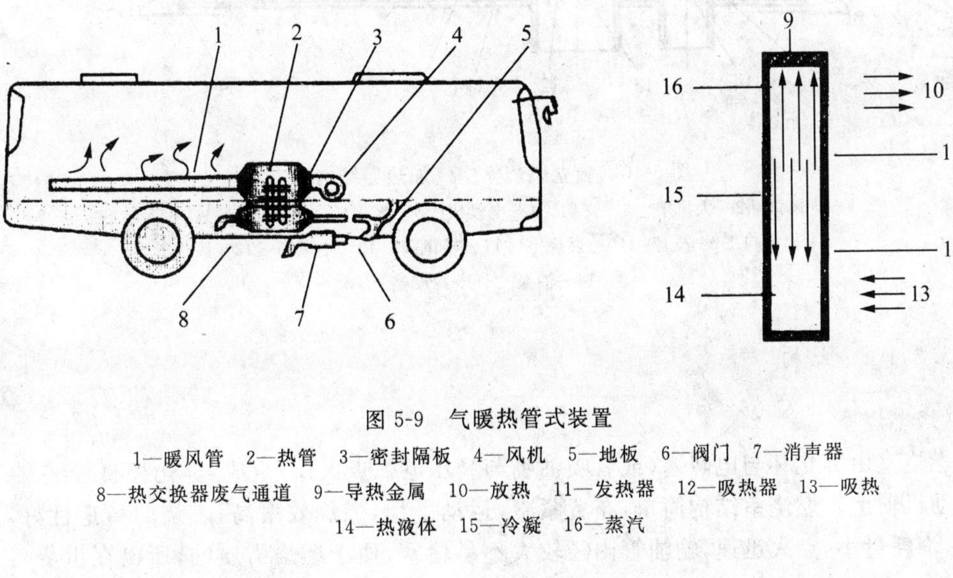

图 5-9　气暖热管式装置

1—暖风管　2—热管　3—密封隔板　4—风机　5—地板　6—阀门　7—消声器　8—热交换器废气通道　9—导热金属　10—放热　11—发热器　12—吸热器　13—吸热　14—热液体　15—冷凝　16—蒸汽

5.2.4 独立燃烧式供暖系统

由于余热式供暖系统受发动机功率变化的影响较大，且产生的热量往往不能满足供暖的需要，而独立燃烧式供暖系统则克服了上述缺点，故广泛地应用于大、中型客车和旅行车及严寒地带的车上。

5.2.4.1 工作原理

独立燃烧式空气加热器由燃烧室、热交换器、供给系统、控制系统四部分组成，如图5-10所示，当加热器中的电动机接通电源后开始运转，带动两个风扇、油泵、雾化器等工作，并将油通过油管送出到雾化杯（或喷油嘴）。雾化杯上的油与助燃空气混合，形成可燃混合气，此混合气被预热电热塞点燃，着火几秒（如3s）后点火器断电，由已燃烧的火焰点燃不断输入的可燃混合气，使燃烧工况保持正常。燃烧气体通过通道进入热交换器夹层，而被风机吸入的冷空气在热交换器中吸收燃气释放的大量热量，变成热空气从出风口送向车厢和其他需加热的空间。

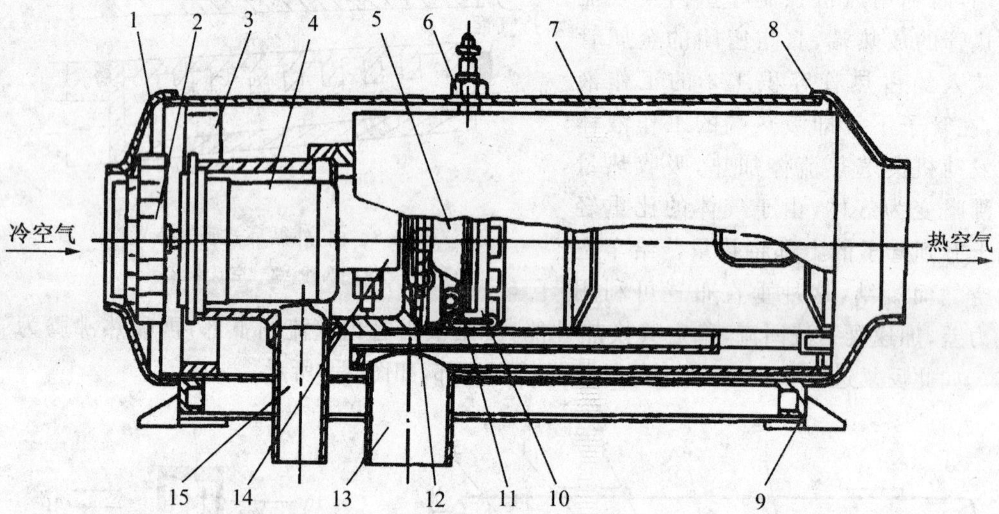

图5-10 独立燃烧室空气加热器结构图

1—进风口 2—大风扇 3—支架 4—电动机 5—雾化杯 6—电热塞 7—外壳 8—出风口 9—支座 10—燃烧室 11—导风筒 12—小风扇 13—废气管 14—油泵 15—冷凝器

5.2.4.2 结构

(1)燃烧室

燃烧室由雾化杯与电热塞（或者喷油嘴与高压电弧点火器）组成，雾化杯直接装 在风扇电动机轴上。燃烧室结构简单，布置紧凑，运动平稳，燃烧效率高，燃烧的稳定性好，无噪声，消耗量小，点火迅速，输油管内径较大不易堵塞，便于燃烧劣质油，所以在世界各国被广泛采用。由于燃烧室内的温度高达 800℃以上，所以要求制作燃烧室的材料能耐高温，不易氧化，一般采用不锈耐热酸钢(1Cr18Ni9Ti)制造。

(2)热交换器

热交换器紧靠在燃烧室后端，由双层腔室构成。从燃烧室出来的燃烧气体在内腔夹层通过，向腔壁释放大量热量，然后从废气孔排到大气中。被冷却风扇吸进的新鲜冷空气进入热交换器的外腔夹层，吸收通过内腔壁传来的大量热量，变成热空气从出风口出来，吹向车厢。为防止燃烧室中的燃气漏入热交换器外腔，要求热交换器的内腔密封性好，不能漏气。

(3)供给系统

供给系统包括燃料供给系统、助燃空气系统、被加热空气系统三部分。如果燃料是液体(如柴油、汽油等)，则燃料供给系统由油泵电动机、油泵(柱塞泵或齿轮泵)、燃油电磁阀、油箱等组成，有的加热器靠提高油箱高度利用重力自动供油。如果燃料是气体(液体煤气、丙烷等)，则供给系统比较复杂，助燃空气的供给系统由电动机和风扇组成，被加热空气的供给系统也由电动机和风扇组成。一般助燃空气与被加热空气及油泵合用一个电动机，在电动机两端各有一个风扇。

(4)控制系统

控制系统有手动控制和自动控制两种，用来控制各种电动机、电磁阀、点火器及自动控制元件(如火焰感温器、过热保护器、定时继电器等)的工作。

当加热器的暖风出口温度超过规定值(如 180℃)时，过热保护器动作，使继电器自动切断油泵电磁阀的电源，油泵停止供油，加热器停止燃烧。空气温度过高，说明加热器工作时间太长，车内暖风会过热，而且过热的高温空气中，水分都被蒸发，空气变得干燥，会使驾驶员和乘客感到不适。

由于加热器工作时燃烧室的温度非常高，为保护燃烧室不被烧坏，当停机时应先关油泵，停止燃烧，冷风风机仍继续运转，带走燃烧室中的热量，直到感温器指示内部温度已正常，才可关闭风机。

夏天空气加热器不点火，不供油燃烧，只起动风机，吸进车外新鲜空气送向车厢，可作为通风机使用。

5.2.4.3　独立燃烧式加热器日常维护及故障的排除

对于独立式加热器，应根据使用说明书的规定进行操作和维护。下面以 M-135H 型加热器为例，简单介绍一般独立式加热器的使用维护方法。

(1)使用前注意事项

1)对于空气加热器：

①检查燃油箱里燃油是否足够。

②室内管道的热风吹出口的阻风器是否打开，是否被异物堵塞。

③暖风的空气吸入口是否被异物堵住。

2)对于水加热器，除上述三点以外，还要作如下检查：

①储水箱里有没有冷却液。

②冷却液三通管有没有打开。

(2)操作步骤

开、停时的操作方法,如图 5-11 所示。独立式加热器开动时要注意有一个预热过程,必须先预热,再起动。关闭时必须先关油泵电路,待内部冷却一会儿再关电动机。

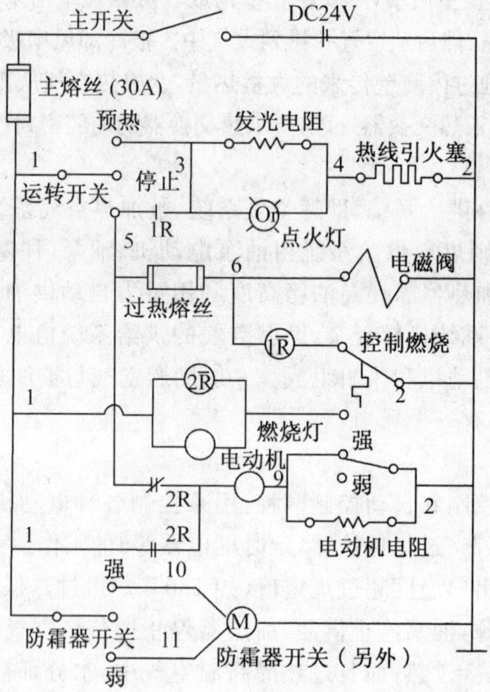

图 5-11　M-135H 型加热器电路图

步骤 1:起动

1)预热:将开关拨到预热位置(点火指示灯亮),此时电热塞电路接通,开始预热。对于有自动控制功能的加热器,如三国牌 M-135H 型加热器没有预热位置,则直接拨到运转位置。

2)运行:经过约 1min 预热后,将开关转到运转位置,电动机开始运转,助燃空气和燃油被送入燃烧室内开始燃烧。再经过 1～2min,燃烧控制器起作用,燃烧指示灯亮。电热塞电路断开,点火灯熄灭。假如室内温度过高,可将转换开关拨至“弱”挡。值得注意的是,对于有自动控制功能的加热器,预热后点火控制器起作用,会自动进入运行工况,不需要人工转换。

步骤 2:停止

1)将开关定到“停止”位置,如果有电源指示灯,则电源指示灯熄灭,电磁阀电路中断,停止供油,燃烧停止。

2)约 5min 后,燃烧室温度降低,风机自动停转,燃烧灯熄灭,加热器完全停止工作。

(3)过热熔丝熔断后的处理

加热器如果发生过热现象,机器会被烧坏,并会因此而发生火灾,所以加热器上设有防止过热的装置。当热风通路上的温度或热水温度高达某一值时,安装在通路上的过热熔丝会熔断而切断一部分电路。此时燃油中止流动，电源灯熄灭，过一会儿燃烧指示灯也熄灭。发生这种情况时，应按说明书要求进行处理，切不可未查明故障原因就更换熔丝，更不可用其他金属丝代替。

一般应作如下处理：

1)将转换开关拔至停止位置。

2)查清熔丝熔断原因：进出风口是否异物堵塞，阻风器是否关闭，管道是否太细或弯曲太多，熔丝是否熔断。

3)排除熔断原因。

4)更换过热熔丝。

(4)平时的维护保养工作

1)检查燃料管道是否泄漏现象，管接头部分是否完全夹紧，检查管子和燃油箱是否发生裂缝。

2)检查燃油滤清器是否积水或积灰，若是，则要拆下进行清洗。

3)检查电线是否损伤，火花塞是否有脏污、积炭。若有要去掉，以免引起点火不良、绝缘不良、缩短火花塞的使用寿命。

4)检查助燃空气进口及废气排泄孔是否被堵塞。

主要的常见故障及其原因如表 5-2 所示。

表 5-2　独立燃烧式加热器的常见故障及其原因

故障情况	原因
将开关置于点火位置，但点火指示灯不亮	1. 指示灯断线 2. 火花塞线圈熔断，可能由于火花塞黏有炭精所致
过热熔丝熔断	1. 供暖装置鼓风机发生故障 2. 管路被堵塞
电动机转动，但没有燃油	1. 燃油泵漏气 2. 燃油管有异物，连接处漏气 3. 电磁阀发生故障 4. 燃油滤清器阀门关闭 5. 燃油箱内没有燃油
有燃油，但点不着	1. 蓄电池电压不足 2. 火花塞故障 3. 助燃空气进气管或废气排气管被堵塞
电动机不转	1. 熔丝熔断 2. 电路接错 3. 电动机发生故障
燃烧正常进行，但指示灯不亮或在燃烧前就亮	1. 灯泡断路 2. 点火控制器发生故障

续表

故障情况	原 因
异常噪声	1. 转动部件有干涉 2. 有异物 3. 燃油泵轴承有故障
燃烧不正常,燃烧中断	1. 油气比例不正常 2. 燃油管内积有水和灰尘 3. 燃油管有漏气 4. 燃烧器内有积炭 5. 电动机转动不正常 6. 吸排气管被堵塞
排气管冒火星	1. 排气管被堵塞 2. 燃烧量增大

5.3 汽车空调配气系统

5.3.1 汽车空调配气方式

汽车空调已经由单一制冷或取暖的方式发展到冷暖一体化方式,由季节性空调发展到全年性空调,真正起到空气调节的作用。系统根据空调的工作要求,可以将冷、热风按照配置送到驾驶室内,满足调节需要。

如图 5-12 所示为汽车空调配气系统的基本结构,它通常由三部分构成:第一部分为空气进入段,主要由用来控制新鲜空气和室内循环空气的风门叶片和伺服器组成;第二部

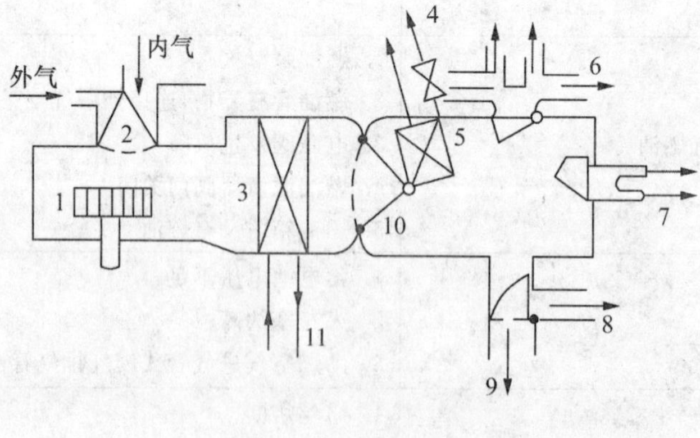

图 5-12 汽车空调送风系统

1—鼓风机 2—新鲜空气风门 3—蒸发器 4—加热器进出水管 5—加热器 6—除霜风口 7—侧吹风口 8—面部吹风口 9—脚部吹风口 10—加热器旁通风口 11—蒸发器制冷剂进出管

分为空气混合段，主要由加热器5、蒸发器3和调温风门组成，用来提供所需温度的空气；第三部分为空气分配段，使空气吹向面部、脚部和风窗玻璃上。它们是通过手动控制钢索(手动空调)、真空气动装置(半自动空调)或者电控气动(全自动空调)与仪表板空调控制键联接动作，执行配气工作的。

空调送风系统的工作过程：新鲜空气＋车内循环空气→进入风机→空气进入蒸发器冷却→由风门调节进入加热器的空气→进入各吹风口。

空气进入段的风门主要控制新鲜空气和室内循环空气的比例，在夏季室外空气气温较高、冬季室外温度较低的情况下，尽量开小风门，以减少冷、热气量的损耗。当车内空气品质下降，汽车长时间运行或者室内外温差不大时，这时应定期开大风门，一般汽车空调空气进口段风门的开启比例为15％～30％。

加热器旁通风门主要用于调节通过加热器的空气量。顺时针旋转风门，开大旁通风门通过加热器空气量少，由风口7、8、9吹出冷风；反之，逆时针旋转风门，关小旁通风门，这时由风口6、7、8、9吹出热风供采暖和玻璃除霜用。

汽车空调配气方式有以下几种。

5.3.1.1 空气混合式配气系统

图5-13为空气混合式配气流程图。从图中可看出其工作过程为：车外空气＋车内空气→进入风机1→混合空气进入蒸发器2冷却→由风门调节进入加热器加热→进入各吹风口4、5、6。进入蒸发器1后再进入加热器3的空气量，可用风门进行调节。若进入加热器的风量少，也就是冷风量相对较多，这时冷风由冷气吹出口4吹出；反之，则吹出的热风较多，热风由除霜吹出口6或热风(脚部)吹出口5吹出。

空气混合式配气系统的优点是能节省部分冷气量，缺点是冷、暖风不能均匀混合，空气处理后的参数不能完全满足要求，亦即被处理的空气参数精度较差一些。

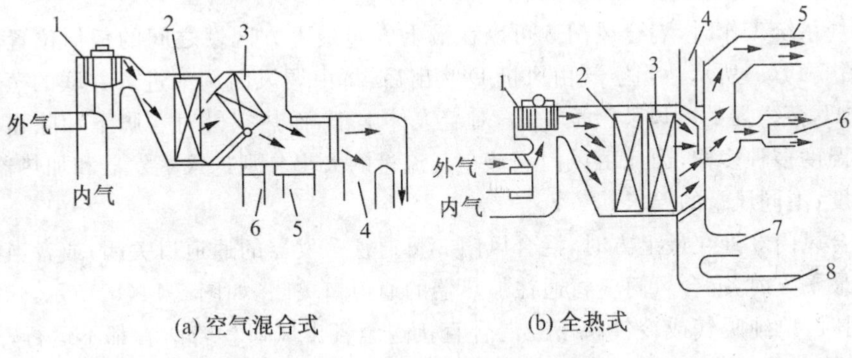

图5-13 汽车空调送风流程

1—风机 2—蒸发器 3—加热器 4—冷气吹出口 5—中心吹出口 6—除霜吹出口 7—热风吹风口 8—侧吹风口

5.3.1.2 全热式配气系统

图5-13(b)为全热式配气流程图。从图中可看出其工作过程为：车外空气＋车内空

气→进入风机 1→混合空气进入蒸发器 2 冷却→出来后的空气全部进入加热器 3→加热后的空气由各风门调节风量分别进入 5、6、7、8 各吹风口。

全热式与空气混合式的区别在于由蒸发器出来的冷空气全部直接进入加热器，两者之间不设风门进行冷、热空气的风量调节，而使冷空气全部进入加热器再加热。

全热式配气系统的优点是被处理后的空气参数精度较高，缺点是浪费一部分冷气，即为了达到较高的空气参数精度而不惜浪费少量冷气，这种配气方式只用在一些高级豪华汽车空调上。

5.3.1.3　加热与冷却并进混合式配气系统

图 5-14 为加热与冷却并进混合式配气工作原理图。

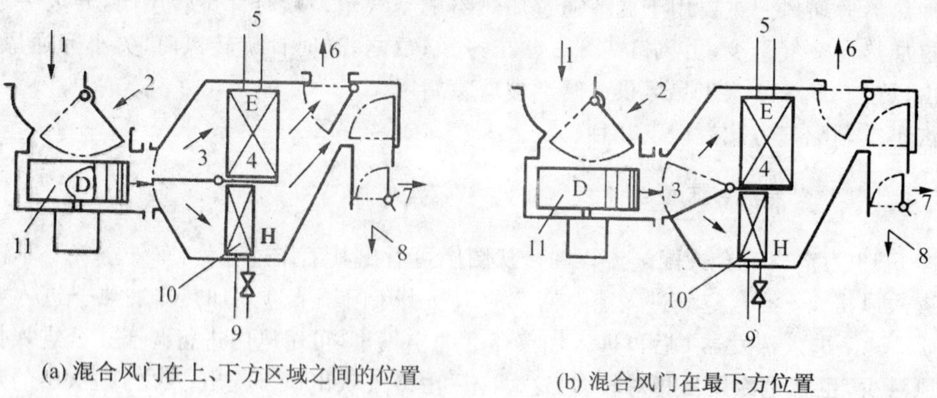

图 5-14　加热与冷却并进混合式配气工作原理图

1—新鲜空气　2—内循环空气　3—混合风门　4—蒸发器　5—制冷剂进出管　6—上部通风口　7—除霜吹出口　8—脚部吹出口　9—热水阀调节接触水管　10—加热器　11—风机

该配气系统工作时，混合风门 3 可以在最上方与最下方区域之间的任何位置开启或停留，如图 5-14(a)所示。当空气由风机 D 吹出后，将由调风门调节进入并联的蒸发器 E 和加热器 H，蒸发器的冷风从上面吹出，对着人体上部，而热空气对着脚下和除霜处。由于风量和温度多种多样，因此由风门调节空气流量的大小分别进入蒸发器和加热器，以满足不同温度、不同风量的要求。

当混合风门 3 处在最上方时，混合风门 3 将通往蒸发器的通道口关闭；或者当混合风门 3 处在最下方时，混合风门 3 将通往加热器的通道口关闭，如图 5-14(b)所示，这样在 E 和 H 不用时，单纯暖气或冷气将不经混合直接送至各出风口。若两者都不运行，送入车内的便是自然风。

5.3.1.4　半空调配气系统

新鲜空气和车内循环空气经风门调节后，先经过风机吹进蒸发器进行冷却，然后由混合风门调节，一部分空气进入加热器，冷气出口不再进行调节。

同样，由风门来调节其送入车内的空气温度。若蒸发器 E 不工作，将空气全部引到加热器H，则送出的是暖风；若加热器H不工作，则送出来的全部是冷风；若两者都不工作，则送出来的是自然风，其系统结构如图5-15所示。

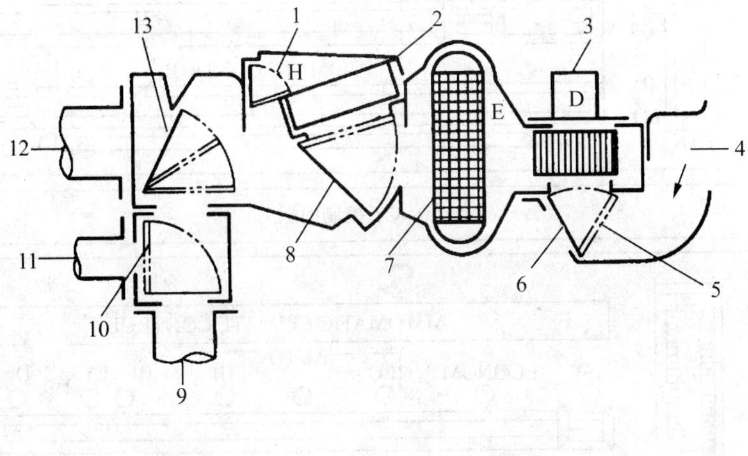

图5-15　半自动空调配气系统

1—限流风门　2—加热器芯　3—风机电动机　4—新鲜空气入口　5—新鲜/再循环空气风门　6—再循环空气风口　7—蒸发器芯　8—混合风门　9—至面板风口　10—A/C除霜风门　11—至除霜器风口　12—至底板出口　13—加热除霜口

从目前汽车空调的配气方式来看，空气混合式使用得最多。它是将空气经过蒸发器进行降温除湿处理后，用调节风门将一部分空气送到加热器加热，将出来的热气和冷气再混合，可以调节人们所需要的各种温度的空气，而且除霜的热风可直接从加热器引到除霜风口，直接吹向风窗玻璃。它的最大特点是效率高，节能显著。

5.3.2　汽车空调面板控制

汽车空调配气系统各风门的位置变化主要由拉绳操纵机构、真空操纵机构或电动机伺服装置控制。而上述操纵机构又受驾驶员面板功能键的控制，目前控制面板又可分为人工控制面板和自动控制面板，本章主要讲述人工控制面板。

对于不同类型的汽车空调，人工控制面板的控制键和形式有所不同，但它们的功能键控制内容基本相同，控制面板一般有4个功能键，如图5-16所示。

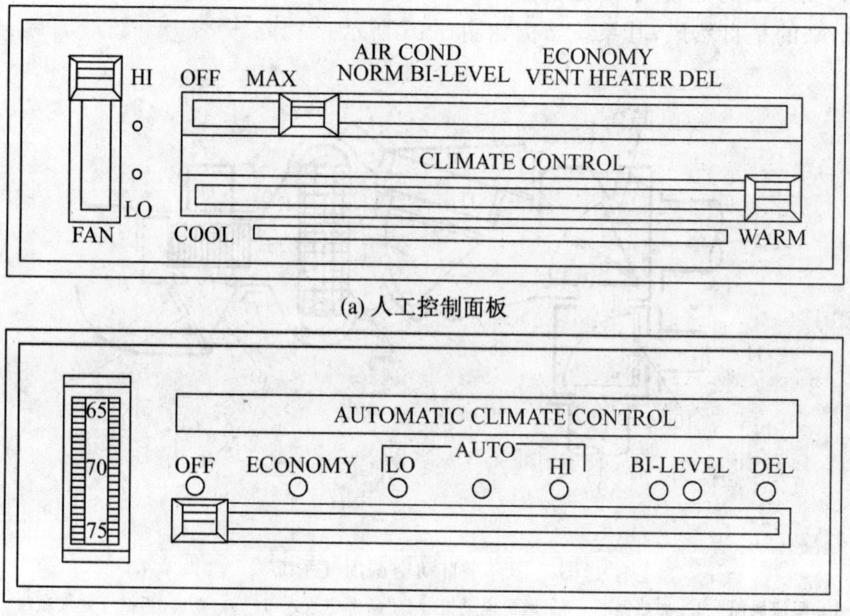

(b) 自动控制面板

图 5-16　汽车空调控制面板

5.3.2.1　功能选择键

功能选择键主要用于空调系统取暖、制冷、冷暖风或除霜控制，具体功能选择键的名称和作用为:OFF－停止位置，MAX－最冷位置，A/C(或 NORM)－空调位置，VENT－自然通风位置；FLOOR(或 HEATER)－暖气位置；MIX(或 BILEVEL)－取暖化霜位置。

功能选择键移动在不同位置，可通过拉绳或真空开关控制各个风门的开关位置，从而调节空气温度与流向。

5.3.2.2　温度键

温度键主要用于控制调温风门的位置。当其位于冷端(COOL)或暖端(WARM)时，调温风门在拉绳作用下分别关闭或打开流经加热器的空调风。当其位于二者中间任意位置时，可得到不同比例的暖气与冷空气的混合空气。

5.3.2.3　调风键

调风键主要用于控制空调器内鼓风机的转速，一般有 4 个调速挡，即 Hi(高速)、Lo(低速)、M1(中速 1)、M2(中速 2)和 OFF(断开)。

调风键用于控制一个可变电位计，通过改变电动机线路电阻值来改变电动机的激磁量，达到变速的目的。

5.3.2.4　后窗除霜键

后窗除霜键属于一个电路开关，用于控制后风窗除霜电热丝电源的通断，指示灯用于提醒乘员不要忘记切断电源。

对于设有 BILEVEL（双层出风）位置的汽车空调系统，空气在中间风口和地板风口之间进行分配。在此位置时，有些系统的压缩机不工作。

5.3.3　汽车空调手动和半自动真空控制系统

汽车空调配气系统的基本结构有手动、半自动真空控制系统和全自动电控真空控制系统。全自动电控真空控制系统采用微电脑控制空调的工作过程，其配气系统的操作方式与执行器的结构与手动、半自动真空操作系统有较大区别。

对于手动、半自动真空控制系统而言，虽然从汽车空调整体结构和控制电路上有较大差别，但其配气系统的工作原理和控制过程并无严格区分，所不同的只是手动系统对风门、调温门的控制，部分采用拉索连动机构，而半自动真空操作系统则全部采用真空控制结构。

它们的共同特点是对系统的控制都是依靠人工转换空调面板的控制开关进行的，而配气的工作则通过真空执行器来完成。

5.3.3.1　手动拉索式汽车空调的使用与控制

图 5-17 为一种手动调节的空调系统操纵机构分解图。

（1）调温键的操纵机构。移动调温键带动拉索，可以改变调温门位置，达到控制温度的目的。同时，调温键还控制真空气路开关。当其在 COOL 位置或 WARM 位置时，分别切断或接通真空通路，可使控制加热器冷却液的控制阀切断或导通。另外，在调温键后面装有温度控制器，内有感温包毛细管或热敏电阻，用于控制蒸发器出口温度。

（2）功能选择键的操纵机构。首先，功能选择键控制压缩机离合器的电路开关，在三个经济键位置时，切断压缩机电磁离合器电路，压缩机制冷循环不工作。在 MAX、A/C 键时，接通电磁离合器电路，压缩机制冷循环工作。其次，功能选择键通过拉索控制各风门的开闭。气源门在 MAX 位置时，打开车内空气循环入口，关闭外循环。在其余键位置时，关闭内循环，打开车外进气通道。

下风门受 FLOOR 键控制，使热空气吹向脚下；除霜风门则受 DEF 键控制，使热空气吹向风窗玻璃；在 MIX 位置时，能同时拉动下风门和除霜风门，使暖空气在下风口和除霜风口进行分配。

调风键通过改变鼓风机的调速电阻来改变鼓风机的转速，得到不同的送风量。

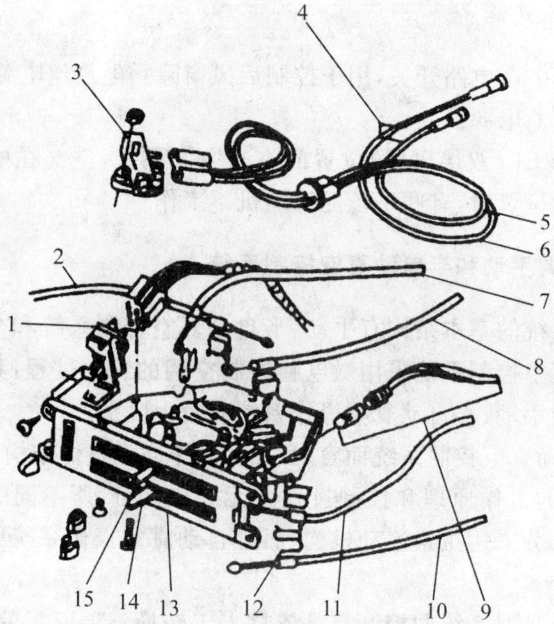

图 5-17　手动调节的空调系统操纵机构分解图

1—调风键总成　2—下风门拉绳　3—真空切断开关　4—真空软管　5—真空冷却水控制阀接口　6—真空罐接口　7—除霜门拉绳　8—气源门拉绳　9—离合器控制电路　10—温度门拉绳　11—中风门拉绳　12—恒温器　13—控制面板　14—功能能选择键 15—调温键

5.3.3.2　半自动真空控制汽车空调的使用与控制

(1)半自动真空控制的汽车空调控制键与风门间的关系

下面以半自动真空控制的汽车空调系统为例，重点介绍面板控制键与各风门之间的关系。其中有关配气图上符号为：V—有真空作用，NV—无真空作用，PV—有部分真空作用。

1)OFF(关闭)位置。如图 5-18(a)所示为面板功能键位于 OFF 位置。如图 5-18(b)所示为各风口均无空气流动的状态。

如图 5-18(c)所示为配气系统各风门位置：气源风门关闭外部新鲜空气入口；调温风门关闭加热器入口，化霜风门关闭化霜风口；中风门关闭中风口，打开下风口，此时真空系统工作。

此时空调压缩机、鼓风机均不工作。

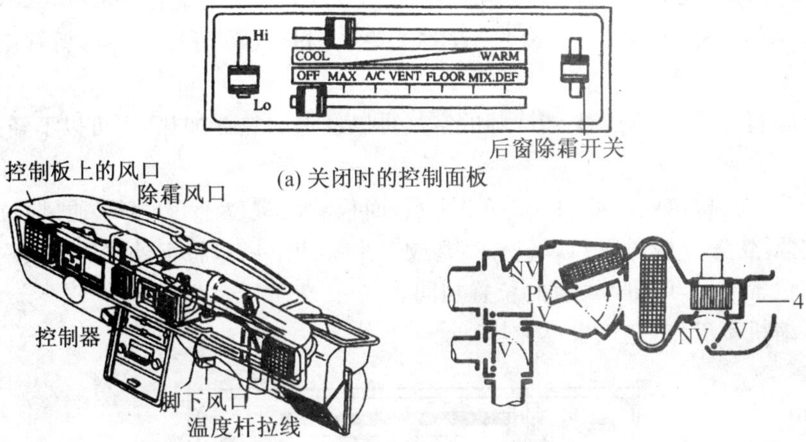

(a) 关闭时的控制面板

(b) 关闭时的风口

(c) 关闭时的各风门位置

图 5-18　OFF 位置

2)MAX(最冷)位置。如图 5-19(a)所示为面板功能键位于 MAX 位置,调温键位于 COOL 处,调风键在最高速挡。如图 5-19(b)所示为驾驶室上部四个风口排出冷气,车内空气循环。如图 5-19(c)所示为配气系统各风门位置:气源门关闭外部新鲜空气入口;调温门关闭流经加热器的空气入口;中风门打开中风口,化霜门关闭化霜风口。此时压缩机工作,鼓风机高速运转,车内空气循环,快速降温,但压缩机不能长时间工作,否则车内空气不新鲜。通过改变调温键,以改变调温门位置,从而控制车内空气温度。

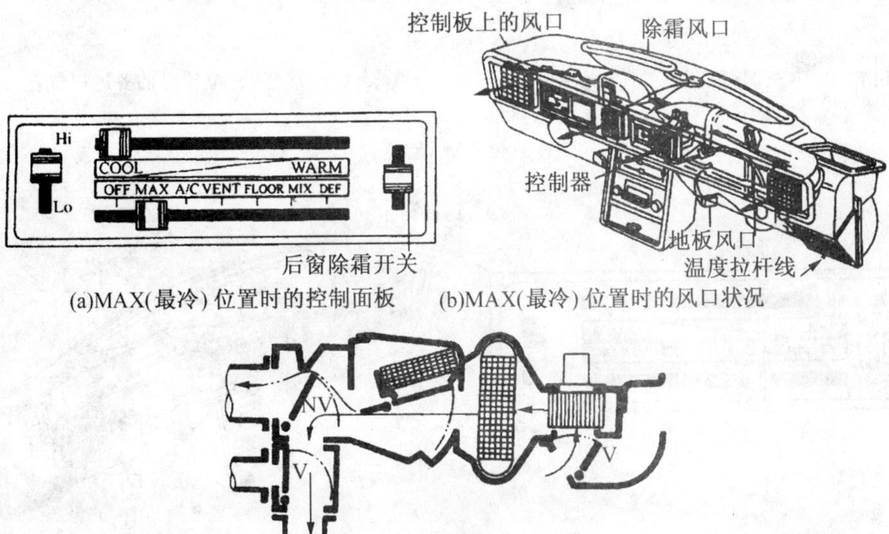

(a)MAX(最冷) 位置时的控制面板

(b)MAX(最冷) 位置时的风口状况

(c)MAX(最冷) 位置时的各风口位置

图 5-19　MAX 位置

3)A/C(正常空调)位置。如图 5-20(a)所示,面板功能键位于 A/C(正常空调)位置。

如图 5-20(b)所示,新鲜空气经冷却后由驾驶室上部四个风口排出。如图 5-20(c)所示,配气系统各风门位置与 MAX(最冷)位置的主要区别是气源门打开外部新鲜空气入口,其他相同。

此时压缩机工作,经过蒸发器冷却的空气可以经过加热器加热,也可以不经过加热器加热。

4)VENT(通风)位置。如图 5-21(a)所示,面板功能键位于 VENT(通风)位置,调风键位于 Lo(低)位置。如图 5-21(b)所示,驾驶室上部四个风口将车外空气直接引入,配气系统各风门位置与 A/C(正常空调)位置相同。

此时压缩机不工作,空气也不加热。

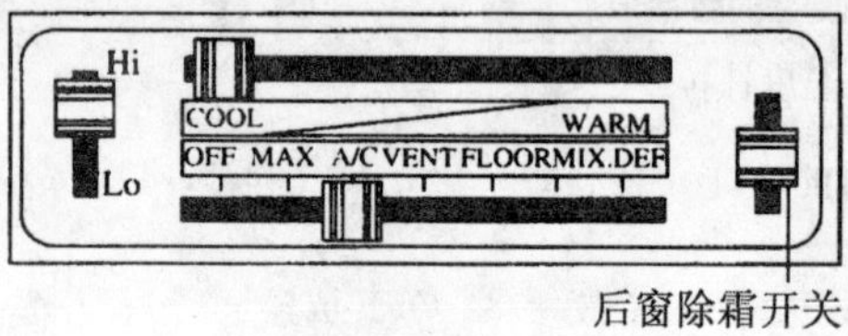

(a)A/CIE(常空调) 位置时的控制面板

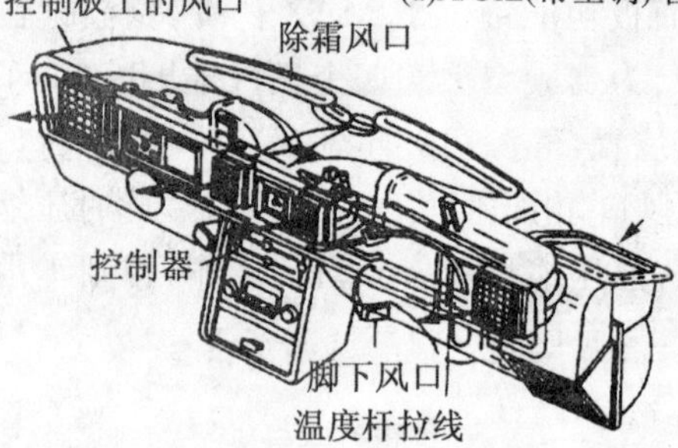

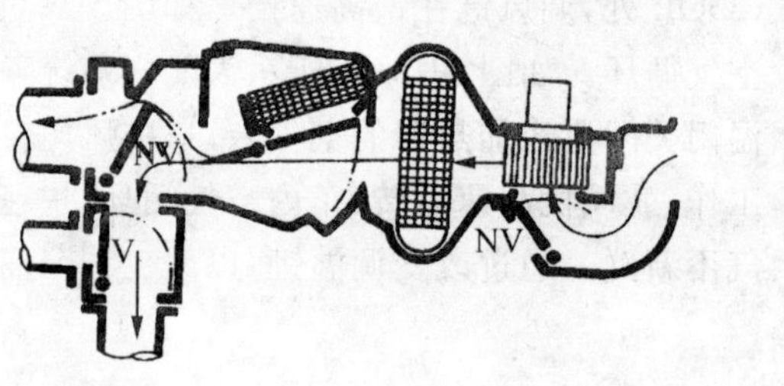

(b)A/CIE(常空调) 位置时的风口状况

(c)A/CIE(常空调) 位置时的各风口位置

图 5-20　MAX 位置

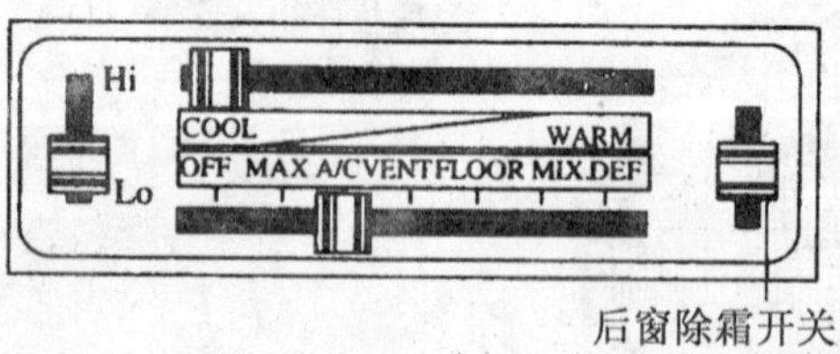

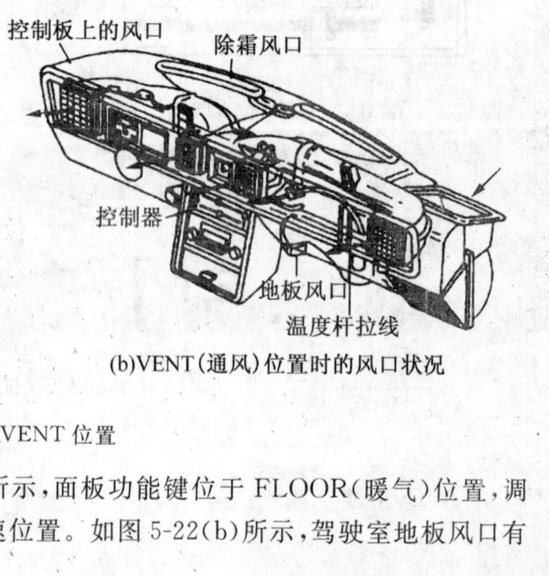

(a)VENT(通风)位置时的控制面板

(b)VENT(通风)位置时的风口状况

图 5-21　VENT 位置

5)FLOOR(暖气)位置。如图 5-22(a)所示,面板功能键位于 FLOOR(暖气)位置,调温键位于 WARM 位置,调风键位于 Hi 高速位置。如图 5-22(b)所示,驾驶室地板风口有热空气吹出，并有少量热空气吹向挡风玻璃。如图 5-22(c)所示，配气系统各风门位置为：气源门打开外部新鲜空气入口；中风门打开下风口；化霜门将中风口关闭，打开化霜口。调温门打开流经加热器的空气入口，可以根据实际需要(最暖和、中等暖和、微暖和)，将调温门处于上、中、下三个位置，使外部空气与热空气按一定比例混合。

此时，压缩机不工作，可以控制鼓风机转速。

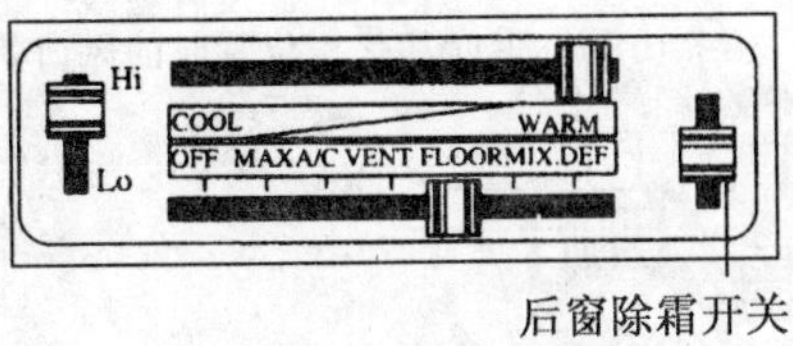

(a)FLOOR(暖气)位置时的控制面板

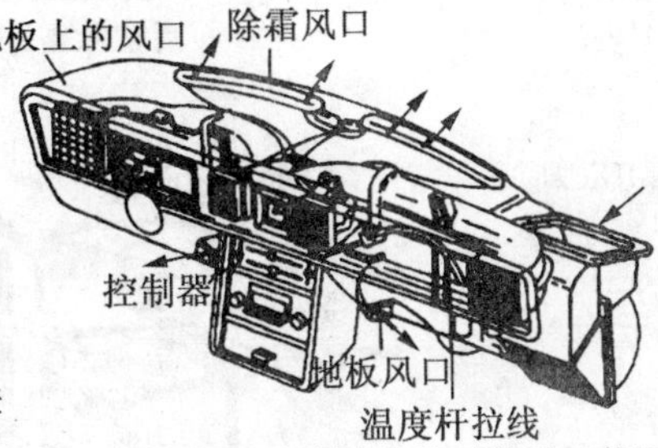

(b)FLOOR(暖气)位置时的风口状况

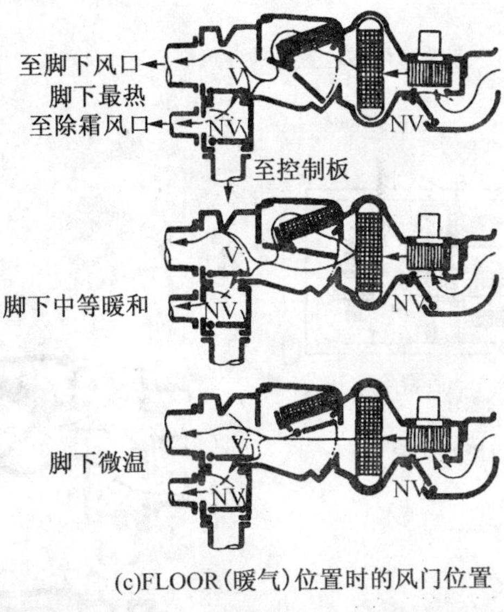

(c)FLOOR(暖气)位置时的风门位置

图 5-22　FLOOR 位置

6)MIX(取暖和化霜)位置。如图 5-23(a)所示，控制面板功能键位于 MIX(取暖和化霜)位置，调温键可以根据需要进行调节。如图 5-23(b)所示，空气由车外进入，经过加热的空气分别从除霜风口、地板风口吹出，中风口关闭。如图 5-23(c)所示，各风门位置为：气源门打开外部新鲜空气入口，调温门可根据需要在中间位置调节；中风门位于中间位置，打开部分地板风口；化霜门关闭中风口，打开除霜风口。

此时，气温若在 10℃以上，压缩机工作，用于除湿。

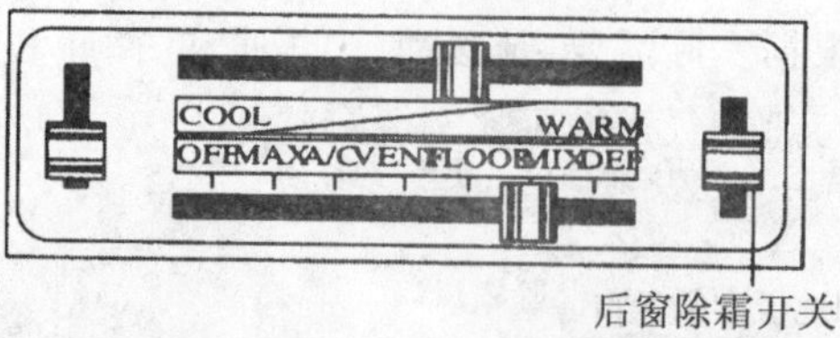

(a)MIX取暖和化霜位置时的控制面板

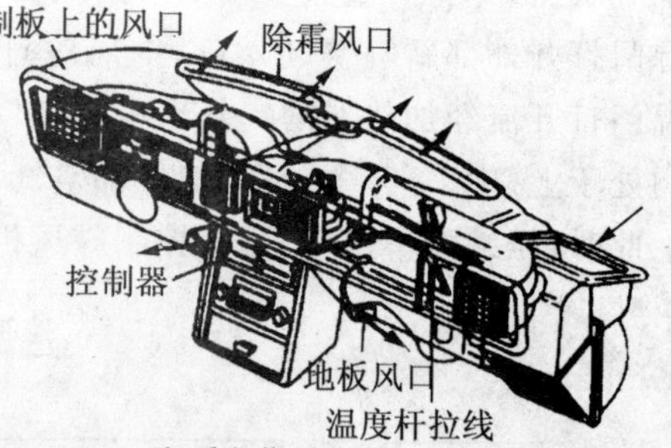

(b)MIX取暖和化霜位置时的风口状况

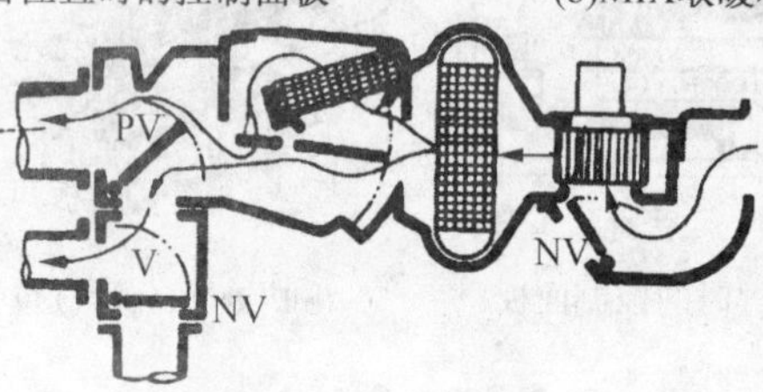

(c)MIX取暖和化霜位置时的各风门位置

图 5-23　MIX 位置

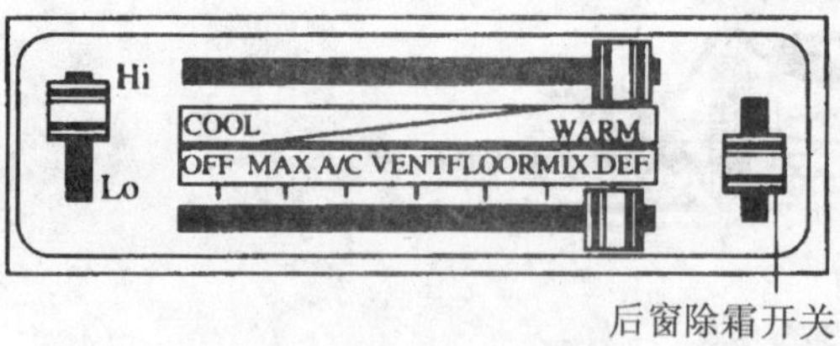

(a)DEFROSTER(化霜) 位置时的控制面板

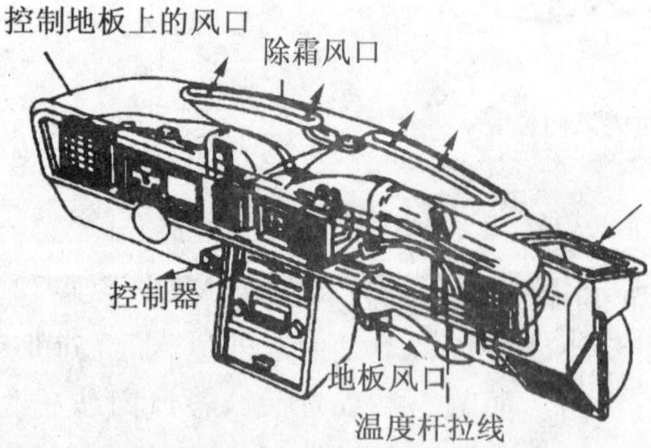

(b)DEFROSTER(化霜) 位置时的风口状况

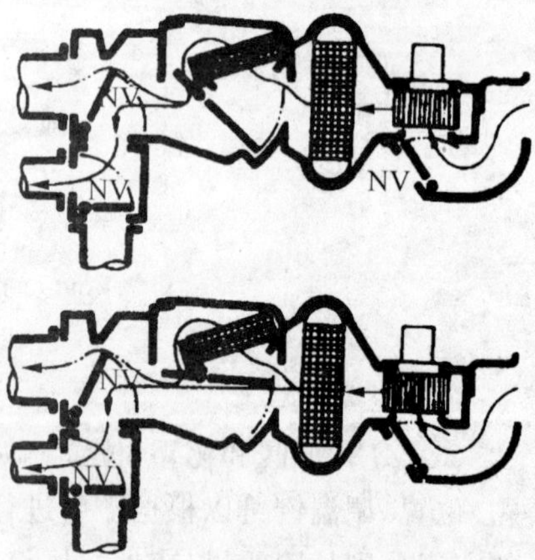

(c)DEFROSTER(化霜) 位置时的风门位置

图 5-24　DEFROSTER 位置

7)DEFROSTER(化霜)位置。如图 5-24(a)所示,控制面板功能键位于 DEFROSTER(化霜)位置,调温键位于 WARM 位置。如图 5-24(b)所示,空气由车外进入,经过加热的空气主要从化霜口吹出,少量吹向地板风口,中风口关闭。如图 5-24(c)所示,各风门位置为:气源门打开外部新鲜空气入口;调温门可根据需要全开或半开加热器入口;中风门将大部分热空气引入化霜口,少量吹向地板风口;化霜门关闭中风口,打开除霜风口。

(2)控制与执行元件真空系统是通过控制真空通断实现执行元件对空调各风门动作的系统,主要由真空罐、真空选择器、真空驱动器和真空管路四部分组成。

1)真空罐的作用是向系统提供稳定的真空压力和储存真空。真空源一般来自发动机进气歧管,发动机工况变化时,真空度(绝对压力)会在 33.7～101kPa 之间变化,会影响真空系统的调控工作,一般要进行调节。

真空罐的结构如图 5-25 所示,由真空室和真空保持器组成。真空室是一个金属罐,内装一个真空保持器。其工作原理为:真空保持器 5 内有一个空心膜阀 9 和膜片 6,将其分成三个腔;中腔与发动机进气管相连;右腔分别与真空室和真空执行系统相连。当发动机真空度大于真空罐时,将空心膜阀膨胀右移,接通真空室,使其真空度提高;同时,膜片克服弹力左移,使真空室与真空执行系统的气口打开,形成通路;当发动机真空度小于真空罐时,空心膜阀外面压力将其压扁,关闭与真空室的通路,同时膜片右移,关闭气口,保持罐内真空度。

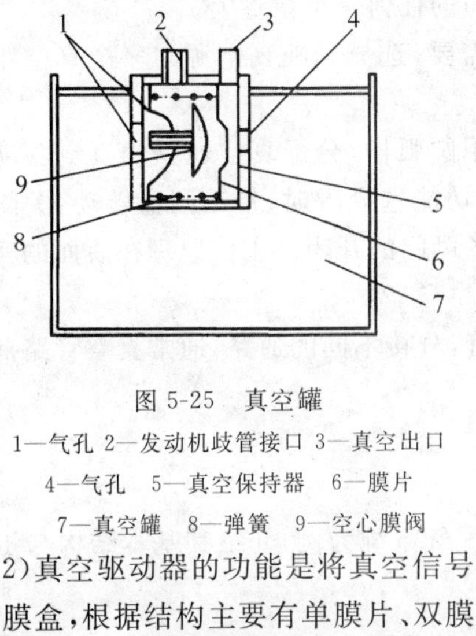

图 5-25　真空罐

1—气孔 2—发动机歧管接口 3—真空出口

4—气孔　5—真空保持器　6—膜片

7—真空罐　8—弹簧　9—空心膜阀

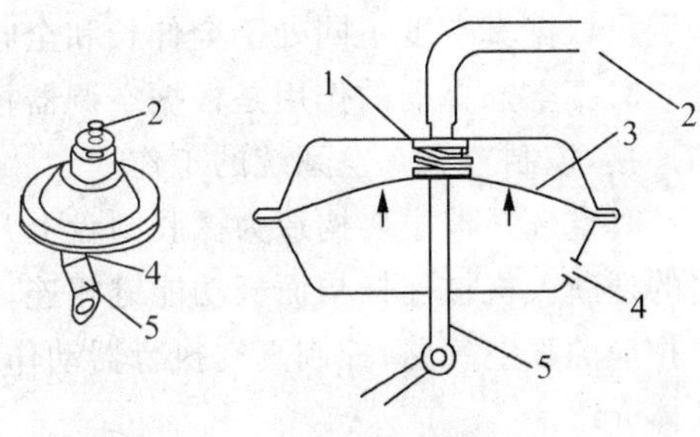

(a)外形　(b)内部结构

图 5-26　单膜片真空驱动器

1—复位弹簧　2—真空接口　3—膜片

4—气孔　5—连杆

2)真空驱动器的功能是将真空信号转变成机械信号,用于启闭风门和阀门,其实质是一个膜盒,根据结构主要有单膜片、双膜片和伺服驱动器三类。

单膜片真空驱动器外形与内部结构如图 5-26 所示,主要由弹性膜片、弹簧、与膜片固定的连杆组成。连杆只有两个位置:当膜盒通过胶管接通真空时,膜片克服弹力将连杆上拉;当切断真空源时,弹簧推动膜片使连杆复位,用于控制风门的启闭。

双膜片真空驱动器外形与内部结构如图 5-27 所示。它由两个膜片、两组复位弹簧、与一个膜片固定的连杆组成。连杆有三个位置:当 A 室有真空时,连杆提到一半;两室(A、B 室)都有真空时,连杆移到最上端;若无真空时,连杆则位于最下端,分别可使风门处于全开、半开或全闭位置。

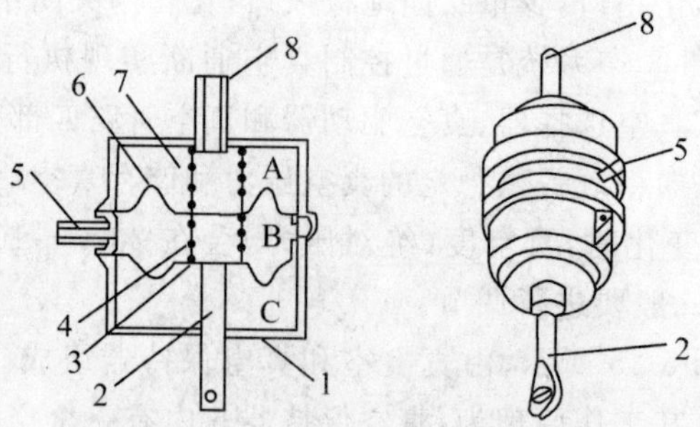

(a) 内部结构　　(b) 外形

图 5-27　双膜片真空驱动器

1—气孔　2—连杆　3—B 室膜片　4—B 室弹簧　5—中阀 B 室真空接口
6—A 室膜片　7—A 室弹簧　8—真空接口

伺服驱动器主要用于全自动的汽车空调上，结构与单膜片真空驱动器类似，它的连杆位置可根据真空度不同处于全伸长和全收缩之间的任何一个位置上。

3)真空选择器的作用是根据空调器控制的需要，选择调配真空源与多个真空驱动器的连接，控制整个真空系统的工作。

真空选择器主要构造为橡胶圆盘上开有若干圆弧槽，分配真空通路和真空驱动器通路的通断。机械连杆与面板功能键相连，当移动功能选择键时，带动圆盘转动，关闭或接通相应的真空气路，控制真空执行器动作，实现各风门的开闭。工作原理在后面的实例中具体介绍。

4)真空管路一般采用不同颜色的真空橡胶管，分接不同的通路，通常真空管路捆在一起作为一个整体，就像一组线束。

5.3.3.3　真空控制原理

现以如图 5-28 所示的典型半自动真空控制配气系统为例，介绍其基本结构与工作原理。

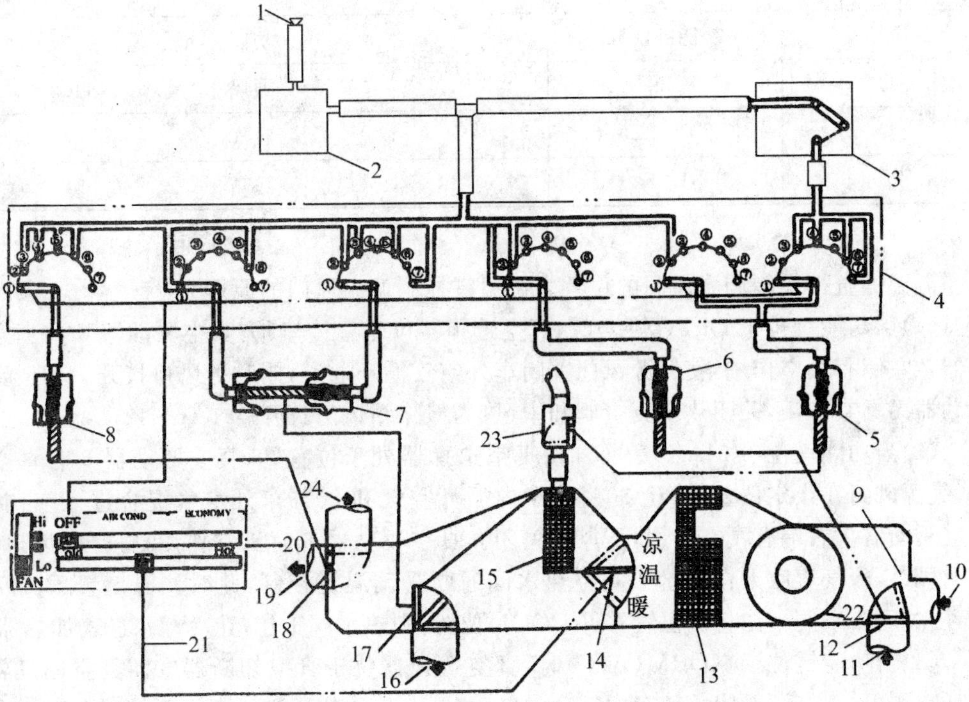

图 5-28 半自动空调系统的真空控制结构图

1—进气歧管接口　2—真空罐　3—调温键在 COOL 时，热水阀真空切断　4—真空选择器　5—热水阀真空驱动器　6—气源门真空驱动器　7—下风口真空驱动器　8—上风口和中风口真空驱动器　9—在 MAX 功能时设计规定新鲜空气占 20% 的外来空气口开启位置　10—外来空气口　11—车内循环空气风口　12—外来空气口阀门　13—蒸发器　14—调温风门　15—加热器芯　16—下风口　17—下风口阀门　18—中风口和上风口阀门　19—中风口　20—空调控制面板　21—调温风门拉索　22—空调风机　23—热水真空阀　24—上风门(除霜门)

图中真空控制部件包括真空罐、真空选择器、真空驱动器和真空管路。其中真空选择器受面板的功能选择键控制，其结构如图 5-28 所示，共有 OFF、MAX、NORM、BILEVEL、VENT、HEATER、DEF 七个功能位置，如表 5-3 所示。真空驱动器包括气源门真空驱动器、热水阀真空驱动器、上风口和中风口真空驱动器、下风口真空驱动器。配气部件包括调温风门、蒸发器、加热器、调温键、上风门、下风门。

表 5-3　　空调功能键说明

序号	功能键位置	功能
①	OFF	停止
②	MAX	最冷
③	NORM	正常位置
④	BILEVEL	双层出风

续表

序号	功能键位置	功能
⑤	VENT	通风
⑥	HEATER	暖气
⑦	DEF	除霜

调温键直接控制调温风门的位置。调温键控制调温风门的原理为：

(1)当功能键位于 OFF(关闭)时，真空选择器位于管接口①，真空驱动器 6 和真空驱动器 7 左侧有真空作用，使气源风门关闭车外空气循环通道，同时下风口打开。其余真空驱动器无真空作用，关闭热水真空阀和中风口，但除霜风门打开。

(2)当功能键位于 MAX(最冷)时，真空选择器处于位置②，真空驱动器 6 有真空作用，气源风门在设定位置上，让 80%的车内循环空气和 20%车外空气混合进入空调器。真空驱动器 7 右端有真空作用，下风口关闭。真空驱动器 8 有真空作用，打开中风口，关闭上风口，冷气直吹人体上部。真空热水阀通断受调温键控制，此时调温键置于 COOL 位置，关闭热水阀。如将调温键移开 COOL 位置，则热水阀工作，让冷却水进入加热器。

(3)当功能键位于 NORM(A/C)时，真空选择器位于真空切断器③。真空驱动器 6 无真空作用，则气源风门关闭车内循环空气，打开车外空气通道。真空驱动器 7 右侧有真空作用，关闭下风门。真空驱动器 8 有真空作用，打开中风门，关闭上风门。调温键只要离开 COOL 位置，热水阀驱动器就有真空作用，加热器有冷却水循环。移动调温键，调温门在拉绳作用下打开通向加热器的冷空气。调温键移动位置越大，空调温度越高。

(4)当功能键位于 BILEVEL(双层出风)时，真空选择器在位置④，真空驱动器 6 无真空作用，气源门打开，让车外空气进入，车内循环空气关闭。真空驱动器 7 两端均无真空作用，下风门处于半开状态；真空驱动器 8 有真空作用，关闭上风门，将中风门打开。真空驱动器 5 有真空作用，热水阀打开，加热空气。此时压缩机工作，空调风从中风口和下风口两层吹入车内。

(5)当功能键位于 VENT(通风)时，真空选择器处于位置⑤。真空驱动器 6 无真空作用，气源门让车外空气进入。真空驱动器 5 无真空作用，将热水阀关闭，加热器无冷却水循环。真空驱动器 7 右侧有真空作用，左侧无真空作用，则关闭下风门；真空驱动器 8 有真空作用，则上风门关闭，打开中风门。此时压缩机不工作，外来空气既不被加热，也不被冷却，从中风口直接送入车内。

(6)当功能键位于 HEATER(暖风)时，真空选择器位于⑥，真空驱动器 6 无真空作用，气源门关闭车内循环空气口，打开车外空气进入口：真空驱动器 7 左侧有真空作用，右侧无真空作用，下风口打开；真空驱动器 8 无真空作用，中风口关闭，上风口打开；真空驱动器 5 有真空作用，热水阀开启，加热器有冷却水循环；车外空气没有降温，但被加热，从上风口吹向挡风玻璃，从下风口吹向脚部。

(7)当功能键位于 DEF(除霜)时，真空选择器位于⑦，真空驱动器 6 无真空作用，气源门使外来空气送入，关闭车内空气循环；真空驱动器 7 右侧有真空作用，左侧无真空作用，故下风门关闭；真空驱动器 8 无真空作用，中风门关闭，上风门打开；真空驱动器 5 有真空作用，热水阀开启，加热器工作。被加热的车外空气吹向挡风玻璃除霜。

目前国内外大部分中挡轿车（如桑塔纳 2000、切诺基）和部分中高挡轿车（如别克、奥迪等）车型均采用上述半自动真空控制的配气系统。

本章小结

1. 汽车空调的通风方式一般有动压通风、强制通风和综合通风三种。

2. 汽车空调系统采用的空气净化装置通常有空气过滤式和静电集尘式两种。前者仅能滤除空气中的灰尘和杂物，但结构简单，故广泛用于各种汽车空调系统中。后者除具有过滤和吸附烟尘等微小颗粒的杂质作用外，还具有除臭、杀菌、产生负氧离子以使车内空气更为新鲜洁净的作用，主要用于中、高挡轿车上。

3. 汽车空调取暖系统主要作用是能与蒸发器一起将空气调节到乘员感觉舒适的温度；在冬季向车内提供暖气，提高车内环境温度；当车上玻璃结霜和结雾时，可以输送热风来除霜和除雾。取暖系统按暖气设备所使用的热源不同，可分为发动机余热式和独立燃烧式；按空气循环方式不同，可分为内循环、外循环和内外混合循环式；按照载热体不同，可分为水暖式和气暖式。

4. 汽车空调配气方式有以下几种：空气混合式配气系统、全热式配气系统、加热与冷却并进混合式配气系统、半空调配气系统。

复习思考

1. 水暖式加热系统常见故障如何诊断？

2. 简述独立燃烧式加热器日常维护措施。

第 6 章　制冷系统的维护与检修

学习目标

1. 掌握汽车空调的正确使用方法。
2. 掌握汽车空调常用检漏方法。
3. 掌握汽车空调制冷剂的充注方法。
4. 掌握冷冻机油的检查与加注方法。
5. 学会正确使用歧管压力表、真空泵等汽车空调常用工具。

6.1　汽车空调系统的使用与维护

6.1.1　汽车空调系统的正确使用

为了节约能源,保证汽车空调系统具有良好的技术状况和工作可靠性,发挥空调最大效率,延长其使用寿命,在使用空调时应注意以下几点:

(1)严格按汽车空调生产厂家的规定进行保养。

(2)使用空调时应先起动发动机,待发动机稳定运转几分钟后,打开鼓风机至某一挡位,然后再按下空调开关 A/C 以起动空调压缩机,调整送风温度和选择送风口,空调即可正常工作。需要注意的是,当温度调节推杆处于最大冷却位置时,应尽量使用鼓风机的高速挡,以免蒸发器因过冷而结冰。

(3)在使用取暖、制冷状态时,必须关闭通风口、车窗和车门,以尽快达到满意的温度,节省能量。

(4)在只需换气而不需冷气时,如春、秋两季,只需打开鼓风机开关而不要起动压缩机。

(5)夏日停车应尽量避免在阳光下暴晒,以免加重空调装置的负担。在太阳照射的情况下行车,如果车内温度很高,应打开所有车窗,当行车 3min 左右,车内热空气排出后,立即关上车窗,再开空调。

(6)注意保持空调系统各部件的清洁,特别是冷凝器和蒸发器,应定期除尘并经常检查，以保持其良好的散热效果，提高空调工作效率。

(7)汽车停驶时不要长时间使用空调制冷装置，以免耗尽蓄电池的电能和防止废气被吸入车内，造成再次起动发动机时产生困难和乘员中毒，以免冷凝器和发动机因散热不良而过热，影响空调的制冷性能和发动机的寿命。

(8)在不使用空调的季节，每周应开启空调使其运行 5～10min，使空调系统得到适当润滑，防止压缩机等部件生锈，以保持空调系统良好的技术状态。

(9)以下情况应暂时停止使用空调：

1)发动机较长时间大负荷工作时。

2)发动机冷却水温度过高时。

3)汽车停车或发动机怠速时。

4)高温下空调已运行一段时间时。

(10)有些空调空气入口有控制新鲜和再循环空气的两个控制位置。若汽车在尘土飞扬的道路上行驶，应将空气入口控制在再循环位置，以防车外灰尘进入。

6.1.2　汽车空调系统的保养

6.1.2.1　汽车空调系统的日常保养

(1)检查且必要时清洗冷凝器，要求散热片间保持清洁、无杂物。在雨中或泥泞道路行驶后，应及时检查冷凝器片及冷凝风扇是否有泥沙、石块等杂物。

(2)仔细检查制冷系统管路外观是否正常，是否与其他机件摩擦，各接头是否松动，是否有泄漏的油迹。

(3)检查空调系统电路连接是否可靠，是否有断路或虚接现象。

(4)检查压缩机皮带的松紧度是否合适。

(5)压缩机运行后，检查以下项目：

1)检查空调系统有无异响及异味。

2)检查压缩机进、排气口温度，应一凉一烫。

3)通过观察视液镜，检查制冷剂量是否足够。

2.汽车空调主要部件的定期保养

汽车空调主要部件定期保养的内容及周期如表 6-1 所示。

表 6-1　　**汽车空调主要部件定期保养内容及周期**

保养项目		保养方法	保养周期				
			每日	每周	每月	每季	每年
制冷系统	制冷剂量	运行后从视液镜观察	○				
	干燥器	脏堵、易熔塞熔化否					
	管路	软管有否损伤			○		
		管接头是否松动			○		
		各接口处有否泄漏			○		
压缩机	电磁离合器	检查其是否正常工作					○
	润滑油量	检查其润滑油量	○				
	皮带	检查其松紧度			○		
	油封	检查其是否有漏油痕迹			○		
	螺栓	检查其是否有松动			○		
冷凝器	冷凝器	清洁		○			
	风扇电机	炭刷					※
	轴承	检查、加油					※
蒸发器	吸气过滤器	清洗			○		
	蒸发器	检查、清洁					○
	鼓风电机	测电流电压			○		
	膨胀阀	拆洗过滤网					○
	膨胀阀	检查感温包是否贴紧			○		
电气	布线	线夹插头是否松动			○		
	电控板	检查其完好情况			○		
	压力继电器	试其高、低压动作				○	
壳体	壳体	有无裂纹及损坏					○
	防震垫	是否脱落			○		
	管道	送风管道有无变形损坏					○
其他	发动机皮带	松紧度			○		
	发动机转速	测量		○			
	发电机电压	测输出端电压		○			

注："※"表示更换；"○"表示检查、调试或必要时更换。

6.1.3 汽车空调系统维护作业

无论是新装的空调系统，检修后的空调系统，还是正在使用的空调系统，都必须进行一些基本的空调系统维修作业，这些作业项目主要包括：制冷剂的排放、制冷剂的加注或补充、冷冻润滑油的加注或补充、系统抽真空及系统检漏等。这些维修作业项目完成的好坏，将直接影响汽车空调系统的运行性能。

1. 制冷系统维护作业程序

对制冷系统进行维护作业时，一般参照如图 6-1 所示的步骤进行。

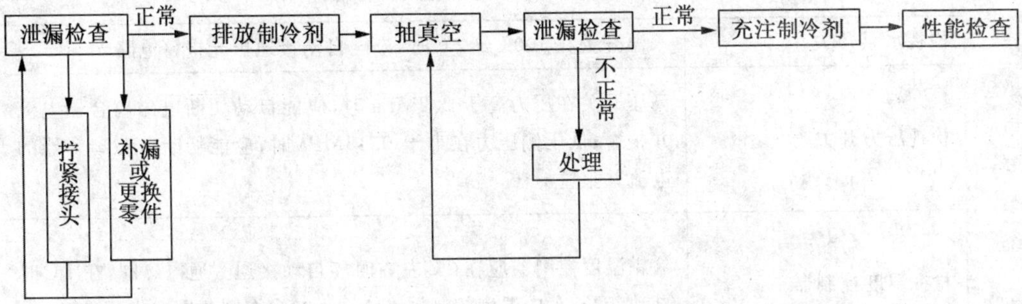

图 6-1 制冷系统维护作业程序

2. 汽车空调系统二级维护作业内容

汽车空调系统的维护，一般是结合汽车二级维护作业进行的。汽车空调系统二级维护作业内容及要求如表 6-2 所示。

表 6-2 汽车空调系统二级维护作业内容

类别	作业项目	技术要求
制冷循环系统	检视高、低压管道	所有紧固螺钉不松动；软管无老化、起泡或破损现象；硬管焊接处无裂纹或渗漏现象；高、低压管道与其他机件无干涉碰擦现象
	检视膨胀阀	膨胀阀应无堵塞，膨胀阀能根据温度的变化而自动调节制冷剂的供给量
	检视干燥器	空调运行时，干燥器表面应无结露或起霜现象；每年 4、5 月间维护时更换一次干燥剂（可拆式）或根据需要更换干燥器总成（不可拆式）
	检查、清洁、紧固	清洁蒸发器及冷凝器，其散热片应无尘土杂物，无折弯变形；蒸发器及冷凝器座应无裂纹；各固定螺栓、螺母应紧固可靠
	检视制冷剂量	空调运行时，观察视液镜应无气泡，加油时有极少量气泡；夏季正常情况下，低压侧压力应为 0.15～0.20MPa，高压侧压力应为 1.4～1.7MPa

续表

类别	作业项目	技术要求
压缩机	更换润滑油	每年四、五月份维护时更换润滑油，并清洁或更换润滑油滤网；润滑油量应足够，滤网干净无破损，磁铁完好
	检视进、排气阀	进、排气阀开闭灵活，作用正常，无裂纹及变形
	检视油封	油封处应无泄漏痕迹
电气系统	检视风机	冷凝器及蒸发器风机均工作正常无异响，叶片无裂损，固定螺母、螺栓齐全牢固；冷凝器的风机与散热片无干涉现象
	检视水温开关	水温开关在100℃±2℃时，应能自动接通声光报警电路
	检视压力开关	高压开关在压力高于2.2MPa时，应能自动切断电磁离合器电流并报警；低压侧压力在小于0.15MPa时，应能切断电磁离合器的电流并报警
	检视温度控制器	除霜温度控制器应在2℃左右时能自动接通旁通电磁阀，在7℃时自动断开；车内温度控制器在5℃～30℃控制范围内作用良好
	检视电磁离合器	电磁离合器离合良好，无打滑现象；工作时，离合器轴承无偏摆拖滞现象

6.2 专用维修工具及设备

检修汽车空调时，除了使用各类扳手、螺钉旋具(俗称起子)、钳子、锉刀、万用表、电烙铁、电钻、钢锯和手电筒等常用工具外，还必须具备一套专用的检修工具和设备，用于对制冷系统检测和维修作业。主要有歧管压力计、三根连接用的胶皮软管、制冷剂罐注入阀、真空泵、制冷剂漏气检测仪、截止阀和T形接头等工具与设备。

6.2.1 歧管压力计

歧管压力计也称压力表组，由两个压力表(低压表和高压表)、两个手动阀(低压手动阀和高压手动阀)、三个软管接头(一个接低压工作阀，一个接高压工作阀，一个接制冷剂罐或真空泵吸入口)和歧管座组成，如图6-2所示。

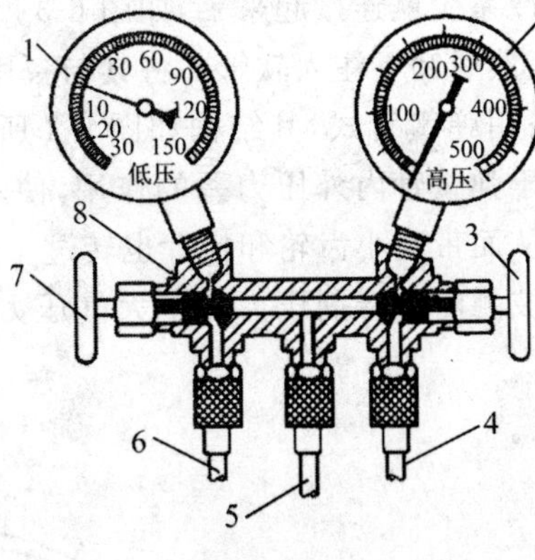

图 6-2　歧管压力计

1—低压表(蓝)　2—高压表(红)　3—高压手动阀(HI)　4—高压侧软管(红)

5—维修用软管(绿)　6 低压侧软管(蓝)　7—低压手动阀(LO)　8—岐管座

歧管压力计用胶皮软管与汽车空调系统连接,在胶皮软管末端接头上带有顶销,用于顶开压缩机上的气门阀。胶皮软管有多种颜色,按规定蓝色软管用于低压侧,红色软管用于高压侧,绿色、白色或黄色软管用于连接歧管压力计上的中间接口,胶皮软管应耐油、耐压。

歧管压力计主要用于对空调系统抽真空、充入或放出制冷剂以及判定空调系统故障等。例如:

(1)低压手动阀开启,高压手动阀关闭,此时可以从低压侧向制冷系统充注气态制冷剂。

(2)低压手动阀关闭,高压手动阀开启,此时可使系统放空,排出制冷剂,也可以从高压侧向制冷系统充注液态制冷剂。

(3)两个手动阀均关闭,可用于检测高压侧和低压侧的压力。

(4)两个手动阀均开启,内部通道全部相通。如果接上真空泵,就可以对系统抽真空。

压力表上所标出的压力一般为表压力,为了抽真空时应用方便,压力表上还标有真空刻度。

通常,歧管压力计上的三个接头都已分别与注入软管接好。当制冷系统管路内有制冷剂时,可按如下步骤把歧管压力计与空调制冷系统检修阀连接起来。

(1)用工具卸下装在压缩机上的检修阀压力表接口及调节杆上的螺母,注意动作要缓慢。以防制冷剂漏出伤人。

(2)关闭歧管压力计上的两个手动阀。

(3)把歧管压力计上的低压软管连接到低压侧检修阀上,高压软管连接到高压检修阀上。中间软管的另一端用布包好后放在一块干净的布片上。各软管接头只能用手拧紧。

(4)使用阀门扳手把检修阀调到“中位”(对于气门阀无须进行此步骤)。

(5)把歧管压力计上的低压手动阀稍微打开几秒,其目的是利用系统内的制冷剂将低压软管内的空气排出,然后将其关闭。再用同样的方法排出高压软管内的空气。

这样，歧管压力计与空调制冷系统就连接起来了，如图 6-3 所示。当要卸下歧管压力计时，应先将检修阀调到“后位”，然后卸下注入软管并将其与备用接头连接起来。

歧管压力计的压力表一般采用弹簧管式，其结构如图 6-4 所示。当具有一定压力的制冷剂充到接头弹簧管中时，由于弹簧管内外压力差的作用，使弹簧管(膨胀)变形，通过拉杆使扇形齿轮转过一个角度，从而带动小齿轮和指针也转过一个角度，指针所指的读数即是所测的压力(表压力)，如果被测的制冷剂压力低于大气压力时，则弹簧管收缩变形，压力计所指示的读数便是真空度。

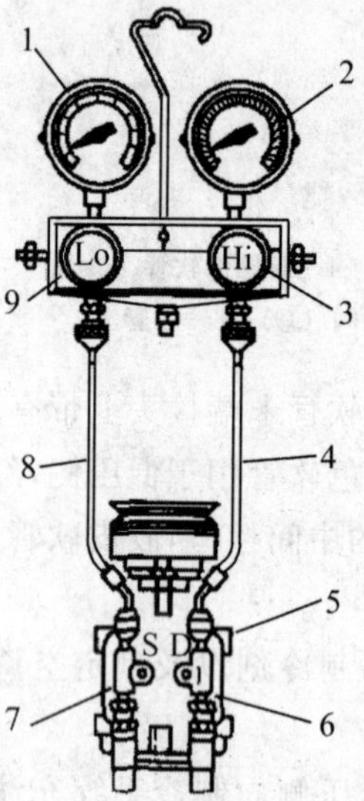

图 6-3　歧管压力表连接

1—低压表　2—高压表　3—高压手动阀
4—高压侧软管　5—压缩机　6—高压检修阀
7—低压检修阀 8—低压侧软管 9—低压手动阀

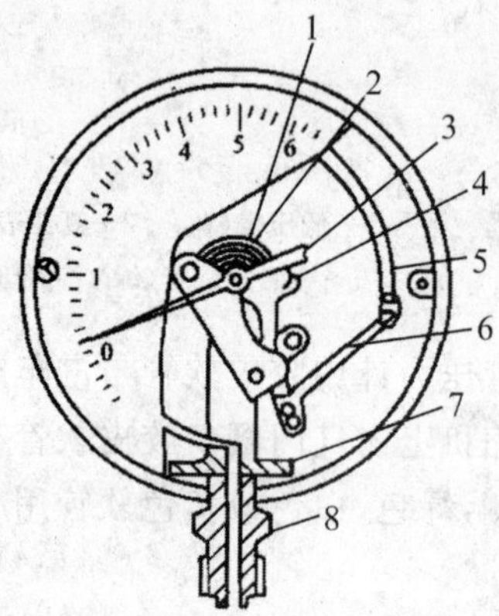

图 6-4　弹簧管式压力表结构示意图

1—小齿轮　2—游丝　3—指针　4—扇形齿轮
5—弹簧管　6—拉杆　7—固定块　8—接头

6.2.2　维修阀

汽车空调制冷系统是一个封闭的系统。为检修方便，通常在制冷系统管路上设置维修阀，它可与歧管压力计等检修设备连接以便进行故障诊断与维修操作，而不用打开制冷系统管路。

大多数汽车空调制冷系统中都有两个检修阀，分别设置在高压侧和低压侧，某些汽车空调上还装有三个检修阀。常用的检修阀有气门阀(自动阀)和手动阀两种。

6.2.2.1　气门阀

气门阀又称阀心型检修阀，也称施拉德尔阀，其结构如图 6-5 所示，此阀心类似于汽车轮胎上的气门心结构。它有两个位置：开启和闭合，通常是处于闭合状态。当要检修制冷系统时，把带有顶销的注入软管接头连接在气门阀上，顶销就把气门阀阀心顶开，系统管路便与注入软管相通了，制冷剂就能进入检测用软管，这时即可进行检测和维修作业了。卸去检测用软管时，气门阀则会自动关闭系统接口，起到良好的密封作用。

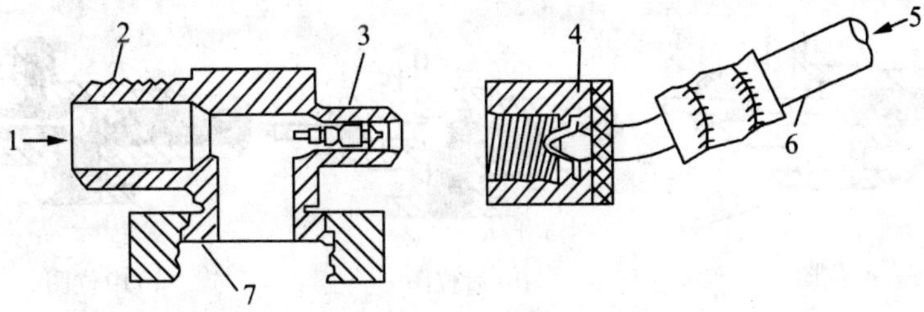

图 6-5　气门阀结构示意图

1—通向制冷系统管路　2—检修接口　3—气门阀　4—顶销
5—通向压力表　6—注入软管　7—通向压缩机

将检测软管与该阀连接时，应注意：只有注入软管一端先连接在歧管压力计上，另一端才能连接在气门阀上。当连接好后，软管的另一端不能从歧管压力计上拆除，否则会引起制冷剂流失。

6.2.2.2　手动阀

手动阀是一种以手动方式控制制冷剂流向的三通阀，通常布置在压缩机上，标有英文字母 S 的为低压侧检修阀。标有英文字母 O 的为高压侧检修阀。

卸下检修阀的保护帽后，可以看到一个方形调节杆，用合适的扳手拧动调节杆时，可使阀处于三种不同的位置，即前位、中位和后位，如图 6-5 所示。

(1)前位，将调节杆顺时针旋到底时检修阀即处于前位，这时制冷剂不能流到压缩机，压缩机从制冷系统中隔离出来，以便对它进行检修或更换，在这一位置时，压缩机仅与压力表接口相通。如果压力表接口保护帽未去掉而运转压缩机，高压制冷剂将无法排出，会导致压缩机损坏。

(2)后位，将调节杆逆时针旋转到底时检修阀即处于后位，后位是检修阀的正常工作位置，制冷剂能通过压缩机正常循环，压力表接口被关闭，制冷剂到达不了压力表，歧管压力计不能测出制冷剂压力值。

(3)中位，从后位顺时针(或从前位逆时针)旋转调节杆 1～2 圈，检修阀即处于中位(三通位置)，制冷剂可在整个系统内流通，制冷剂可到达压力表口，以便测量压力，中位主要用于对制冷系统进行检修作业。如充注或放出制冷剂，抽真空，又可用歧管压力计来判断故障等。

注意：在打开手动阀上的压力表接口前或要从检修阀上拆除注入软管时，一定要将检修阀置于后位，否则会造成制冷剂流失。

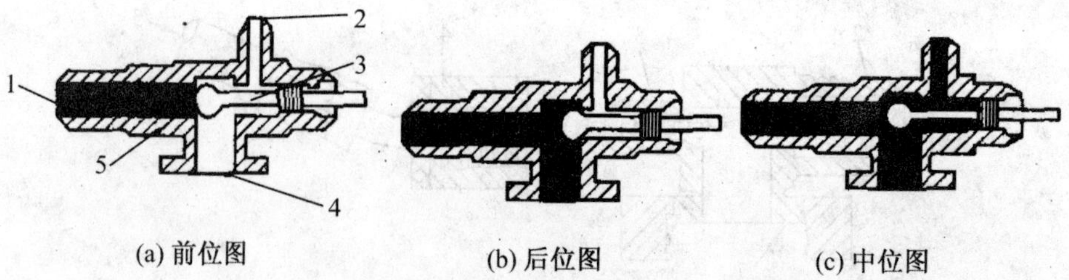

图 6-6　手动检修阀

1—制冷系统管路接口　2—压力表接口　3—柱塞　3—压缩机接口　5—阀体

6.2.3　检漏仪

检漏仪用于对空调制冷系统泄漏部位的检测，常用的检漏仪有电子卤素检漏仪。

电子卤素检漏仪是根据卤素原子在一定的电场中极易发生电离而产生电流的原理制成的。电子卤素检漏仪的工作原理如图 6-7 所示，有一对电极，加热由白金做的阳极，并在阳极附近放一个带有负电的阴极，这对电极放在空气中时。由于空气的电离度很低，检测电路不通，电流表没有电流指示。当有制冷剂气体流经阳极与阴极之间时，在铱合金催化下迅速电离，电路中有电流通过，制冷剂浓度越大，电离越大，电路的电流也越大。这些可以通过串联在回路中的电流表反映出来，也可以由蜂鸣器的声音大小反映出来。由此检测出制冷剂气体的浓度，达到检漏的目的。

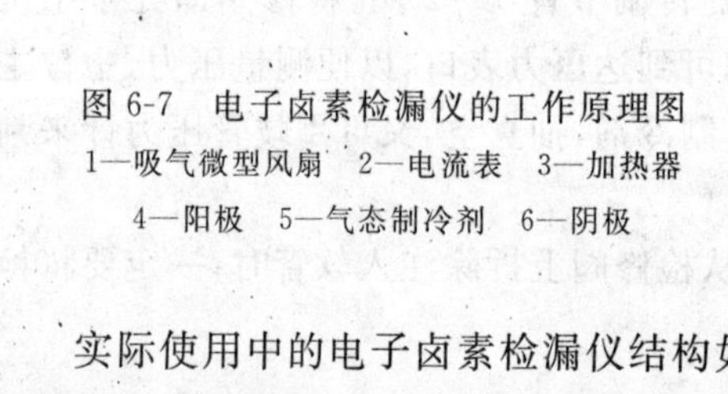

图 6-7　电子卤素检漏仪的工作原理图

1—吸气微型风扇　2—电流表　3—加热器　4—阳极　5—气态制冷剂　6—阴极

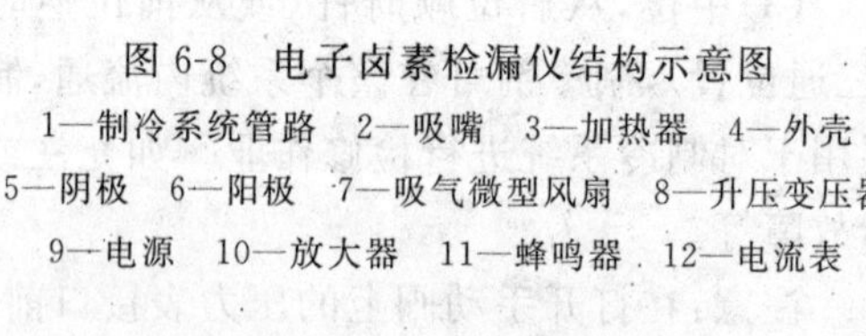

图 6-8　电子卤素检漏仪结构示意图

1—制冷系统管路　2—吸嘴　3—加热器　4—外壳　5—阴极　6—阳极　7—吸气微型风扇　8—升压变压器　9—电源　10—放大器　11—蜂鸣器　12—电流表

实际使用中的电子卤素检漏仪结构如图 6-8 所示。圆筒状白金阳极内侧装有一个加热器，阳极外侧放一只圆筒状的阴极，在阴、阳极之间加直流电压。为使气体在电极间流过，设有一只微型吸气风扇，通过吸气管将泄漏部位的气体吸入电极，若有制冷剂气体通过电极时，就会产生几微安的电流，通过放大器放大后用电流表指示或用蜂鸣器发出警告声音，且蜂鸣器发出的声音频率高低随制冷剂泄漏量的大小而变化。

目前使用的电子检漏仪更加简单和轻便，一般可以检测多种制冷剂（例如：R11、R12、

R13；R22、R502、R500；R134a、R123、R125、R23 等），使用时只需将电源开关打开，经短时预热后将探头伸入需要检测的部位即可，通过声光报警或仪表指针便可方便地判断出泄漏量多少。

6.2.4　真空泵

真空泵是汽车空调制冷系统安装、维修后抽真空不可缺少的设备。抽真空是为了排除制冷系统内的空气和水分，它是空调维修中一项极为重要的程序，因为对空调系统进行维修或更换元件时，空气会进入系统，且空气中含一定水蒸气，抽真空并不能把水分直接抽出制冷系统，而是产生真空后降低了水的沸点，水气化成蒸气后被抽出制冷系统，所以抽空时间越长，系统内残余水分就越小。

常用的真空泵，用油密封的有滑阀式和刮片式两种。用油密封的真空泵真空度较高；用水密封的有水环式。目前常用的刮片式真空泵的结构如图 6-9 所示，主要由定子、转子、排气阀和刮片等组成。工作时，弹簧弹力将两只刮片紧贴气缸壁，以保证其密封性，定子上的进、排气口被转子和刮片分隔成两部分。当转子旋转时，一方面周期地把进气口附近的容积逐渐扩大而吸入气体；另一方面又逐渐缩小排气口附近的容积，将吸入的气体压出排气阀，从而达到抽真空的目的。

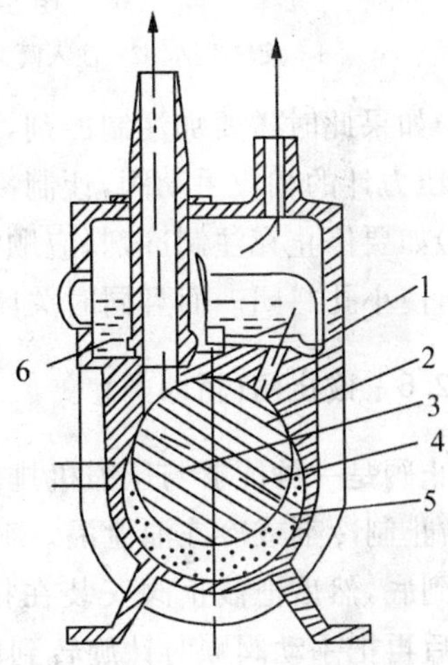

图 6-9　刮片式真空泵结构示意图

1—排气阀　2—转子　3—弹簧

4—刮片　5 定子　6—油

6.2.5　制冷剂罐注入阀

制冷剂罐注入阀是打开小容量制冷剂罐（400g 左右）的专用工具，它利用蝶形手柄前部的针阀刺破制冷剂罐，通过螺纹接头把制冷剂引入歧管压力计，如图 6-10 所示。其使用方法为：

（1）在制冷剂罐上安装制冷剂罐注入阀之前，应按逆时针方向转动蝶形手柄。使其前端的针阀完全缩回；再逆时针转动盘形锁紧螺母，使其升高到最高位置。

（2）把注入阀装到制冷剂罐顶部的螺纹槽内，顺时针旋下盘形锁紧螺母，并充分拧紧，使注入阀固定牢靠，把注入阀接头与歧管压力计上的中间软管接头连接起来（歧管压力计事先与空调系统联接好）。

（3）确认歧管压力计上的两个手动阀均处于关闭状态。

（4）顺时针转动蝶形手柄，用针阀在制冷剂罐上刺一小孔。

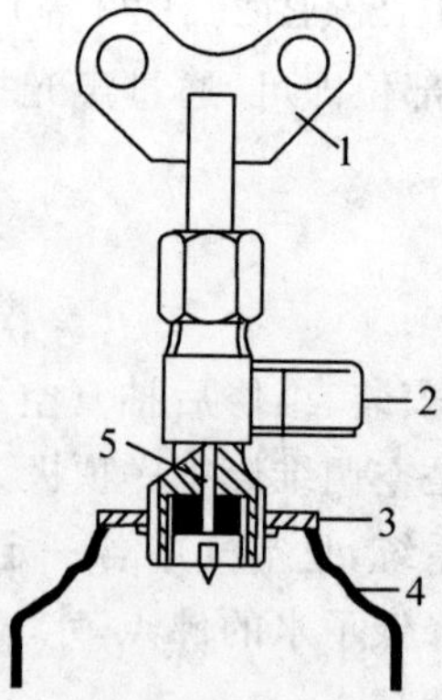

图 6-10　制冷剂罐注入阀结构

1—旋转手柄　2—注入阀上接头　3—板状锁紧螺母　4—制冷剂罐　5—阀针

(5)如果此时需要加注制冷剂,应逆时针转动蝶形手柄。使针阀收回,而且同时要打开歧管压力计的相应手动阀,让制冷剂注入汽车空调制冷系统。

(6)如要停止充注制冷剂,应顺时针转动蝶形手柄,使针阀下落到制冷剂罐上刚开的小孔上,使小孔封闭。而且同时关闭歧管压力计的相应手动阀。

6.2.6　截止阀(辅助阀)

截止阀是一种能够与压缩机排出阀及高压侧软管相联的工具,用在拆除高压侧的软管,能防止制冷剂或冷冻油泄漏。截止阀的结构如图 6-11 所示,安装前应先将手动阀逆时针旋到底,然后把截止阀安装在排出阀上,再把它与高压侧的制冷剂注入软管联接起来。然后再把手动阀顺时针旋转到底,直到阀杆紧顶压缩机排出阀的气门心,即可防止泄漏。必须注意的是,在拆卸时应先将手动阀逆时针方向转到底,截断制冷剂通路,方可拆除注入软管并取出截止阀。

6.2.7　制冷剂钢瓶

制冷剂钢瓶是装制冷剂的专用容器,有大容积的大瓶和小容积的小瓶之分。瓶口装有直角闭,控制瓶内制冷剂的封闭与排放。

6.2.8　T 形接头

为了满足汽车空调制冷系统检修的需要,一般要有能同时使用两罐制冷剂进行注入作业的工具,T 形接头就是为此目的而设计的,其结构如图 6-12 所示。

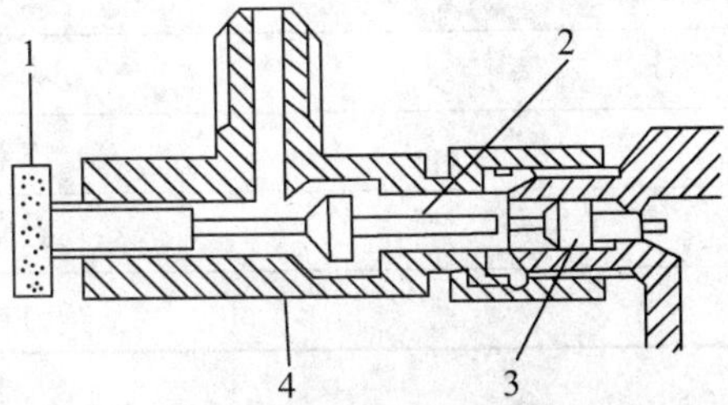

图 6-11　截止阀结构示意图

1—手动阀　2—阀杆　3—压缩机排出阀　4—截止阀

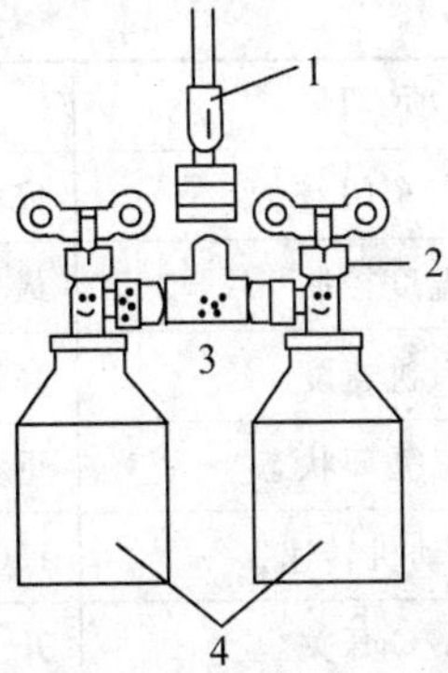

图 6-12　T 形接头结构示意图

1—注入软管　2—制冷剂注入阀　3—T 形接头　4—制冷剂罐

6.2.9　制冷剂回收装置

为了减少制冷剂对大气的破坏及避免造成浪费，在对汽车制冷系统进行维修之前，可利用回收装置将制冷系统内原有的制冷剂进行回收。若回收的制冷剂较纯净，则可不经过加工直接充注回制冷系统重新利用；若回收的制冷剂含杂质较多，则必须进行油分离、过滤、除湿、除酸等加工后方可再利用。制冷剂回收罐一般与真空泵、高低压表组等安装在一起，连接好后可进行制冷剂的回收、抽真空、加注制冷剂等多项维修作业项目。

6.2.10　其他维修工具

除以上介绍的工具外，空调维修还应备有阀门扳手、弯管器、扩管器、温度计、湿度计以及电气电焊等设备。拆卸压缩机时，还需一些专用工具，如离合器扳手、锁紧螺母套筒、离合器拉器、六角套管等，否则难以拆卸和安装。

6.3　制冷系统的制冷剂量与压力检测

6.3.1　空调制冷剂储量的检查

检查空调制冷剂储量通常有观察法、测温法和压力法三种方法。

6.3.1.1　观察法

观察法通过观察视液窗内制冷剂的气泡情况来判断制冷剂储量，视液窗多装在储液干燥器的盖子上面，首先找到视液窗并将它擦干净，然后起动发动机，使空调进入制冷剂注入量检查状态(表 6-3)运转几分钟，从视液窗处观察到制冷剂的流动状态，制冷剂状况与储量的关系如表 6-4 所示。

表 6-3 汽车制冷剂注入量检查状态

项目	状态
车门	完全打开
温度控制	最大制冷状态(cool 位置)
风机速度	高速
空气循环状态	重复循环(车内循环)
发动机转速	1500r/min
A/C 开关	开

表 6-4 制冷剂状况与储量的关系

序号	制冷剂状况	制冷剂储量	处置方法
1	窗内呈透明,发动机转速稳定时无气泡出现,转速变化的瞬间,偶尔出现气泡,关闭空调后随即起泡,然后渐渐消失	储量适中	
2	看不到气泡,关闭空调后,窗内处于澄清状态,无泡沫出现	加注过量	应放出多余的制冷剂
3	看到间断而微量的气泡	储量不足	检查是否有泄漏之处,并补足制冷剂
4	看到连续不断的气泡	严重不足	应及时检漏、修理、抽真空、添加适量制冷剂
5	看不到气泡	完全没有	

注意:因为制冷剂是透明的,如果制冷剂全部泄漏完了,容易误认为系统里充满着制冷剂。对此可采取交替地开动和关停空调器进行判断,当关掉空调系统时,注视玻璃窥视窗,如果系统里有制冷剂,在关掉空调系统的时候能够看见小的气泡。如果空调系统运转时,看不见小的气泡,并且空调系统已向车内送冷空气了,表明一切都正常。

6.3.1.2 测温法

测温法是通过对储液干燥器出入口的温度进行检查,来判断制冷剂的储量是否合适。储液干燥器通常装在冷凝器的前方,外形像灭火器(圆筒状),并且总有两根管道与它相连连,一根管路通向膨胀阀,另一根管路通向冷凝器。操作时,先运转发动机,使空调进入制冷剂注入量检查状态(表 6-3)运转几分钟,用两手分别握住上述两根管子,感觉它的温度差别。温度差别与制冷剂储量的关系如表 6-5 所示。

表 6-5　　两根管子的温度差别与制冷剂储量的关系

序号	温度差别	制冷剂储量	处置方法
1	两根管子的温度很相近	储量适中	
2	通往冷凝器的管子较冷	储量不足	检查是否有漏之处，并补足制冷剂
3	通往膨胀阀的管子较冷	加注过量	放掉部分制冷剂

6.3.1.3　压力法

利用压力表组检测空调制冷系统的高低压端压力来判断，如下面介绍的高低压表压力都过低，高压管温热，低压管微冷，温差不大的情况就属于制冷剂不足。

6.3.2　岐管压力表的故障检测

使用压力表测量管路的压力状况不仅可以判断管路中制冷剂的储量，而且可以判断故障产生的原因。在新鲜空气温度 25℃～35℃，发动机转速为 1500～2000r/min，风扇速度开关在最大，冷度开关在最强时，从岐管压力表上读取压力值，R134a 空调系统岐管压力表读数：低压侧为 0.15～0.25MPa，高压侧为 1.37～1.81MPa。R12 空调系统岐管压力表读数：低压侧为 0.147～0.196MPa；高压侧读数为 1.442～1.471MPa。

连接好岐管压力表后，读取高低压力表的显示值，如图 6-13 所示。

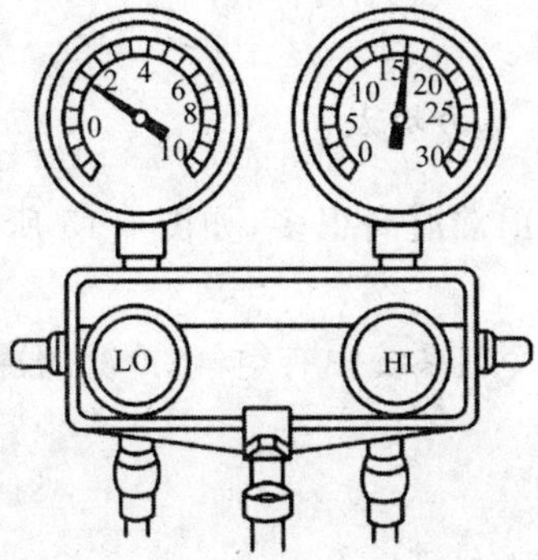

图 6-13　高低压力表的显示

制冷系统的正常压力值如表 6-6 所示。

表 6-6　　制冷系统正常压力值

环境温度(℃)	发动机不运转时制冷循环压力(kPa)	发动机运转时制冷循环压力(kPa)	
		高压	低压
15	390	—	—
20	470	—	—
25	550	1050～1250	100～150
30	660	1350～1550	150～200
35	750	1450～1810	200～250
40	880	1850～2530	250～300
45	980	—	—

6.3.2.1　高压表和低压表压力均较低

高压表和低压表显示值比正常值低,如图 6-14 所示。另外,从视液镜内看到有气泡,冷气不凉,高压管温热,低压管微冷,温差不大。

故障原因:制冷剂不足或有泄漏。

排除方法:

(1)用检漏仪寻找泄漏处,并予以修复。

(2)加注制冷剂。

6.3.2.2　高压表和低压表压力均太高

高压表和低压表显示值比正常值高很多,如图 6-15 所示。另外,从视液镜偶尔可看见气泡,冷气不凉。

故障原因:制冷剂过多;制冷剂系统中有空气;冷凝器冷却不足。

排除方法:

(1)更换储液干燥器。

(2)充分抽真空,重新充注制冷剂。

(3)清洗或更换冷凝器,检查风扇电动机及其电路。

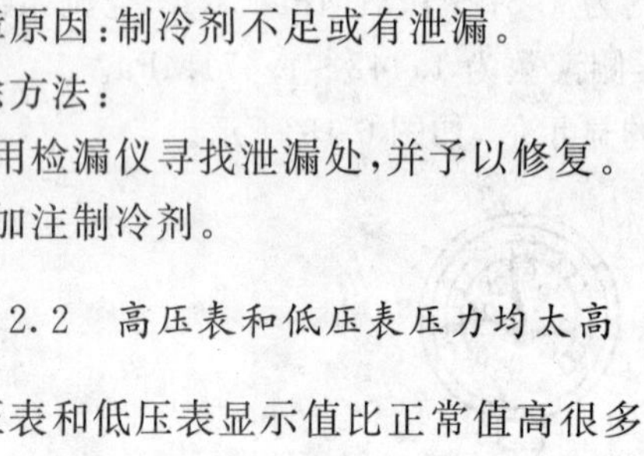

图 6-14　高压表和低压表显示值比正常值低

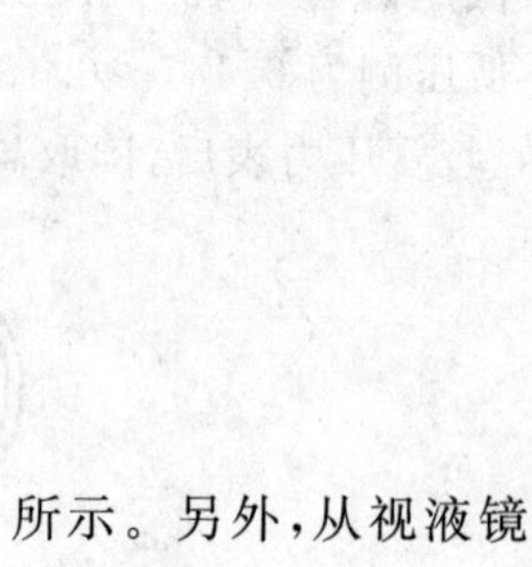

图 6-15　高、低压表均太高

6.3.2.3　低压表压力有时为负压(真空)

低压表压力显示值有时为负压(真空),有时正常,如图 6-16 所示。另外,系统间歇制冷或不制冷。

故障原因:制冷系统存在水分。

排除方法:

(1)更换储液干燥器。

(2)反复抽负压(真空)。

(3)充注制冷剂适量。

6.3.2.4　低压表压力为负压(真空),高压表压力很低

低压表压力显示值为负压(真空),高压表压力显示值很低,如图 6-17 所示。另外,在储液干燥器或膨胀阀前后管路上结霜或有露水,系统不制冷或间歇制冷。

故障原因:制冷剂不循环。

排除方法:

(1)按制冷剂系统中存在水分处理。

(2)更换膨胀阀。

(3)更换储液干燥器。

(4)检查制冷剂是否被污染。

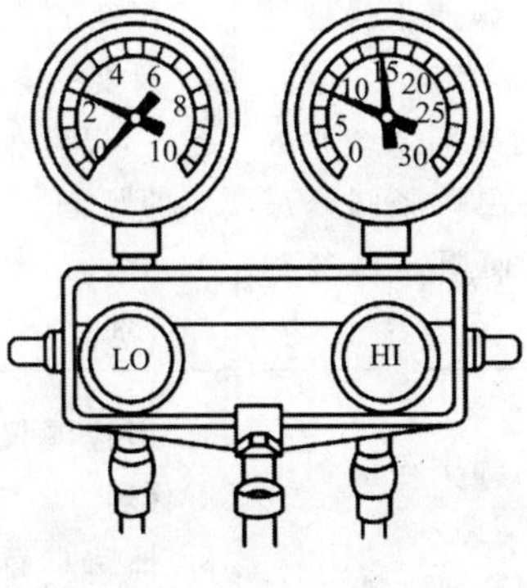

图 6-16　低压表压力有时为负压

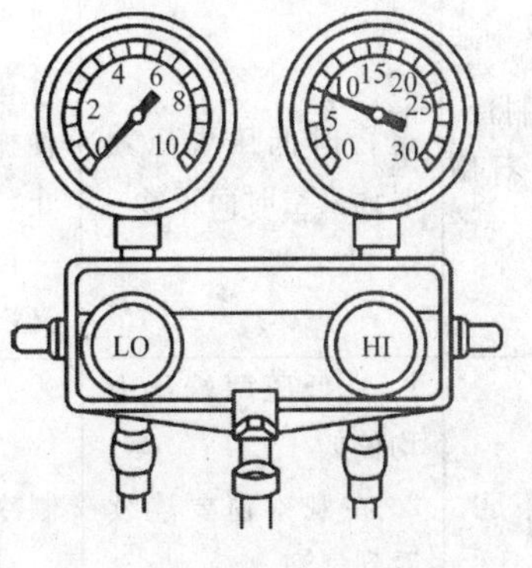

图 6-17　低压表压力为负压,高压表压力很低

6.3.2.5　低压表压力太高、高压表压力太低

系统不制冷,低压表压力显示值很高,高压表压力显示值很低,如图 6-18 所示。

故障原因:压缩机内部故障。

排除方法:更换损坏的零件或总成。

6.3.2.6　低压表压力太低,高压表压力太高

低压表压力显示值很低,高压表压力显示值很高,如图 6-19 所示。另外,冷凝器上部

和高压管路温度高，而储液干燥器并不热。

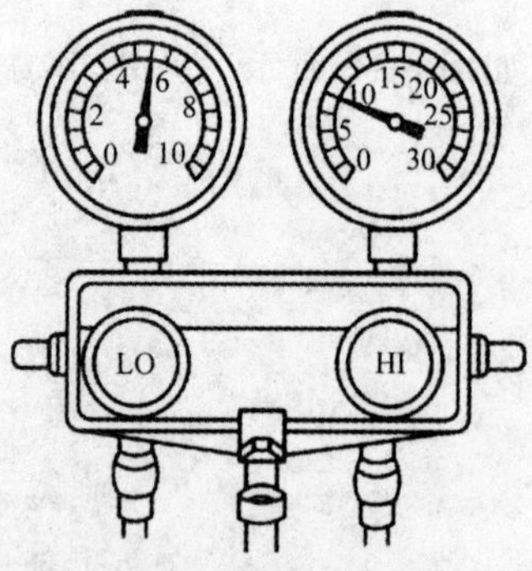

图 6-18　低压表压力太高，高压表压力太低

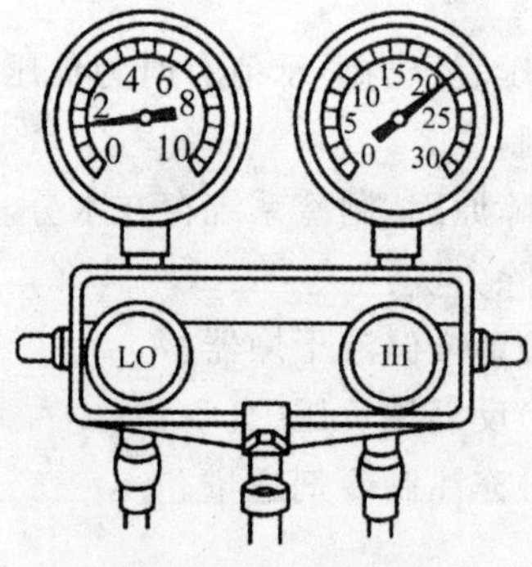

图 6-19　低压表压力太低，高压表压力太高

故障原因：高压管路堵塞或被压扁。

排除方法：

(1)清洗或更换零件。

(2)检查冷冻机油是否被污染。

其他故障诊断与排除方法如表 6-7 所示。

表 6-7　　用歧管压力表进行故障诊断与排除

故障现象	状况	可能的原因	诊断	排除方法
继续制冷，然后不制冷	运行时低压端压力时而真空时而正常	进入制冷系统的水分在膨胀阀处冻结，使循环过程暂时停止，并在冻结融化后一段时间循环过程又恢复正常	1. 干燥瓶干燥剂处于饱和状态 2. 制冷剂系统中的湿气在膨胀阀处冻结从而阻止制冷剂循环	1. 更换干燥瓶 2. 反复抽空，排出空气，以除去循环中的湿气 3. 充入适量的新制冷剂制冷
制冷不足	1. 高低压两端压力均偏低 2. 在观察窗要连续看到气泡 3. 制冷不足	制冷系统漏气	1. 系统中制冷剂不足 2. 制冷剂泄漏	1. 用检漏仪检测并修理 2. 抽空重新灌制冷剂
制冷不足	1. 高低压两端压力均偏低 2. 储液罐至制冷装置之间的管路结霜	储液罐中的杂物阻碍制冷剂的流动	储液罐堵塞	1. 更换储液罐 2. 抽空重新灌制冷剂

续表

故障现象	状 况	可能的原因	诊 断	排除方法
不制冷或有时断续制冷	1. 低压端出现真空示值;高压端出现很低的压力示值 2. 储液罐/干燥器或膨胀阀的前后管结霜或见到露珠	1. 系统中的湿气或杂阻碍制冷剂的流动 2. 膨胀阀热敏管漏气妨碍制冷	制冷剂不循环	1. 检查热敏管膨胀阀和蒸发器压力调节器 2. 清洗或更换膨胀阀,更换干燥瓶 3. 抽真空、保压、加制冷剂
制冷不足	1. 低、高压端压力均过高 2. 即使降低发动机转速,在观察窗也见不到气泡	1. 系统中制冷剂过量 2. 冷凝器散热不良(冷凝器散器片堵塞或风扇电动机故障)	1. 检查冷凝器散热 2. 检查风扇电动机 3. 检查制冷剂量是否过多	1. 清洗冷凝器 2. 修理风扇或线路,或更换 3. 放出多余制冷剂
制冷不足	1. 低、高压端压力均过高 2. 高压表针来回摆动 3. 观察窗中中气泡	空气进入系统	空气进入系统	1. 抽真空 2. 重新加入制冷剂
制冷不足	1. 高、低压端压力均过高 2. 低压端管路上出现大量露珠	膨胀阀存有故障或热敏管安装不当	1. 低压管路制冷剂过多 2. 膨胀阀过开过大	1. 检查安装热敏管 2. 检查膨胀阀,如有故障更换
不制冷	1. 低压端压力太高 2. 高压端压力太低	压缩机漏气	1. 压缩机故障 2. 压缩机气门漏气或断裂	修理更换压缩机

6.4　空调系统的检漏

对汽车空调制冷循环系统进行检漏时,可以采用以下几种方法。

6.4.1　目测检漏法(油迹法)

空调在运行过程中,部分冷冻机油会随着制冷剂在系统内循环,如因密封不良而使制冷剂泄漏时,也会带出少量的冷冻油,泄漏处便会形成油斑,时间一长又粘上尘土便形成明显的油渍。根据这种现象就能找到泄漏部位,不过只有在泄漏量较大时,这种现象才明显。

发现系统某处有油迹时,此处可能为渗漏点,但是压缩机轴封处微量的油迹是正常的。目测检漏简便易行，没有成本，但是有很大缺陷，除非系统突然断裂的大漏点，并且系统泄漏的是液态有色介质，否则目测检漏无法定位，因为通常渗漏的地方非常细微，而且汽车空调本身有很多部位几乎看不到。

6.4.2 气泡检漏法

检漏时，擦净被检漏部件，向空调系统充入 1.2～1.5MPa 的氮气，把专用的商品气泡检查液或肥皂水溶液抹到怀疑发生渗漏的全部接口、接头、配件处(用家用皂水时，要求用刷子涂抹)，若有泄漏，便会出现气泡。注意应对全部空调系统进行检查，因为渗漏部位可能不止一处。这种办法是目前路边修理厂最常见的检漏方法，但是人的手臂和视力范围是有限的，很多时候会造成泄漏部位检测不全。

6.4.3 着色检漏法

将某种颜色的染料加入制冷系统中并随制冷剂一起在管路中循环流动，当系统管路或部件发生泄漏时，加入的染料也随之渗漏出来并粘在泄漏部位使之变色，通过观察制冷系统管路和部件的颜色，就能发现泄漏部位。此种方法也存在与目测法一样的缺陷。

6.4.4 卤素灯检漏法

点燃检漏灯，手持卤素灯上的空气管，当管口靠近系统渗漏处时，火焰颜色变为紫蓝色，即表明此处有大量泄漏。这种方式有明火产生，不但很危险，而且明火和制冷剂结合会产生有害气体，此外也不易准确地定位漏点，所以这种办法现在已经被淘汰不再使用。

6.4.5 检漏仪检漏法

利用电子检漏仪检漏，不是向系统输入氮气，而是向系统输入制冷剂蒸气，并且使其压力值达到 3.5×10^5 Pa，然后将电子检漏仪上的检测开关置于检测位置，使之能听到有固定节奏的电子信号声(“嘟嘟”声)，再把电子检漏仪上的吸管口对准可能有泄漏的部位，顺着系统路径连贯地移动。如吸管口吸到制冷剂，电子检漏仪的电子信号声便明显增强，并且吸管口与漏点越接近，发出的电子信号声也就越大，由此来确定漏点。

电子检漏产品的优点是检测精度高，但容易受到环境化学品如汽油、废气的影响，造成错判或者误判。

6.4.6 负压检漏法

在抽真空作业完成之后，不要急于加注制冷剂，而是保持系统真空状态一定的时间(一般数十分钟至数小时)后，观察歧管压力计上的低压表真空度是否发生变化。如真空指示没有变化，则说明系统无泄漏；如真空指示回升，则说明系统有泄漏。这种方法只能判断系统有无泄漏，而无法具体指示泄漏部位，因此，只用于加注制冷剂前的初步检漏。

6.4.7 荧光检漏法

利用荧光剂在检漏灯照射下会发出黄绿荧光的原理，将荧光剂按一定比例加入空调系统中，系统运作两个小时后戴上专用眼镜，用检漏灯照射系统的外部，泄漏处将呈明亮的黄色荧光。

这种检漏方法的优点是定位准确，微量的渗漏点可以直接用眼睛看到，而且使用简单，携带方便，检修成本较低，代表了汽车检漏的发展方向。据了解，TP 荧光检漏技术在国外已经有 50 多年的历史了，得到了包括通用、大众、三菱在内的世界主要汽车制造商的认可和应用。“4S”店一般采用这种方法。

荧光检漏法也存在一定的弊端：荧光法必须将荧光检漏剂充入待检系统的制冷系统内，并运行至少两个小时后才能使用专用照射灯检测其漏源和漏点，如果泄漏较慢，建议车主使用一段时间，在空调再次出现制冷剂缺失现象时返厂检测漏点，若发现泄漏点，则须分解拆卸空调系统部件，那么原先试漏加在系统内的荧光剂和制冷剂又要被浪费掉一部分，会使物料浪费严重。另外，采用荧光法检漏时，系统循环压力难以达到真实工况(高温高压)下运行的压力。根据维修人员的维修经验，有时系统的泄漏只有在较高压力下才会出现，所以在检漏时，往往会放过这些不明显的泄漏点。

6.5　空调系统制冷剂排放、抽真空及充注制冷剂

6.5.1　制冷剂的排放与回收

汽车空调系统在进行拆卸部件、系统检修等许多维修项目之前，都必须首先放出系统中的制冷剂。排放制冷剂时，须注意环境通风，并不能有明火，否则将产生有毒气体。排放制冷剂的操作方法如下：

(1)关闭压力表组上的高、低压手动阀，将压力表组的高、低压软管分别连接到空调系统的高、低压检修阀上，将中间软管端头用干净擦布包上。

(2)缓慢打开高压手动阀，让制冷剂从中间软管排出，注意阀门开度要小，否则冷冻油将随制冷剂一同排出。

(3)观察高压表，当其压力降到 0.35MPa 以下时，逐渐打开低压手动阀，使制冷剂从两侧同时排出。

(4)随压力下降，逐渐开大两个手动阀，直到制冷剂完全放出为止。

若想回收制冷剂，在上述操作的基础上可将中间软管接到真空泵入口，真空泵出口接到回收罐上，然后开启真空泵，便可将制冷剂回收到罐中。

注意：在制冷剂排出过程中，手动阀不能开得过大，然后观察被布包扎的软管端头，确认排出的是气态制冷剂，而不含压缩机润滑油。如含有压缩机润滑油，应及时减小手动阀的开度，以减少制冷剂气体的流量，使之不把压缩机润滑油带出。

6.5.2　制冷系统抽真空

检修完空调系统后，系统内难免要进入空气，空气中含有大量的水蒸气，它对空调系统有很大的破坏作用，因此必须将空气彻底抽出。抽真空时，由于压力越来越低，水逐渐汽化成蒸气而被抽出，这个过程比较慢，因而抽真空最少需 30min 以上，若真空泵的容量

小，还需更长时间。为使空气尽可能被彻底抽出，还可采用重复抽真空法，即在第一次抽完后，再重复抽 1～2 次。

以桑塔纳 2000 汽车空调为例，抽真空的具体操作方法如下：

(1)分别将高压表接入储液罐的维修阀，低压表接入自蒸发器至压缩机低压管路上的维修阀，中间注入软管安装于真空泵接口，如图 6-20 所示。

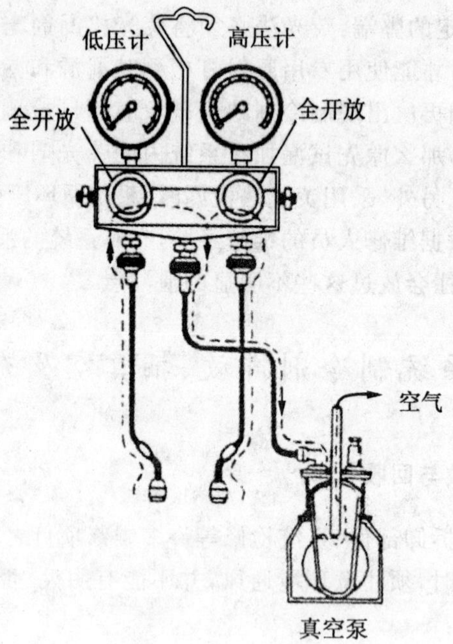

图 6-20　抽真空连接

(2)启动真空泵，打开歧管表高低压手动阀。

(3)系统抽真空，使低压表所示的真空度达 0.02～0.03MPa。抽真空时间为 5～10min。

(4)真空泵继续运转 5min，低压表真空度达 0.01～0.02MPa。

(5)放置 5min，观察压力表，若指针继续上升，说明真空下降，系统有泄漏之处，应使用检漏仪进行泄漏检查，并修理堵漏。

(6)继续抽真空 20～25min，并重复(5)，如压力指针保持不动，说明无泄漏，可进行下一步工作。

(7)关闭高、低压压力表的手动阀，然后关闭真空泵，停止抽真空，从真空泵的接头拆下中间注入软管，准备注入制冷剂。

6.5.3　加注制冷剂

当对空调系统进行抽真空并经检查确实不存在泄漏后，便可进行制冷剂的加注作业。每种压缩机加注制冷剂的量都有严格规定，加注量过多或过少都将影响压缩机的寿命和空调系统的制冷效果。

加注制冷剂的方法有两种：一种是从低压侧加注，这种加注方法最适于补充制冷剂，其优点是安全性好，但速度较慢；另一种是从高压侧加注，这种加注方法不适合用于补充制冷剂，其优点是速度快，但不安全。

6.5.3.1　从低压侧加注制冷剂

从低压侧加注制冷剂的步骤为：

(1)抽完真空后，关闭高低压手动阀，将中间软管从真空泵改接到制冷剂罐，用手拧紧接头。制冷剂罐必须保持正立。

(2)先顺时针方向转动注入阀旋转手柄，使阀针扎破罐口，然后逆时针转动旋转手柄使阀针抬起。

(3)拧松歧管压力计中间接头，待听到有气体流出声，最好是有白气冒出时，立即将其拧紧(目的是排出中间软管内的空气)。

(4)起动发动机，开启空调系统，打开低压手动阀，即开始加注。

(5)加注过程中制冷剂罐外表应很凉且结霜，霜化则说明罐内制冷剂已加完。若一罐不够，可换罐再加，直到注入规定量为止。

(6)加注完毕后，先关闭低压手动阀，再关闭空调系统及发动机，最后迅速卸下软管。

采用低压端充注法加注制冷剂应注意以下事项：

(1)制冷剂罐必须直立，防止容器中液态制冷剂进入压缩机而引起“液击”事故，造成机件损坏。

(2)充注时，严禁打开组合压力表的高压阀手柄，否则会使高压制冷剂倒流入制冷剂罐内，造成罐内压力增大，发生制冷剂罐破裂的危险。

(3)从低压端加注的是气态制冷剂，在加注过程中制冷剂罐必须保持正立，不能倒置，否则液态制冷剂进入压缩机，将造成压缩机的"液击"损坏。在从低压侧加注的过程中，罐中的制冷剂不断吸热汽化，因此罐子的外表很凉且结霜，手拿制冷剂罐时最好戴上手套。

(4)拧松表组中间接头，以驱赶中间软管内的空气。

6.5.3.2　从高压侧加注制冷剂

从高压侧加注制冷剂的步骤为：

(1)～(3)步与从低压侧加注时相同。

(4)将制冷剂罐倒立，打开高压手动阀，当从表组观察孔观察到一股液态制冷剂(淡黄色)流入空调高压管内时，立即关闭高压手动阀。

(5)启动空调，使压缩机低速运转几分钟，然后停机。

(6)重复(4)(5)两步，直到加注足量为止。

从高压侧加注的是液态制冷剂，在加注时罐子应倒立，加注时，空调系统必须停机，否则高压倒冲制冷剂罐，易造成爆炸伤人。

采用高压端充注法加注制冷剂应注意以下事项：

(1)严禁开起空调机(压缩机应停转)，以免发生事故。

(2)严禁打开压力表的低压阀手柄(脚)，以免发生“液击”事故，造成机件损坏。

6.5.3.3 加注方法的实车应用

下面以桑塔纳2000汽车空调为例说明两种制冷剂加注方法的具体应用。

(1)抽完真空后,将注入阀连接在制冷剂罐上。

(2)将高、低压压力表的中间注入软管安装在注入阀接口上,顺时针拧紧注入阀手柄,使阀上的顶针将制冷罐顶开一个小孔。逆时针旋松注入阀手柄,退出顶针,使制冷剂进入中间注入软管。如第一罐用完,再用第二、三罐时,仍应先关闭压力表的手动阀,重新顶开罐孔,中间注入软管在表头处拧松,以排出管内空气。

(3)拧松连接高、低压压力表中间接头的注入软管螺母,如看到白色制冷剂气体外溢,或听到嘶嘶声,说明注入软管中的空气已排出,可以拧紧该螺母。桑塔纳2000系列轿车制冷剂充注量为1150±50g。

(4)旋开高压表侧手动阀,将制冷剂罐倒立,使制冷剂以液态注入制冷系统。在充注时不得起动发动机和打开空调,以防制冷剂倒灌,如图6-21所示。

(5)如制冷剂不足,则可按图6-22所示关闭高压侧手动阀,开启低压侧手动阀,将制冷剂罐直立。启动空调压缩机,让气态制冷剂从低压侧吸入压缩机。

(6)向系统充注规定质量的制冷剂后,停止空调压缩机,关闭高、低压力表的两个手动阀和制冷剂罐上的注入阀,拆除低压侧维修阀软管,待高压侧压力下降后,方可从高压侧维修阀拆下高压表软管。

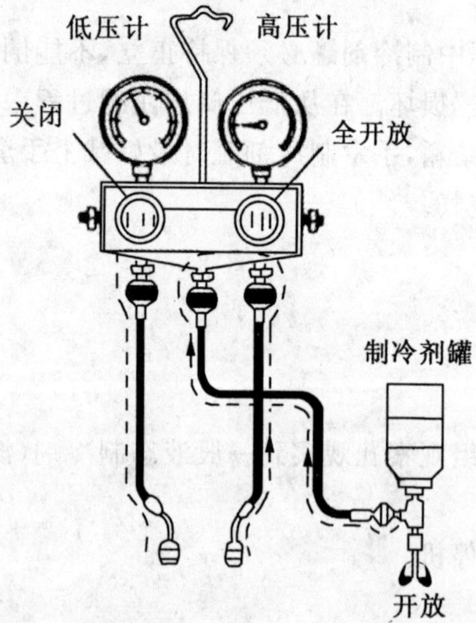

图6-21 液态制冷剂的加注

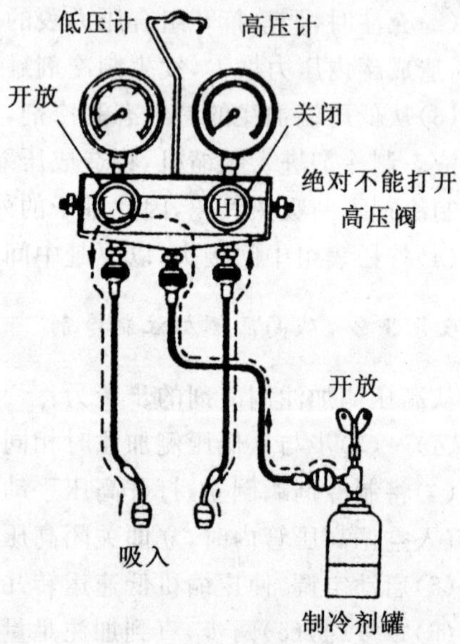

图6-22 气态制冷剂的加注

注意：

(1)在充注中，罐内压力逐渐降低，加注时间会延长。为加快充注速度，可将制冷剂罐置于盛有温水的容器内，使罐内蒸气压力保持稍高于系统内蒸气压力。

(2)为使制冷剂注入量比较准确，充注时可将制冷剂罐置于一精度较高的磅秤上，以便监测充注量。具体操作时，将充注前制冷剂罐的总质量减去注入后的数值固定在磅称的量程上，在充注过程中，一旦磅称进入平衡状态，便关闭制冷剂罐的手阀，停止充注。

6.6　压缩机冷冻机油的检查与加注

6.6.1　冷冻润滑油的功能

6.6.1.1　润滑

冷冻润滑油不断冲洗摩擦表面，带走磨屑，减少空调压缩机运动部件的摩擦和磨损，延长空调机组的使用寿命。

6.6.1.2　冷却

冷冻润滑油在压缩机及制冷系统内不断循环流动，及时带走压缩机工作时产生的热量，使压缩机保持较低的温度，从而提高压缩效率和使用可靠性。

6.6.1.3　密封

冷冻润滑油在各轴封及压缩机气缸与活塞间形成油封，防止制冷剂泄漏。

6.6.1.4　降噪

压缩机工作时，润滑油可以起到缓冲和降低压缩机噪音的作用。

6.6.2　冷冻润滑油的种类及选用

6.6.2.1　种类

目前应用于 R134a 空调系统的润滑油主要有两类：一是聚烃基乙二醇(PAG)冷冻润滑油，例如本田雅阁轿车采用的就是这种冷冻润滑油；二是聚酯类(ESTER)冷冻润滑油，它由多元醇酯基础油和添加剂配置而成，与 R134a 制冷剂互溶性好，不会出现低温沉积现象，耐磨性能良好。

6.6.2.2　牌号

国产冷冻润滑油分为 13 号、18 号、25 号、30 号等几种牌号(性能见表 6-8)。牌号数越大，其黏度也越大；进口冷冻润滑油有 SUNISO 3GS、4GS、5GS 等牌号。

6.6.2.3　选择

选择冷冻润滑油时要充分考虑压缩机的工作状态，如吸排气温度等。一般以冷冻润滑油的低温性能为主来选择，但是也要适当考虑其热稳定性。另外，由于空调压缩机有的采用斜盘式，有的采用活塞式，选用的冷冻润滑油要有所不同。汽车空调系统一般选择国产18号、25号冷冻润滑油或者进口SUNISO 5GS冷冻润滑油。

表6-8　国产冷冻油

技术参数＼序号	13号	18号	25号	30号
运动黏度50℃(厘沲)	11.5～14.5	＞18	＞25.4	＜30
凝固点(℃)	＜－40	＜－40	＜－40	＜－40
开口闪点(℃)	＜160	＜160	＜170	＜180
酸值(mg KOH/g)	＜0.14	＜0.03	＜0.02	＜0.01
灰分(%)	＜0.012			
机械杂质(%)	无	无	无	无
水分(%)	无	无	无	无

6.6.3　冷冻润滑油的检查

6.6.3.1　冷冻润滑油量的检查

压缩机有视油镜的，察看油平面，在红线以上为合适；在压缩机侧面有放油螺塞的，可以慢慢松开放油螺塞，如果有油流出，说明油量合适；有油尺的，旋下压缩机的加油孔塞，通过加油塞孔察看并旋转离合器前板，再用棉纱将油尺擦干净，然后插到压缩机内，直到油尺端部碰到压缩机内壳体，取出油尺，观察油尺浸油的深度，在标准范围内为合适。

6.6.3.2　冷冻润滑油质量的检查

在使用过程中，可以通过冷冻润滑油的颜色、气味等直观地判断其质量，也可以通过下面的方法判断冷冻润滑油中是否混入了较多的水分和杂质。

(1)滴纸法。取待查的冷冻润滑油一滴，滴在一张干净的白纸上，片刻后观察油滴在纸上扩散的颜色，若颜色很浅，而且分布均匀，说明油内杂质较少，可以继续使用。

(2)对比法。取干净的冷冻润滑油放入试管内作为标准油，再取出待查的冷冻润滑油，放入另一只同样大小的试管内进行比较，若被查冷冻润滑油的颜色为浅黄色或橘黄色，说明还可以使用；若已经变成红褐色的混浊液，则不能继续使用。

若要确切地掌握冷冻润滑油变质的程度及其原因，还必须对它进行抽样化验，作定性和定量分析。

冷冻润滑油一般每两年更换一次。

6.6.3.3　冷冻润滑油泄漏的检查

目测制冷装置的连接接口处是否有油污，若在连接处或接缝处有油污，说明该处有制冷剂泄漏。制冷剂气体从制冷回路中漏出时，与其混合的冷冻润滑油可能一并漏出，于是在漏出处形成油污。此时应当重新紧固或者更换有关零件，以消除制冷剂和冷冻润滑油的外漏。

6.6.4　冷冻润滑油的使用注意事项

(1)不同种类、不同牌号的冷冻润滑油不能混用，否则会发生变质。用于传统 R12 空调系统的冷冻润滑油不可用于 R134a 空调系统。R12 空调系统的冷冻润滑油是一种矿物油，而 R134a 空调系统的冷冻润滑油是一种叫 PAG 或者酯类的润滑油。即使只用错了少量的冷冻润滑油，也会导致制冷剂混浊；用错了大量冷冻润滑油，会造成压缩机咬死，尤其不能用发动机润滑油代替冷冻润滑油。

(2)不要使用低价劣质的冷冻润滑油，它们往往用 R12 类冷冻润滑油冒充 R134a 类冷冻润滑油，两者的市场价格相差数倍。

(3)冷冻润滑油具有吸湿性，加注操作结束应当马上将封盖拧紧。不能使用变质(例如浑浊)的冷冻润滑油，否则会影响压缩机的正常运转。

(4)在加注制冷剂时，应当先加冷冻润滑油，然后再加注制冷剂。不允许向空调系统添加过量的冷冻润滑油，否则会影响空调系统的制冷量。

(5)在管接头的结合面涂抹冷冻润滑油，可以提高其密封性。当更换管路接头的 O 形密封圈时，要在 O 形密封圈上涂些冷冻润滑油，这样便于紧固，同时可以防止制冷剂泄漏。

6.6.5　加注冷冻润滑油

汽车空调系统正常运行时，冷冻油的消耗非常少，不需要进行补充，只要按规定每两年更换一次即可。制冷系统小的泄漏也无须补充冷冻油，但较多泄漏(15mL 以上)时则需补充冷冻油。

压缩机油被溶于制冷剂中并在整个系统中循环，当空调系统关闭时，压缩机油就会滞留在系统的各部件上。维修中，特别是在更换主要部件时，如果不给系统补充适量的压缩机油，则会导致润滑不足，使压缩机出现异常。为了控制压缩机油的油量，在维修时，应将压缩机中的剩余油量先排出，经计量后再决定需补充加注的油量。

压缩机规定加注的油量在压缩机外壳标牌上均已注明。可参考表 6-9 所示容量进行加注。

表 6-9　　压缩机油的加注容量

部件名称		需补加润滑油数量(mL)
压缩机		按换下旧压缩机倒出油量再加上 30
蒸发器		40～60
储液干燥器		10～30
冷凝器	无渗漏油迹	10～30
	有渗漏油迹	40～60
软管	无渗漏油迹	可不加
	有渗漏油迹	60
系统漏气	无渗漏油迹	可不加
	有渗漏油迹	60
更换系统全部管部件		120～150

如果在空调系统中加注过量的压缩机油，会导致制冷能力下降；如果系统中压缩机油太少，则会损坏压缩机。

冷冻润滑油的加注在系统抽真空前、后均可进行，具体方法有以下几种：

1. 直接加注

若在抽真空前加注冷冻油，就可采用直接加注法，其方法很简单。先用量杯量取所需要的冷冻油量，然后从压缩机的旋塞口将所量取的冷冻油倒入即可。

2. 抽真空加注

利用抽真空法加注冷冻油，也是在抽真空之前进行，加注完后还须对系统进行抽真空。其方法如下：

(1)先按抽真空法对系统抽真空，抽完后关闭真空泵和高低压手动阀。

(2)将所要加注的冷冻油放入量杯中，计算冷冻油量时要将加注管中的残余油量考虑进去。

(3)按如图 6-23 所示连接整个系统，即将低压软管从表组一端卸下并伸进冷冻油中，高压软管仍接高压检修阀，中间软管仍接真空泵。

(4)打开高压手动阀，冷冻油被吸入压缩机中。

3. 压缩机吸入加注

起动发动机，开启空调，使压缩机运转，利用压缩机本身的抽吸作用，可从低压阀处将冷冻油吸入。

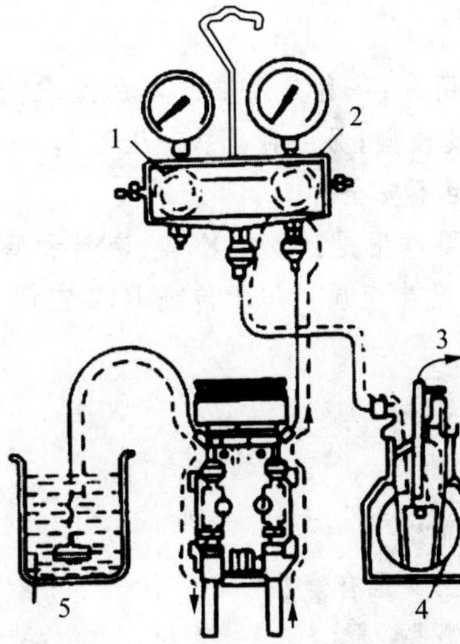

图 6-23　抽真空法加注冷冻润滑油

1—手动低压阀关闭　2—手动高压阀开启　3—排出空气

4—真空泵　5—冷冻润滑油

本章小结

1. 汽车空调的正确使用不仅可以确保制冷效果而且可以延长汽车空调的寿命，因此汽车空调在使用过程中应当注意日常保养和定期保养。

2. 检查空调制冷剂储量通常有观察法、测温法和压力法三种方法。往往三种方法配合使用，更容易准确判断制冷剂储量。

3. 歧管压力计主要用于对空调系统抽真空、充入或放出制冷剂以及判定空调系统故障。高压表和低压表显示值比正常值低，需检查制冷剂是否不足或有泄漏。高压表和低压表显示值比正常值高很多，需检查制冷剂是否过多；制冷剂系统中是否有空气；冷凝器冷却是否不足。低压表压力显示值有时为负压（真空），有时正常，系统间歇不制冷，需检查制冷系统是否存在水分。低压表压力显示值为负压（真空），高压表压力显示值很低，在储液干燥器或膨胀阀前后管路上结霜或有露水，需检查制冷剂是否循环。系统不制冷，低压表压力显示值很高，高压表压力显示值很低，需检查压缩机内部故障。低压表压力显示值很低，高压表压力显示值很高，冷凝器上部和高压管路温度高，而储液干燥器并不热，需检查是否是高压管路堵塞或被压扁。

4. 汽车空调的检漏方法很多，在应用中应当根据实际情况灵活的采用几种方法配合使用，往往更容易做出准确的判断。

5. 汽车空调系统在进行拆卸部件、系统检修等维修项目之前，都必须首先放出系统中的制冷剂。排放制冷剂时，须注意环境通风，并不能有明火，否则将产生有毒气体。

6. 抽真空是为了排除制冷系统内的空气和水分，抽真空并不能把水分直接抽出制冷系统,而是产生真空后降低了水的沸点,水气化成蒸气后被抽出制冷系统,所以抽空时间越长,系统内残余水分就越小。

7. 加注制冷剂的方法有两种:一种是从低压侧加注,这种加注方法最适于补充制冷剂,其优点是安全性好,但速度较慢;另一种是从高压侧加注,这种加注方法不适合用于补充制冷剂,其优点是速度快,但不安全。

8. 汽车空调冷冻油的主要作用是:润滑、冷却、密封和降噪。不同种类、不同牌号的冷冻润滑油不能混用,否则会发生变质。用于传统 R12 空调系统的冷冻润滑油不可用于 R134a 空调系统。

复习思考

1. 如何正确使用汽车空调?
2. 汽车空调系统维护作业步骤有哪些?
3. 汽车空调维修工具有哪些?
4. 怎样检测制冷剂储量?
5. 汽车空调系统的正常压力是多少?
6. 汽车空调的检漏方法有哪些?
7. 汽车空调系统怎样抽真空?
8. 汽车空调怎样加注制冷剂?
9. 制冷剂排放注意哪些问题?
10. 如何选择和加注冷冻机油?

实训项目七　汽车空调制冷剂泄漏故障的诊断与处理

一、实训目的与要求

1. 掌握汽车空调制冷剂泄露的诊断方法。
2. 掌握制冷剂和冷冻机油的加注方法。

二、实训仪器和设备

汽车整车(或空调系统台架)、歧管压力表、电子检漏仪、真空泵、制冷剂等。

三、实训操作步骤

汽车空调制冷剂泄漏故障的诊断与处理实训流程如图 6-24 所示。

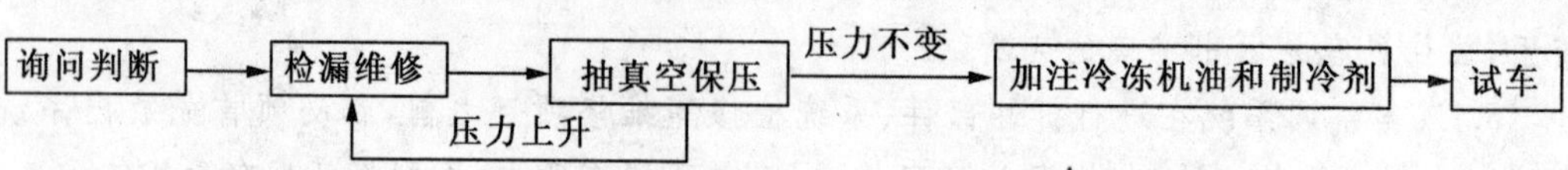

图 6-24　汽车空调制冷剂泄漏故障的诊断与处理实训流程

1. 询问判断

(1)询问车主汽车空调的运行状况、故障现象等。

(2)判断制冷剂储量。

起动发动机并打开空调开关至最冷，打开车门，发动机转速为 1500～2000r/min，风扇速度开关置于最大，观察视液窗判断制冷剂储量。

如果窗内呈透明，发动机转速稳定时无气泡出现，转速变化的瞬间，偶尔出现气泡，关闭空调后随即起泡，然后渐渐消失，说明制冷剂储量适中。

如果看不到气泡，关闭空调后，窗内处于澄清状态，无泡沫出现，说明制冷剂加注过量，应该放出部分制冷剂。

如果看到间断而微量的气泡，说明制冷剂储量不足；如果是连续不断的气泡出现，或者在空调开启和关闭过程中，没有任何气泡出现，说明制冷剂严重不足或完全漏光，此时汽车空调几乎不能制冷。

如果制冷剂储量不足，必须要进行汽车空调泄露的检查与维修。

2. 检漏维修

(1)确定制冷剂泄露部位

检漏时，擦净被检漏部件，向空调系统充入 1.2～1.5MPa 的氮气，把专用的商品气泡检查液或肥皂水溶液抹到怀疑发生渗漏的全部接口、接头、配件处(用家用皂水时，要求用刷子涂抹)，若有泄漏，便会出现气泡。

为了能迅速准确判断漏点，在充入氮气之前可将少量制冷剂充入空调系统中，加压后先用肥皂水粗检，后用电子检漏仪细检，察明具体泄漏部位。

(2)维修泄露部位

对相应的泄露部位的部件按要求进行维修或更换。

3. 抽真空保压

空调系统维修后，需要通过抽真空去除系统中的空气和水分，而抽真空过程中保压是为了进一步确认系统在低压下无泄漏，具体操作步骤如下：

(1)分别将高压表接入储液罐的维修阀，低压表接入自蒸发器至压缩机低压管路上的维修阀，中间注入软管安装于真空泵接口，如图 6-20 所示。

(2)启动真空泵，打开歧管表高低压手动阀。

(3)系统抽真空，使低压表所示的真空度达 0.02～0.03MPa，抽真空时间为 5～10min。

(4)真空泵继续运转 5min，低压表真空度达 0.01～0.02MPa。

(5)放置 5min，观察压力表，若指针继续上升，说明真空下降，系统有泄漏之处，应使用检漏仪进行泄漏检查，并修理堵漏(即重新做“检查与维修”)。

(6)继续抽真空 20～25min，并重复第 5 项，如压力指针保持不动，说明无泄漏，可进行下一步工作。

(7)关闭高、低压压力表的手动阀，然后关闭真空泵，停止抽真空，从真空泵的接头拆下中间注入软管，准备注入补充冷冻机油和制冷剂。

4. 加注冷冻机油和制冷剂

(1)加注冷冻机油，其方法如下：

1)先按抽真空法对系统抽真空,抽完后关闭真空泵和高低压手动阀。

2)将所要加注的冷冻油放入量杯中,计算冷冻油量时要将加注管中的残余油量考虑进去。

3)按图 6-23 所示连接整个系统,即将低压软管从表组一端卸下并伸进冷冻油中,高压软管仍接高压检修阀,中间软管仍接真空泵。

4)打开高压手动阀,冷冻油便被徐徐吸入压缩机中。

(2)重新抽真空。

(3)从高压侧加注制冷剂,其步骤为:

1)抽完真空后,关闭高低压手动阀,将中间软管从真空泵改接到制冷剂罐,用手拧紧接头,制冷剂罐必须保持正立。

2)先顺时针方向转动注入阀旋转手柄,使阀针扎破罐口,然后逆时针转动旋转手柄使阀针抬起。

3)拧松歧管压力计中间接头,待听到有气体流出声最好是有白气冒出时,立即将其拧紧(目的是排出中间软管内的空气)。

4)将制冷剂罐倒立,打开高压手动阀,当从表组观察孔观察到一股液态制冷剂(淡黄色)流入空调高压管内时,立即关闭高压手动阀。

5)启动空调,使压缩机低速运转几分钟,然后停机。

6)重复 4)、5)两步,直到加注足量为止。

采用高压端充注法加注制冷剂应注意以下事项:

1)从高压侧加注的是液态制冷剂,在加注时罐子应倒立。加注时,空调系统必须停机,否则高压倒冲制冷剂罐,易造成爆炸伤人。

2)严禁开起空调机(压缩机应停转),以免发生事故。

3)严禁打开压力表的低压阀手柄(脚),以免发生"液击"事故,造成机件损坏。

四、实训注意事项

1.在操作过程中注意防止制冷剂泄露到皮肤上,以免冻伤。

2.规范操作,合理正确使用工具。

五、思考题

以上实训中如果从低压端加注制冷剂跟高压端加注有什么不同?各有什么优缺点?

第7章　汽车空调故障诊断

学习目标

1. 掌握汽车空调系统故障诊断的要领和基本思路。
2. 熟悉空调系统故障诊断和排除的方法。
3. 熟练使用空调故障诊断的设备、仪器等。
4. 掌握空调制冷系统故障诊断的技巧。

7.1　汽车空调故障诊断方法

7.1.1　汽车空调故障诊断要领与思路

从本质上说，汽车空调系统是一套完整的热量转移装置。而热量转移的效果就是空调系统制冷的效果，系统内所有介质和装置都是为了完成这一工作而装备的，其中的任何一个环节出现问题都会对空调的制冷和制热效果造成很大影响。在对故障现象进行分析以及具体诊断时，我们同样要遵循这样一个思路。

根据汽车空调系统的原理和结构，可以将其故障分为以下五类：

(1)制冷剂循环系统故障。

(2)鼓风机控制部分故障。

(3)真空控制部分故障。

(4)温度控制部分故障。

(5)冷却液循环系统故障。

在进行故障诊断时，首先要根据故障现象确定是属于哪一类故障，再根据故障类型做进一步的诊断，以逐步缩小故障诊断排查的范围。本章将集中阐述制冷剂循环系统故障诊断。

空调系统故障诊断的原则为先简后繁、先易后难，先思后行、先熟后生。

7.1.2 诊断方法

7.1.2.1 通过视液镜观察诊断制冷系统故障

系统正常运行时,如制冷剂适量,视液镜下将一片清晰,且送风口有冷气吹出。在发动机转速升高或降低时,可能有少量气泡出现,关闭空调后气泡逐渐消失。

通过观察视液镜内制冷剂情况可判断以下故障:

(1)系统运行时,内部有少量气泡或者每隔 1～2s 就可以看到气泡,说明系统内制冷剂略缺。

故障排除:补充制冷剂至适量。

(2)系统运行时,内部有很多气泡,说明制冷剂严重不足。

故障排除:补充制冷剂至适量。

(3)系统运行时,内部一片清晰,关机后 15s 不起泡,说明制冷剂过多。

故障排除:释放部分制冷剂至适量。

(4)系统运行时,内部呈现一片模糊,说明干燥剂已经分散。

故障排除:更换储液干燥器。

7.1.2.2 使用压力表诊断空调系统故障

操作步骤:

(1)关闭空调 A/C 开关。

(2)正确连接压力表组至系统高、低压力端。

(3)起动发动机,打开空调 A/C 开关,将风扇开关开至最大。

(4)打开压力表组高、低压手动阀。

(5)观察高、低压力表指针的变化。

根据压力表读数的变化诊断和排除系统故障方法如表 7-1 所示。

表 7-1 制冷系统压力不正常变化故障诊断及排除方法

故障现象	可能的原因	诊断	排除方法
运行时,低压端压力时而真空时而正常	进入制冷系统的水分在膨胀阀处冻结,使循环过程暂时停止,并在冻结融化后一段时间循环过程恢复正常	1. 干燥器中干燥剂处于饱和状态 2. 制冷系统中的水分在膨胀阀处冻结而阻止循环	1. 换干燥器 2. 反复抽真空,以排除系统内的过量水分 3. 充入适量的制冷剂

续表

故障现象	可能的原因	诊　断	排除方法
1. 高低压两端压力均偏低 2. 在观察窗可连续看到气泡	制冷系统泄漏	1. 系统中制冷剂不足 2. 制冷剂泄漏	1. 用检漏仪检漏并修理 2. 抽真空并重新加注制冷剂
储液罐至蒸发器之间的管路结霜	储液罐中的杂物阻碍制冷剂的流动	储液罐堵塞	1. 更换储液罐 2. 抽真空并重新加注制冷剂
1. 低压端出现真空、高压端压力过高 2. 膨胀阀的前后管结霜或见到露珠	1. 系统中的水分或杂物阻碍制冷剂的流动 2. 膨胀阀热敏管漏气妨碍制冷	制冷剂循环不畅	1. 检查热敏管膨胀阀和蒸发器压力调节器 2. 清洗或更换膨胀阀、更换干燥瓶 3. 抽真空、保压、加注制冷剂
1. 低、高压端压力均过高 2. 即使降低发动机转速，在观察窗也见不到气泡	1. 冷凝器散热不良(可能为冷凝器散热片变形、堵塞或散热风扇散热不良) 2. 系统内制冷剂过量	1. 检查冷凝器散热 2. 检查风扇电机 3. 检查制冷剂是否过多	1. 清洁冷凝器 2. 修理风扇或电路 3. 放掉多余制冷剂
1. 低、高压端压力均过高 2. 高压表针来回摆动 3. 观察窗中有气泡	空气进入系统	空气进入系统	1. 回收制冷剂 2. 抽真空 3. 重新加注制冷剂
低压管路上出现大量水珠	膨胀阀故障或热敏管故障	1. 膨胀阀打开过大 2. 热敏管密封不严或弯折	1. 检查并重新安装热敏管 2. 检查膨胀阀，如有故障则更换
1. 低压端压力过高 2. 高压端压力过低	压缩机漏气	1. 压缩机故障 2. 压缩机气阀漏气或断裂	修理或更换压缩机

7.1.2.3 其他故障现象诊断以及排除方法

其他故障一般是由于系统外部因素和维修工艺不达标所导致，具体故障现象、可能原因以及排除方法如表 7-2 所示。

表 7-2 制冷系统外部故障现象诊断及排除

现象	可能的原因	排除方法
振动过大	1. 传动带张力不合适 2. 离合器松 3. 制冷剂过量 4. 传动带轮安装不当	1. 调整传动带松紧度 2. 紧固离合器 3. 放出多余的制冷剂 4. 正确安装传动带轮
噪声过大	1. 轴承间隙过大 2. 传动带松动	1. 更换轴承 2. 调整传动带
车内出现水漏	排水管堵塞或安装不当	清理排水软管、并正确安装其位置
膨胀阀冰堵	系统内有过量水分	排空系统内部制冷剂，抽真空，重新加注制冷剂

7.1.2.4 使用检漏仪诊断空调制冷系统故障

目前，主要有四种方法检查空调制冷系统泄漏。

(1)使用电子检漏仪检漏。这种仪器把泄漏出来的制冷剂吸入检测管内，如有泄漏可通过蜂鸣器报警或闪光显示，这种方法灵敏度高、检测速度快且安全。

(2)使用染料检漏法检漏。这种方法是将一小罐加有染料的制冷剂注入制冷剂循环系统，如系统有泄漏，泄漏处就易于被发现。

(3)使用肥皂泡进行检漏。在怀疑泄漏的区域，敷涂肥皂水，如有制冷剂泄漏，漏点处就会起泡。

(4)摆放检漏。在抽完真空、加注制冷剂前，为尽可能保证循环系统的密封性能，在不拆卸压力表组的前提下，可采用一定时间的静态摆放来检测系统是否泄漏。

方法：抽完真空后，关闭高低压手动阀，如 20min 内，负压指针指示刻度不上升，说明系统无泄漏。如上升，则说明循环系统有泄漏，不要急于加注制冷剂。

7.2 汽车空调故障诊断技巧

在汽车空调制冷系统的故障诊断过程中，根据其工作原理和系统运行特性，可以通过一些小技巧和独特的手段来对系统故障进行合乎逻辑、简单、快速而又准确的排查和诊断。这在很大程度上可以降低技术人员劳动强度，提高生产效率。

7.2.1　看

(1)用眼睛观察制冷系统各个部分是否处于正常工作状态,对视液镜的观察前面已经阐述,这里不再重复。

(2)仔细观察系统管道各个接头表面和冷凝器、干燥器表面是否有油污和灰尘,如有,说明该处可能存在泄漏。

(3)仔细观察冷凝器和蒸发器表面是否清洁,散热片是否变形。如冷凝器表面脏污,散热片变形,则可导致冷凝器散热不良,其从室内带来的热量无法快速排放到室外。蒸发器表面脏污,则可导致其在运行过程中吸热不良,室内空气中的热量无法被制冷剂快速吸收并带到室外。

(4)观察低压侧管道外壁有无结霜。

(5)观察排水管道是否有排水。如无水排出,说明通过蒸发器循环的空气没有被降温而使空气中的水蒸气凝固。如有,说明通过蒸发器循环的空气被正常降温。

7.2.2　听

用耳朵聆听运转中的系统有无噪音,以及发出噪音的特点,故障噪音可能的原因和排除方法如表 7-3 所示。

表 7-3　　制冷系统常见故障诊断及排除方法

现象	可能的原因	排除方法
嗡嗡声	压缩机轴承润滑不良或轴承间隙大	润滑或更换轴承
吱吱声	传动皮带过松、系统内制冷剂过多	重新调整传动皮带、放掉部分制冷剂至合适状态

7.2.3　摸

根据空调系统工作原理可知,正常情况下,系统各个部分的温度如下:

(1)制冷系统温度

1)压缩机—冷凝器入口为 60℃～70℃。

2)冷凝器出口—膨胀阀为 50℃～60℃。

3)膨胀阀出口—压缩机入口为 2℃～4℃。

4)冷凝器上下温差大。

(2)制热系统温度

将空调控制面板转换开关旋至红色位置时,室内散热水箱表面温度应与发动机散热水箱温度接近。

如各部分温度不符合上述值,说明空调制冷系统存在有故障,需根据具体情况及时修理。

7.3　汽车空调系统常见故障分析和排除

7.3.1　空调故障分析的要领和思路

空调系统作为一套完整的功能设备,是由若干个功能单元和分属系统组成。在故障分析和推理过程中,首先应对故障现象进行仔细的甄别,以确定故障发生在哪一个功能单元或分属系统。然后,在已确定故障方向的基础上做进一步的排查,以最终确定故障发生的确切位置。汽车空调制冷系统作为一套热量转移装置,其中的蒸发器吸热和冷凝器散热效果在一定程度上也决定着空调的制冷效果。同时,在系统运行过程中,运行温度和压力是对应的。高温意味着高压,低温意味着低压。在故障分析过程中,切不可将压力与温度分开进行分析,应该将两者综合起来,进行具体、细致的分析。

对于空调电路的分析和排查,应采取与其他电器系统故障分析和排查相同的方法,即化整为零。

7.3.2　汽车空调系统不制冷

现象:起动发动机,打开空调开关,鼓风机工作正常,各个出风口工作正常,但出风口送出的不是冷风。

分析:根据故障现象,可确定空气分配装置正常,故障发生在制冷剂循环系统或其控制电路。

可能的原因:

(1)空调压缩机不工作。

(2)制冷系统内部堵塞。

(3)节流阀损坏。

(4)制冷系统出现泄漏。

(5)压缩机皮带打滑。

(6)压缩机控制电路故障。

排除:检查可能发生故障的部位,并根据检查结果排除故障。

7.3.3　汽车空调制冷系统制冷不足

故障现象:系统工作时,各个出风口出风量正常,但车内降温缓慢。

故障分析:根据故障现象,可确定空气分配装置正常,空调控制电路基本正常,故障发生在制冷系统本身的可能性较大,可能的原因:

(1)压缩机性能欠佳。

(2)压缩机离合器打滑。

(3)系统内有空气或水分。

(4)制冷剂量不足。

(5)系统内部堵塞。

(6)蒸发器吸热效果欠佳。

(7)冷凝器散热效果欠佳。

(8)温度调节开关失灵或蒸发器壳体损坏。

排除:检查可能发生故障的部位,并根据检查结果排除故障。

7.3.4 汽车空调系统无暖风

故障现象:发动机冷却水温升到正常值后,打开空调无暖风。

故障分析:根据故障现象,可以确定空气分配装置正常,故障在冷却液循环管道和冷却液阀门。

可能的原因:

(1)加热器内管道堵塞。

(2)暖风水阀损坏。

(3)水阀控制装置损坏。

(4)加热器散热片脏污。

排除:检查可能发生故障的部位,并根据检查结果排除故障。

7.3.5 汽车空调系统工作异响

故障现象:起动发动机,打开A/C开关,空调系统发出异响。

故障分析:根据故障现象,可以确定制冷剂循环系统以及操控部分基本完好,故障属于机械运动零件损坏或过度磨损。

可能的原因:

(1)因共振引起的异响。

(2)传动皮带过松或磨损。

(3)制冷剂过量。

(4)轴承松旷。

(5)润滑不良。

(6)压缩机内部损坏。

(7)鼓风机异响。

(8)制冷系统有水分。

排除:检查可能发生故障的部位,并根据检查结果排除故障。

7.3.6 空气分配调节失灵

故障现象:风量正常,但出风口不能按照调节所需出风。

故障分析:根据故障现象,可以确定空调制冷剂循环系统和电路正常,故障发生在风门的控制上。如驾驶员和乘客选择出风口3、5出风时,仍然从出风口1、2、4出风,而3、5不出风,如图7-1所示。

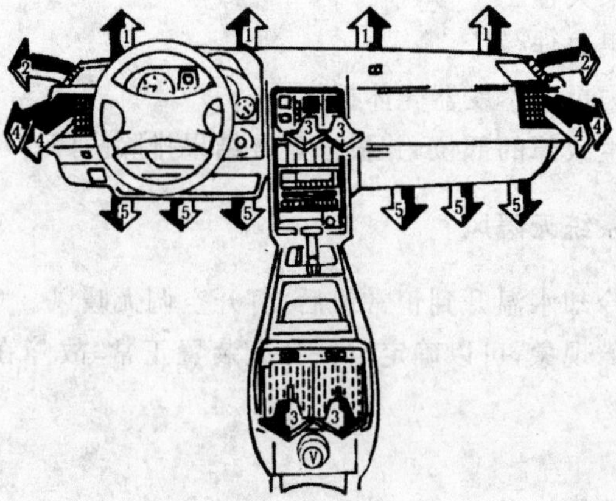

图 7-1　轿车空调系统出风口布置图

1—上出风口　2—2、4 侧出风口　3—中央出风口　5—下出风口

可能的原因：

(1)真空管路密封不严。

(2)控制风门的真空阀损坏。

(3)相应出风口风门卡滞或损坏。

(4)空调器壳体损坏或风道脱落。

(5)控制操纵装置出现故障。

故障排除：判断空气分配调节失灵故障应根据具体情况进行。如果某一风口出风不正常，重点检查控制该封口的风门操纵机构，包括真空管路、真空阀及风门运动情况；如果相同功能的出风口、仪表板左右侧只有一侧不正常，则该侧风道脱落的可能性大；如果出风口出风都不正常，要重点检查空调器壳体有无损坏，空调控制装置及真空管路有无故障。

7.3.7　打开空调后，弯道行驶或急加速时出现噪音

故障现象：打开空调后，弯道行驶或急加速时出现噪音。

故障分析和排除：这种噪声实际上是制冷剂的液击声，原因是制冷剂剂添加过量。对于有观察镜的制冷系统，在发动机工作时，从制冷系统的低压端放掉一些制冷剂，直到观察镜可以看到小气泡为止，然后再加入 50g 制冷剂。对于无观察镜的空调制冷系统，应根据压力表读数适当释放制冷系统的制冷剂，直到压力符合规定值方可。

7.3.8　空调工作正常时，从仪表板出风口喷水

故障现象：空调工作正常时，从仪表板出风口喷水。

故障分析：根据空调制冷系统的原理可知，喷水来自于蒸发器的凝固水滴。正常情况下凝固水滴是通过专用排水软管排到车外。这时，应检查排水软管是否安装正确，有无压伤、折叠以及堵塞，并根据检查结果，重新安装排水管道。

7.3.9　空调制冷系统运行不稳定(忽冷忽热)

故障现象：打开空调后，出风口的出风温度时高时低。

故障分析与排除：根据故障现象可知，空调送风装置正常，故障出在制冷剂循环系统或压缩机控制电路。

可能的原因：

(1)间歇性冰堵。

(2)膨胀阀调整不当。

(3)压缩机离合器打滑。

(4)冷却风扇接触不良或电机故障。

(5)A/C开关接触不良。

排除：根据检查诊断结果，修理或更换相关零部件。

7.4　常见车型空调综合故障诊断排除实例

1. 五十铃2.8L空调开机后，离合器打滑

故障现象：在开空调时，压缩机电磁离合器一直吸不上、打滑，停车后检查压缩机传动带松紧度为正常，然后起动发动机，打开空调，此时怠速在900r/min左右，用数字万用表测量压缩机电磁线圈，电压为12V，电流为3.3～3.5A，正常。

故障分析与排除：由此可以断定，电磁线圈无故障，故障是电磁离合器。引起离合器打滑的原因是电磁线圈吸力不够，离合器压板与传动带轮之间间隙调整不对，压板与离合器传动带轮之间的间隙应为0.4～0.8mm，而用专用塞尺测量其间隙明显偏大。停机后，用工具很快将压缩机压板拆下(此时不需要排空制冷剂)，拆下压板后，发现其后部三个垫片，其中一个厚度过厚，用千分尺一量，其中一个厚度在0.8mm以上，而另外两个为0.1mm和0.3mm，很明显，此垫片因间隙不对，电磁线圈对压板产生吸力不够，压缩机打滑。重新更换垫片，按要求装好，打开空调，故障排除。

2. 捷达轿车传动带不平衡引发故障

故障现象：一辆捷达轿车，在开空调时，发动机噪音大，经检查为传动带张力过大，重新调整后，用了没几天，传动带张力又过大。

故障分析与排除：上述现象为传动带固定不住或传动带磨损，后更换传动带，但更换不久噪音又出现。停车后，打开机舱盖，用目测法检查，空调传动带磨损严重，拆下后发现传动带只磨损一边，经仔细检查，原是压缩机传动带与发动机传动带轮不在一条线上，发动机运转时，传动带会偏向一边造成传动带磨损，因在开空调时，压缩机电磁离合器吸合，压缩机开始工作，传动带受力增大，噪音增大。调整压缩机安装位置，让压缩机传动带轮与发动机传动带轮在同一平面，更换传动带，路试故障排除。

3. 奥迪1.8L冰堵故障

故障现象：在开空调时，一开始出风口很凉，但一会儿在空调蒸发器进口管处大量结霜，同时观察低压表和高压表，低压表压力为真空状，高压表压力高，在空调关闭后再打

开，系统正常，但一会儿又为真空状。

故障分析与排除：由此怀疑是系统内冰堵，当空调开机后，用热毛巾把孔管包住，低压表压力马上回升，空调系统好转。由此确定冰堵，把制冷剂放掉，然后更换积液器（因为奥迪为孔管系统），反复抽真空并加制冷剂，空调正常。

4. 别克君威制冷效果不良

故障现象：一辆通用别克君威车压缩机离合器、散热风扇都能正常工作，但制冷效果不好，出风口温度只能降低到15℃。

故障分析与排除：这样的故障一般不在控制电路，在查找故障的时候，应该将重点放在制冷系统和系统构件上。产生这样故障的原因一般有：制冷剂不足；孔管堵塞；蒸发器灰尘过多，导致吸热不良；冷凝器散热不良、控制和操作系统故障等五种。

经过目测检查，冷凝器和蒸发器表面都比较清洁、干净，不会影响系统的正常运行。用压力表测量高低压端压力，发现低压正常，而高压偏高，为1652kPa，干燥罐冷感明显不足，这种情况可能为孔管堵塞，经清洗孔管，故障有所好转，但出风口温度仍约10℃，离正常温度还有一段距离，说明故障并未完全排除。经再次仔细检查和操作各个功能部分，发现空调的内外循环没有任何变化。如果系统长时间引入室外高温空气，将导致制冷系统热负荷过大，出风口温度无法降低到8℃以下，经进一步检查发现，控制风门的真空马达不动作，其不动作原因为真空管道脱落。重新接上真空管后，故障消失。

5. 丰田海狮空调过早停机故障

故障现象：一辆丰田海狮(HIACE)小客车空调系统，在车厢内温度下降很少或没有下降至规定值的情况，压缩机就停止工作，即压缩机提前停机。

故障分析与排除：压缩机停止工作，即压缩机电磁离合器分离。在空调系统中，能够控制压缩机电磁离合器分离、结合的控制部件，是温度控制器和高低压力开关。温度控制器（温度控制开关、热敏电阻）和高低压力开关均串联在压缩机电磁离合器的电路中。只有当车厢内制冷温度低于设定的温度时（即蒸发器吹出的冷风温度低于规定温度时），温度控制器才会动作；或当制冷系统中制冷剂的压力过低、过高时，高低压力开关才会动作。两者只要有一个动作，都将使压缩机电磁离合器分离，使压缩机停止工作，达到控制或保护电路的作用。拆下温度控制器，采用对比法检查（将待试的温度控制器与工况正常的温度控制器交换使用），证实该温度控制器良好。那么，高低压力开关出现故障的可能性就比较大了。一般情况下，引起压缩机开停频繁的原因有（针对不同的原因，采取相应的检查方法）：系统内制冷剂量过多或过少、高低压力开关控制值调节不准（低压控制值太高或高压控制值太低）、系统被污物堵塞、冷凝器冷却能力差等四种。经逐步检查各个可能发生故障的部位和构件，发现冷凝器外表污物积存太多，散热片大面积被污物堵塞，这样会影响冷凝器的冷却效果。冷却效果差，系统高压端的压力就一定会升高，促使电磁离合器自动分离。彻底清洗了冷凝器外部的污物，并将其上部分倾倒的散热片扶直（为了增大空气的流量），故障即被排除。

6. 奇瑞风云空调间歇性不制冷的故障

故障现象：出风口有时吹冷风，有时吹自然风，出现间歇性不制冷现象，类似制冷系统中有水汽发生冰堵现象。

故障分析和排除：从故障现象分析，这类故障应该是系统堵塞或压力过高等系统本身故障。经过对整个系统仔细的检测、排查，没有发现故障点。但发现在系统高低压力正常时，压缩机出现了不应该有的停机现象。经反复检查，确认停机是由于无压缩机电源，且为间歇性断电。打开电器盒，查看压缩机电路（见图 7-2），发现空调压缩机继电器 J1 温度过高。

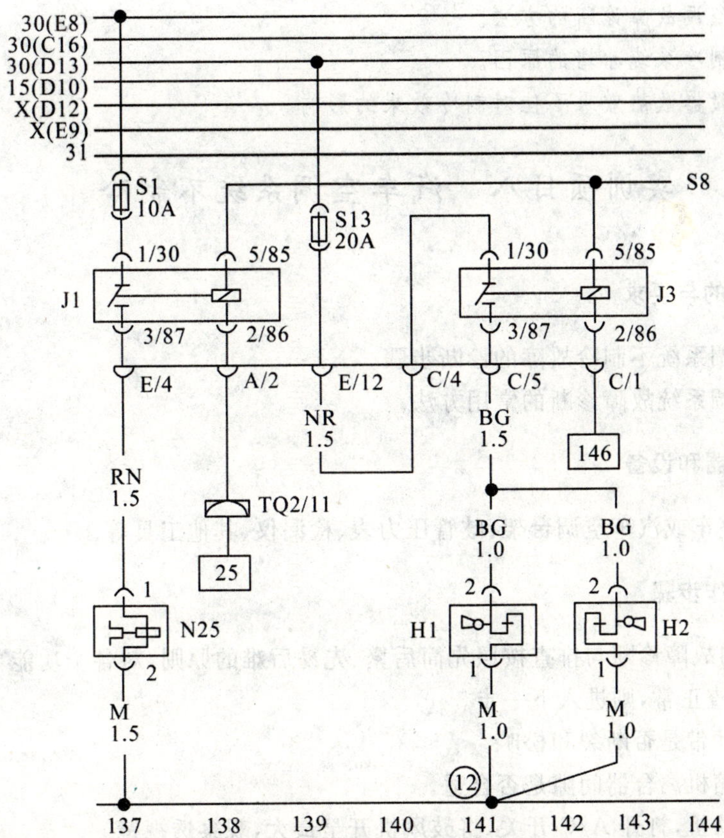

J1　压缩机继电器　　N25 压缩机电磁线圈

137　压缩机线圈接地

图 7-2　奇瑞风云压缩机电路图

起动发动机，打开空调，对继电器 1/30 端子进行电源检查发现，在压缩机停机时，该端子电源正常，其余两个端子电压正常，更换电器盒（该继电器为不可拆），故障消失。其故障原因是该继电器热稳定性不良，导致磁力降低，触点在高温时断开所致。

本章小结

1. 对汽车空调系统故障进行诊断前，应从本质上认识空调系统。这是对空调系统故障进行思考和分析的前提。

2. 空调故障诊断一般有检漏仪、压力表、目测观察、异响听诊四种方法。
3. 汽车空调系统故障常用诊断技巧主要有看、摸、测、听四种。
4. 空调故障的诊断、分析是对故障现象仔细观察的延续。

复习思考

1. 试说明空调故障诊断的方法。
2. 试说明制冷系统冰堵的原因。
3. 简述冷凝器散热效果不佳对制冷效果的影响。

实训项目八 汽车空调系统不制冷

一、实训目的与要求

1. 掌握空调系统不制冷故障的诊断步骤。
2. 掌握空调系统故障诊断的常用方法。

二、实训仪器和设备

带空调的整车或汽车空调台架、歧管压力表、检漏仪、其他工具等。

三、实训操作步骤

制冷系统的故障诊断与排查按照先简后繁、先易后难的原则，对各个功能单元逐一排查，如某一步排查正常，则进入下一步。

1. 检查传动带是否断裂和松旷。
2. 检查压缩机离合器间隙是否合适。
3. 起动发动机，打开 A/C 开关，将鼓风机开至最大，观察透视镜。
4. 观察低压管路有无结冰。
5. 触摸循环系统各个部分温度。
6. 检查冷凝器风扇是否正常。
7. 检查 A/C 开关是否损坏。
8. 检查真空控制风门是否正常。
9. 使用歧管压力表检测高、低压端压力是否正常。
10. 使用检漏仪检查系统是否泄漏。
11. 拆检循环系统。

四、实训注意事项

1. 人体与液态制冷剂直接接触会导致冻伤，手、脸等裸露皮肤的部位，请勿接触制冷剂；释放/加注制冷剂时，必须佩戴护目镜；实训场地禁止吸烟或有其他火源出现。

2. 起动发动机后，尽量避免靠近高速运动零件和高温部件。

五、思考题

空调系统不制冷故障的成因有哪些?

实训项目九　汽车空调制冷量不足

一、实训目的与要求

1. 掌握空调系统制冷量不足故障的诊断过程。
2. 熟悉制冷量不足故障的诊断方法。

二、实训仪器和设备

带空调的整车或汽车空调台架、歧管压力表、检漏仪、其他专用工具等。

三、实训操作步骤

制冷系统的故障诊断按照先简后繁、先易后难的原则，对各个功能单元逐一排查，如某一步排查正常，则进入下一步。

1. 检查传动带是否断裂和松旷。
2. 检查压缩机离合器间隙是否合适。
3. 起动发动机，打开 A/C 开关，将鼓风机开至最大，观察透视镜。
4. 观察低压管道有无结冰、结霜。
5. 触摸循环系统各个部分温度。
6. 检查冷凝器风扇是否正常。
7. 检查冷凝器散热是否良好。
8. 检查蒸发器是否通风良好。
9. 检查室外空气滤芯是否堵塞。
10. 使用歧管压力表检测高、低压端压力是否正常。
11. 使用检漏仪检查系统是否泄漏。
12. 拆检循环系统。

四、实训注意事项

1. 人体与液态制冷剂直接接触会导致冻伤，手、脸等裸露皮肤的部位，请勿接触制冷剂；释放/加注制冷剂时，必须佩戴护目镜；实训场地禁止吸烟或有其他火源出现。

2. 起动发动机后，尽量避免靠近高速运动零件和高温部件。

五、思考题或讨论题

制冷量不足故障的成因是什么?

实训项目十　汽车空调制冷系统忽冷忽热

一、实训目的与要求

1. 熟悉制冷系统运行不稳定故障的诊断过程。
2. 熟悉制冷系统运行不稳定故障的诊断方法。

二、实训仪器和设备

带空调的整车或汽车空调台架、歧管压力表、检漏仪、其他专用工具等。

三、实训操作步骤

制冷系统的故障诊断按照先简后繁、先易后难的原则，对各个功能单元逐一排查，如某一步排查正常，则进入下一步。

1. 检查离合器间隙是否合适。
2. 检查各个控制开关是否正常。
3. 检查离合器线圈及连接导线是否接触良好。
4. 检查真空控制主风门是否正常。
5. 检查膨胀阀是否结霜。

四、实训注意事项

1. 人体与液态制冷剂直接接触会导致冻伤，手、脸等裸露皮肤的部位，请勿接触制冷剂；释放/加注制冷剂时，必须佩戴护目镜；实训场地禁止吸烟或有其他火源出现。
2. 起动发动机后，尽量避免靠近高速运动零件和高温部件。

五、思考题或讨论题

思考制冷系统运行不稳定的成因。

实训项目十一　汽车空调异响和振动

一、实训目的与要求

1. 熟悉异响和振动故障的诊断过程。
2. 熟悉异响和振动故障的诊断方法。

二、实训仪器和设备

带空调的整车或汽车空调台架、听诊器、其他专用工具等。

三、实训操作步骤

制冷系统的故障诊断按照先简后繁、先易后难的原则，对各个功能单元逐一排查，如某一步排查正常，则进入下一步。

1. 检查传动带是否松动和开裂。

2. 用听诊器检查压缩机。

3. 检查制冷剂是否过量。

4. 检查鼓风机电机是否过量磨损。

5. 检查鼓风机风扇叶片是否脱落、变形。

6. 检查高压辅助阀门是否关闭。

四、实训注意事项

1. 人体与液态制冷剂直接接触会导致冻伤，手、脸等裸露皮肤的部位请勿靠进制冷剂；释放/加注制冷剂时，必须佩戴护目镜；实训场地禁止吸烟或有其他火源出现。

2. 起动发动机后，尽量避免靠近高速运动零件和高温部件。

五、思考题

空调异响和振动故障的成因是什么？

第 8 章　部分车型空调系统电路

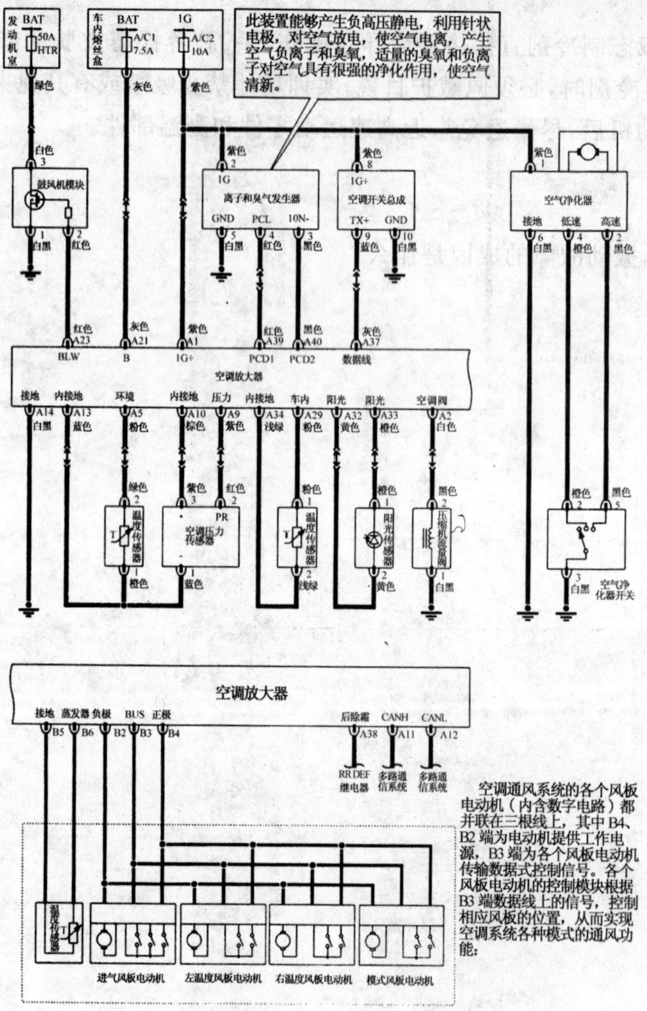

图 8-1　广州丰田凯美瑞——自动空调电路图(一)

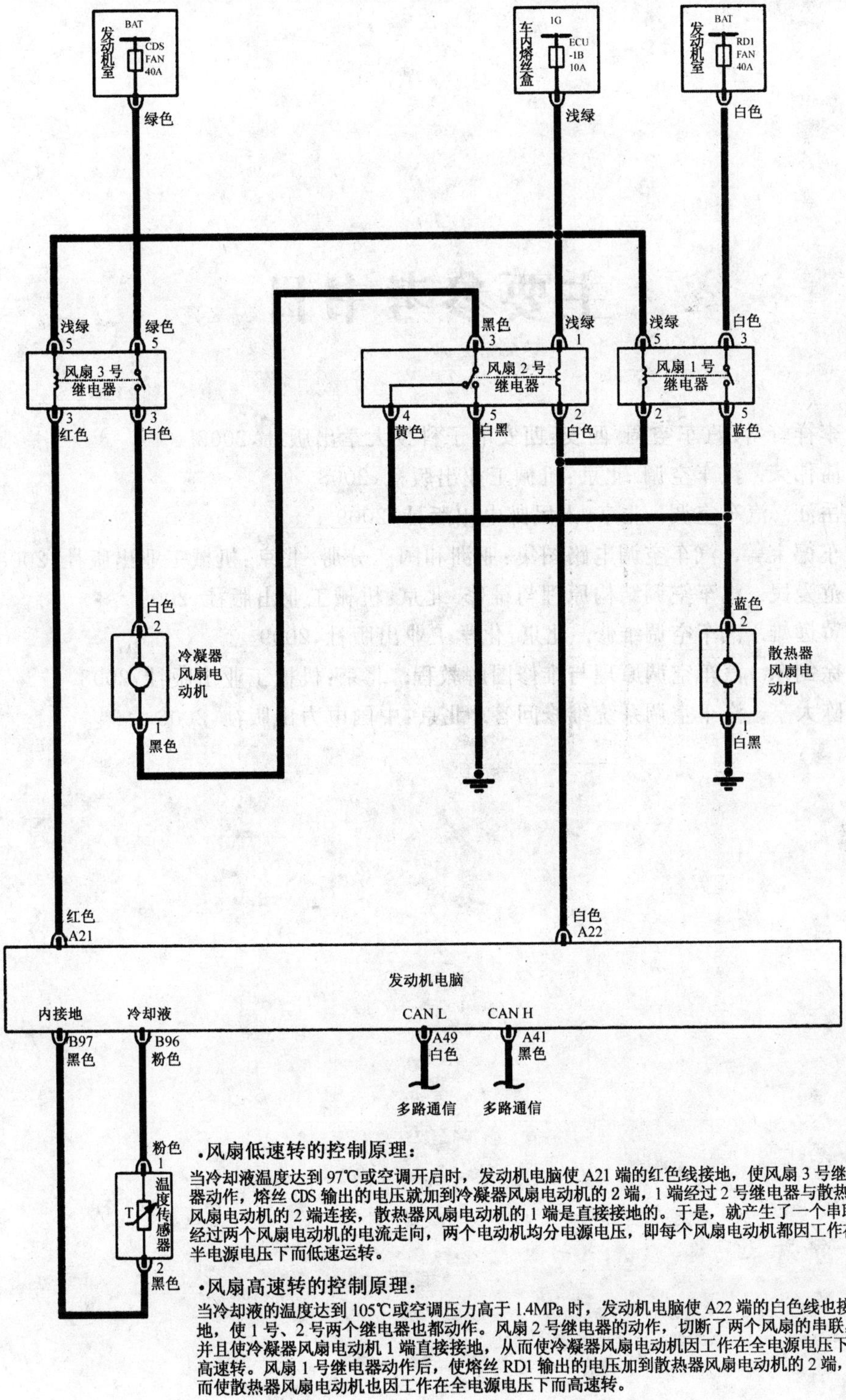

·风扇低速转的控制原理：

当冷却液温度达到 97℃或空调开启时，发动机电脑使 A21 端的红色线接地，使风扇 3 号继电器动作，熔丝 CDS 输出的电压就加到冷凝器风扇电动机的 2 端，1 端经过 2 号继电器与散热器风扇电动机的 2 端连接，散热器风扇电动机的 1 端是直接接地的。于是，就产生了一个串联经过两个风扇电动机的电流走向，两个电动机均分电源电压，即每个风扇电动机都因工作在半电源电压下而低速运转。

·风扇高速转的控制原理：

当冷却液的温度达到 105℃或空调压力高于 1.4MPa 时，发动机电脑使 A22 端的白色线也接地，使 1 号、2 号两个继电器也都动作。风扇 2 号继电器的动作，切断了两个风扇的串联，并且使冷凝器风扇电动机 1 端直接接地，从而使冷凝器风扇电动机因工作在全电源电压下而高速转。风扇 1 号继电器动作后，使熔丝 RD1 输出的电压加到散热器风扇电动机的 2 端，从而使散热器风扇电动机也因工作在全电源电压下而高速转。

图 8-2　广州丰田凯美瑞——自动空调电路图(二)

主要参考书目

1. 李祥峰等.汽车空调.西安:西安电子科技大学出版社,2008
2. 潘伟荣. 汽车空调.北京:机械工业出版社,2008
3. 岳江. 汽车空调. 北京:人民邮电出版社,2009
4. 车德宝等. 汽车空调电路图集:亚洲和国产分册.北京:机械工业出版社,2008
5. 范爱民. 汽车空调结构原理与维修.北京:机械工业出版社,2009
6. 黄远雄. 汽车空调维修. 北京:化学工业出版社,2009
7. 徐剑东. 汽车空调原理与维修图解教程. 北京:机械工业出版社,2008
8. 陈大亨. 汽车空调系统维修问答. 北京:中国电力出版社,2006